narr STUDIENBÜCHER

Inhalt

Abkürzungsverzeichnis 7

Einleitung 9

1. Ein historischer Einblick in das Testen und Bewerten von Fremdsprachen 15

2. Der GeR und die Orientierung am sprachlichen Output der Lernenden 23

3. Die Rolle des Fehlers in der Aneignung von Sprachen 33
   3.1 Fehler im Lernkontext 33
   3.2 Fehler in Testsituationen 36

4. Testprinzipien 39
   4.1 Objektivität, Reliabilität, Validität 39
      4.1.1 Objektivität 40
      4.1.2 Reliabilität 41
      4.1.3 Validität 44
   4.2 Authentizität, *Washback*, Praktikabilität 49
      4.2.1 Authentizität 49
      4.2.2 *Washback* 50
      4.2.3 Praktikabilität 52
   4.3 Neuere Konzeptionen 53

5. Die Erstellung von Testaufgaben: Der Testentwicklungszyklus 57
   5.1 Testzweck 58
   5.2 Konstruktdefinition 59
   5.3 Testspezifikationen und Aufgabenerstellung 61
   5.4 Evaluierung, Prototypisierung und Pilotierung 63
   5.5 Qualitätssicherung in der Testkonstruktion 65
   5.6 Schlussfolgerungen 66

6. Rezeptive Fertigkeiten überprüfen und bewerten 69
   6.1 Die rezeptiven Fertigkeiten Lese- und Hörverstehen 69
      6.1.1 Lese- und Hörverstehensziele 72
      6.1.2 Lese- und Hörstrategien 75
   6.2 Rezeptive Fertigkeiten überprüfen 76
      6.2.1 Gemeinsamkeiten und Unterschiede der Überprüfung von Lese- und Hörverstehen 77
   6.3 Aufgabenformate für die Überprüfung rezeptiver Fertigkeiten 78
   6.4 Integrierte Fertigkeiten überprüfen 80

7. Produktive Fertigkeiten überprüfen und bewerten ... 87
7.1 Die Fertigkeit Schreiben ... 89
7.1.1 Die Fertigkeit Schreiben überprüfen ... 92
7.1.2 Aufgabenformate für das Überprüfen von Schreiben ... 94
7.2 Die Fertigkeit Sprechen ... 98
7.2.1 Die Fertigkeit Sprechen überprüfen ... 101
7.2.2 Aufgabenformate für das Überprüfen von Sprechen ... 103
7.2.3 InterlokutorInnenverhalten ... 108
7.3 Bewerten von produktiven Fertigkeiten ... 110

8. Sprachliche Mittel überprüfen und bewerten ... 117
8.1 Grammatik und Wortschatz ... 118
8.1.1 Konstrukt von Grammatik ... 119
8.1.2 Aufgabenformate zur Überprüfung von Grammatik im sprachlichen Kontext ... 122
8.1.3 Konstrukt von Wortschatz ... 131
8.1.4 Aufgabenformate zur Überprüfung von Wortschatz ... 134
8.2 Pragmatische und soziolinguistische Besonderheiten ... 139
8.2.1 Pragmalinguistisches und soziopragmatisches Konstrukt ... 141
8.2.2 Pragmalinguistische, soziopragmatische und interkulturelle Sprachbewusstheit ... 145
8.2.3 Aufgabenformate zur Überprüfung pragmalinguistischer und soziopragmatischer Kompetenz ... 147

9. Übersetzen und Interpretieren: Testen und Bewerten im Latein- und Griechischunterricht ... 151
9.1 Konstrukt Übersetzen ... 152
9.2 Umsetzung in der Praxis ... 156
9.3 Konstrukt Interpretieren ... 164

10. *Assessment for, assessment of* und *assessment as learning* ... 169
10.1 Funktionen der Leistungsfeststellung und -beurteilung ... 170
10.2 Beurteilungs- und Bewertungstypen ... 172
10.3 Dynamisches Testen und Bewerten als alternativer Beurteilungstyp ... 173
10.4 Methoden des dynamischen Testens und Bewertens ... 176
10.5 Dynamisches Testen und Bewerten in der Schulpraxis ... 177

11. Leistungsbewertung im schulischen Kontext ... 181

Literaturverzeichnis ... 191

Sachregister ... 211

Abkürzungsverzeichnis

AHS	Allgemeinbildende Höhere Schulen, Österreich
ALTE	*The Association of Language Testers in Europe*
BHS	Berufsbildende Höhere Schulen, Österreich
BIFIE	Bundesinstitut für Bildungsforschung, Innovation und Entwicklung, Österreich
BMB	Bundesministerium für Bildung, Österreich
BMBF	Bundesministerium für Bildung und Frauen, Österreich
BMBWK	Bundesministerium für Bildung, Wissenschaft und Kunst, Österreich
BMUKK	Bundesministerium für Unterricht, Kunst und Kultur, Österreich
DTB	Dynamisches Testen und Bewerten
EALTA	*European Association of Language Testing and Assessment*
EPOSA	Europäisches Portfolio für Sprachlehrende in Ausbildung
ESP	Europäisches Sprachenportfolio
GeR	Gemeinsamer europäischer Referenzrahmen für Sprachen
IMoF	Innsbrucker Modell der Fremdsprachendidaktik
KMK	Kultusministerkonferenz
LAL	*language assessment literacy*
LBVO	Leistungsbeurteilungsverordnung
SRDP	Standardisierte kompetenzorientierte Reife- und Diplomprüfung, Österreich
ZNE	Zone der nächsten Entwicklung

Einleitung

Das vorliegende Studienbuch ist an Lehramtsstudierende in Ausbildung sowie an ReferendarInnen, Schul- und UnterrichtspraktikantInnen in Deutschland und Österreich, der Schweiz und Südtirol gerichtet, die an einer Universität und einer Hochschule Fremdsprachen oder die klassischen Sprachen Latein oder Griechisch studieren. Entstanden ist das Studienbuch an der Universität Innsbruck. Hier werden am sog. Innsbrucker Modell der Fremdsprachendidaktik (IMoF) künftige FremdsprachenlehrerInnen seit dem Studienjahr 2001 / 2002 sprachenübergreifend und sprachspezifisch ausgebildet. IMoF widmet sich schulischer Mehrsprachigkeit und multilingualen Herangehensweisen in schulischen Kontexten und wird über Innsbruck und Österreich hinaus als Meilenstein einer sprachenintegrierenden fachdidaktischen Ausbildung gewürdigt (Krumm & Reich 2013; s. auch BMUKK & BMWF 2008, 48 f.), die den Rahmen monolingualer Studiengänge hinter sich lässt und sprachenverbindende sowie mehrsprachigkeitsdidaktische Ansätze in den Fokus rückt.

Das Modell hat seine Anfänge im Jahr 2000, als ein neuer Studienplan für die Ausbildung künftiger FremdsprachenlehrerInnen an der Universität Innsbruck zu konzipieren war. Es stellte sich für den fremdsprachlichen Unterricht die Frage, ob es Theorien, Grundlagen und Prinzipien gibt, die jeweils nur auf eine Zielsprache zutreffen, oder ob nicht vielmehr Theorien, Grundlagen und Prinzipien der sprachdidaktischen Vermittlung allen Zielsprachen gemein sind. Auf Initiative von Barbara Hinger kamen FremdsprachendidaktikerInnen der Institute für Anglistik, Romanistik und Slawistik bei Diskussionen am Runden Tisch schließlich überein, dass Synergien nicht von der Hand zu weisen sind: Gemeinsame sprachenübergreifende Theorien und Grundlagen des Unterrichtens moderner Sprachen sind deutlich auszumachen, diese wären aber auch auf einzelsprachliche Inhalte zu spezifizieren, um den Unterricht in einer konkreten Zielsprache adäquat umsetzen zu können. Diese zweifache Perspektive, gebündelt in der Kombination von sprachenübergreifender und sprachspezifischer Fremdsprachendidaktik, sollte sowohl das Erarbeiten theoretischer Ansätze und empirischer Forschungsergebnisse als auch deren reflektierte Übertragung in den schulischen Alltag gewährleisten.

Dieselbe Herangehensweise wurde auf Anregung von Wolfgang Stadler auf den Bereich des Prüfens und Bewertens von Fremdsprachen übertragen und in das Curriculum integriert: Bis dahin war dieses Gebiet in der Ausbildung kaum vorgesehen, obwohl Lehrpersonen ihr gesamtes Berufsleben hindurch die sprachlichen Leistungen von SchülerInnen zu bewerten haben (vgl. Arras 2009, 169, die von der Beurteilung fremdsprachlicher Leistungen als dem „täglichen Brot“ aller Lehrkräfte spricht), Klassen- / Schularbeiten, Tests und mündliche Prüfungen erstellen, deren Ergebnisse auswerten und auf der Basis dieser sowie formativ bewerteter Leistungen zu einer summativen Gesamtbeurteilung für jede / jeden SchülerIn am Ende eines Lernjahres gelangen müssen. Die dafür nötigen Kompetenzen (*assessment literacy*) sollten in entsprechenden Lehrveranstaltungen erworben werden. Diese Argumente führten dazu, auch den Bereich des Testens und Bewertens fremdsprachlicher Kompetenzen in das Konzept der neuen Lehramtsausbildung aufzunehmen und eine sprachenübergreifende, theoriebasierte Lehrveranstaltung „Testen und Bewerten“ zu konzipieren, die von sprachspezifischen und schulbezogenen Begleitkursen flankiert wird.

2002 wurde die erste sprachenübergreifende „Einführung in die Didaktik des Fremdsprachenunterrichts" im *team teaching*-Verfahren umgesetzt; für die sprachspezifischen Begleitkurse konnten schulische Lehrpersonen gewonnen werden, die ihre praktische Erfahrung einfließen ließen und sich durch die Kooperation mit Lehrenden an der Universität auch weiter professionalisieren konnten. Darüber hinaus wurde IMoF Motor für eine zuvor nur marginal existierende Forschung in der Fremdsprachendidaktik an der Universität Innsbruck[1]. Bereits 2002, im ersten Semester der Durchführung, wurde das Modell mit dem „Europasiegel für innovative Sprachenprojekte" ausgezeichnet.

2015 wurde – im Zuge der Neukonzipierung der Curricula als Bachelorstudiengänge – die Präsenzzeit für die Lehrveranstaltung „Einführung in das Testen und Bewerten von Fremdsprachen" erhöht. Diese Erweiterung basiert in nicht unwesentlichem Ausmaß auf dem Feedback von Studierenden, die die Bedeutung dieser Thematik für ihr späteres Berufsfeld erkannten und in Befragungen entsprechend hervorhoben. In der Dissertation von Hirzinger-Unterrainer (2013), die IMoF aus Sicht der Studierenden evaluierte, konnte für das Abschlussmodul „Testen und Bewerten" Folgendes festgehalten werden:

> Das ganze Abschlussmodul erachtet [eine Studierende] als sehr wichtig, sie habe sich „[...] *nämlich nie die Frage gestellt, wie stelle ich einen Test zusammen*" ... Die Lehrveranstaltung, aber vor allem das [begleitende] Korrekturpraktikum, habe sie zum Nachdenken über geeignetes Testen und Bewerten angeregt. Das Wissen aus diesem Modul erachte sie für ihren späteren Beruf als sehr bedeutend. (ebd., 293)

Dass adäquates Heranführen an Prinzipien des Testens und Bewertens fremdsprachlicher Leistungen grundsätzlich von Studierenden geschätzt wird und sie diesem Bereich in ihrer Ausbildung großen Wert beimessen, zeigt folgendes Zitat:

> [Studierende geben] den Wunsch an, durch dieses Modul gegen Ende des Studiums Sicherheit in der Notengebung zu erlangen. [...] Da die Studierenden eine große Unsicherheit im Bereich Testen und Bewerten spüren, sind sie für die vermittelten Hilfestellungen dankbar. (ebd., 356)

In den Augen der beteiligten FremdsprachendidaktikerInnen hat die Beschäftigung mit dem Testen und Bewerten fremdsprachlicher Kompetenzen auch ihre eigene Professionalisierung vorangetrieben und das Teambewusstsein gestärkt: So absolvierten die Verantwortlichen der sprachspezifischen Begleitworkshops gemeinsam eine Fortbildung im kommunikativen Sprachentesten an der *Lancaster University* in England. Damit entstand neben einer positiven Gruppendynamik im Erwerb und der Erweiterung ihrer Expertise auch eine Vertiefung ihrer Sprachbewertungskompetenz (*language assessment literacy*), die mittlerweile international in unterschiedlichsten Kontexten gefordert wird (vgl. u. a. Harsch 2015, Harding & Kremmel 2016). Einige Teammitglieder sowie junge IMoF-AbsolventInnen erwarben einen ebenfalls von der *Lancaster University* angebotenen Online-Master in *Language Testing*, andere haben

1 Hintergründe, theoretische Basierungen sowie empirische Einblicke zu IMoF gewähren Publikationen wie Hinger (2009a, 2016a), Hinger & Schmiderer (im Druck) oder Hirzinger-Unterrainer (2013, 2014a); s. auch https://tinyurl.com/y983z2ml (21.09.2017).

an Ausbildungen in *Item Writer Training*-Seminaren teilgenommen und sind ExpertInnen für die Erstellung kriterienorientierter Aufgabenformate im Rahmen der mittlerweile flächendeckend an österreichischen Schulen der Sekundarstufe II eingeführten und gesetzlich verankerten standardisierten, teilzentralen und kompetenzorientierten Reife- und Diplomprüfung (SRDP) in den Fremdsprachenfächern geworden. Carol Spöttl, die zu Beginn die einzige Expertin im Sprachentesten an der Universität Innsbruck war, etablierte eine *Language Testing Research Group Innsbruck* (LTRGI[2]), im Rahmen derer Forschungsprojekte lukriert, junge AbsolventInnen in der Sprachtestforschung verankert und nationale wie internationale Vernetzungen geschaffen werden konnten: Erwähnt sei an dieser Stelle die Organisation der 9. Tagung von EALTA-*European Association of Language Testing and Assessment* 2012 und die Umsetzung der 4. *Summer School* von EALTA 2016.

Das vorliegende Buch spiegelt zu einem großen Teil Inhalte des IMoF-Moduls „Testen und Bewerten" wider, geht aber in einigen Kapiteln darüber hinaus. Ausbildungsinhalte beziehen sich auf unterschiedliche Funktionen sprachlicher Leistungsbeurteilung und ihre gesetzlichen Vorgaben im schulischen Kontext, auf die für das Überprüfen von Sprachen wesentlichen Testgütekriterien, auf Konstruktdefinitionen für sprachliche Fertigkeiten und sprachliche Mittel oder auf kontinuierliches Bewerten sprachlicher Leistungen. Die Lehrveranstaltung wird im sprachenübergreifenden Team geplant und teilweise gemeinsam, teilweise individuell umgesetzt. Konkret bedeutet dies, dass Studierende das Erstellen adäquater Aufgabenformate für die unterschiedlichen sprachlichen Fertigkeiten und sprachlichen Mittel, bezogen auf verschiedene Sprachniveaus, ebenso erlernen wie das Erstellen von Klassen- und Schularbeiten für bestimmte Lernjahre. Indem sie verschiedene Bewertungsarten und -raster kritisch reflektieren und gemeinsam diskutieren, wird der für das Verfassen von Prüfungsaufgaben wichtige kooperative Charakter betont und für Studierende bereits im Studium konkret erfahrbar. Die spätere Zusammenarbeit von Fremdsprachenlehrpersonen an der Schule soll so im Studium präjudiziert und erlernt werden. Ob dies durch die IMoF-Ausbildung in der späteren Unterrichtspraxis der AbsolventInnen auch gelingt, können nur entsprechende Langzeitstudien zeigen. Jenseits von IMoF bleibt die Ausbildung für schulische Mehrsprachigkeit sowie für Sprachentesten und -bewerten – auch international – weiterhin ein Desiderat (vgl. u. a. Harding & Kremmel 2016; Vogt & Tsagari 2014).

Aufgrund der mehrsprachigen Ausrichtung von IMoF finden sich in diesem Buch Beispiele aus allen Sprachen, die im Rahmen des IMoF unterrichtet werden: Englisch, Französisch, Italienisch, Russisch, Spanisch, Latein und Griechisch. Damit soll aber auch verdeutlicht werden, dass die Grundlagen und Prinzipien des Sprachentestens in gleichem Maße auf Fremdsprachen zutreffen. Die einzelnen Kapitel des Studienbuchs eignen sich zudem als theoretische Grundlage für Kurse in Fort- und Weiterbildungsveranstaltungen, die sich Themen der Leistungsmessung und -beurteilung widmen.

Wenn im Studienbuch der Einfachheit halber meist von ‚Tests' / ‚vom Testen' gesprochen wird, so sei an dieser Stelle angemerkt, dass damit unterschiedliche Formen der Leistungsüberprüfung gemeint sein können, wie etwa im schulischen Kontext Klassen- / Schularbei-

2 Nähere Informationen s. https://tinyurl.com/y7fkkvpp (21. 09. 2017).

ten, Klausuren, mündliche Prüfungen etc. Genauso können diese Begriffe aber auch für standardisierte nationale und internationale Tests stehen bzw. Abitur- und Reifeprüfungen meinen. Angemerkt sei, dass der *Gemeinsame europäische Referenzrahmen für Sprachen* (GeR) in seinem Untertitel neben den Tätigkeiten ‚lernen' und ‚lehren' auch von ‚beurteilen' (im Original: *learning, teaching, assessment*) spricht und in Kapitel 9 „Beurteilen und Bewerten" (im Englischen steht dafür der Begriff *assessment*) wesentliche Inhalte anführt, die „verschiedenen Funktionen des Prüfens und Beurteilens sowie entsprechenden Beurteilungs- und Bewertungsverfahren" gewidmet sind (Europarat 2001, 12). Auch in Kapitel 9 des GeR ist die Terminologie nicht einheitlich: ‚prüfen', ‚beurteilen', ‚bewerten' werden nebeneinander verwendet, genauso wie die Begriffe ‚testen', ‚prüfen', ‚bewerten', ‚beurteilen', ‚evaluieren' alltagssprachlich oft synonymisch verwendet werden, wenn z. B. von der Messung sprachlicher Kompetenz die Rede ist. ‚Testen' (*to test*) ist zweifellos der engste Begriff (*examining someone's knowledge*), ‚beurteilen' und ‚bewerten' (*to assess*) fassen die Tätigkeit der Leistungsüberprüfung weiter (*the goal of assessment is to make improvements*) und der Begriff ‚evaluieren' (*to evaluate*) hat die umfassendste Bedeutung (*making (institutional) judgements based on criteria and evidence*) (vgl. https://tinyurl.com/y82vcae2 [21.09.2017]).

Am Beginn eines jeden Kapitels im Buch finden sich Kann-Beschreibungen nach dem Muster des *Europäischen Portfolios für Sprachlehrende in Ausbildung* (EPOSA) (Newby et al. 2007), die einen Ausblick darüber geben, was den / die LeserIn im Kapitel erwartet, und die Ziele darlegen, wozu der / die LeserIn nach genauer Lektüre und Bearbeitung der am Ende eines jeden Kapitels angegebenen Arbeitsaufträge und Diskussionsfragen imstande sein soll. Die Tipps zu weiterführender Lektüre am Ende eines Kapitels dienen der Vertiefung der ausgeführten Inhalte und können genützt werden, um sich weiteres Wissen anzueignen. Die gesamte Literatur findet sich am Ende des Buches. Zudem sei an dieser Stelle auf den *Language Testing Bytes Podcast* verwiesen, in dem Glenn Fulcher begleitend zur Zeitschrift *Language Testing* aktuelle Fragen der Sprachtestforschung mit ExpertInnen diskutiert. Der Podcast erscheint halbjährlich und ist unter https://tinyurl.com/ycdpgjvr (21.09.2017) oder über *iTunes* verfügbar.

Marginalien am Textrand dienen der Strukturierung des Gelesenen; anhand dieser benutzerInnenorientierten Punkte kann sich der / die LeserIn – rekapitulierend in Form eines *self-assessment* – orientieren, ob er / sie die wichtigsten Inhalte eines Kapitels nachvollziehen und diese auch kurz erläutern kann.

Das Buch umfasst 11 Kapitel. Es wurde mit dem Ziel erstellt, auch im deutschsprachigen Raum ein Standardwerk zu „Testen und Bewerten fremdsprachlicher Kompetenzen" zur Verfügung zu haben, das gleichermaßen von Lehrenden und Lernenden an Universitäten sowie an Schulen genutzt werden kann, um die immer deutlicher eingeforderte „Bewertungskompetenz" einzelner *stakeholder* im Bereich fremdsprachlicher Leistungsmessung und -beurteilung zu stärken bzw. zu fördern.

In Kapitel 1 werden ein kurzer, historischer Überblick über die Entwicklung des Testens und Bewertens gegeben und drei Perioden des Sprachentestens vorgestellt, die als Beispiele für die Entwicklung von subjektiven, normorientierten Tests hin zu einer objektiven, validen und an Kriterien orientierten Bewertung dienen. In Kapitel 2 wird der GeR als kommunikativer, kompetenz- und handlungsorientierter Referenzrahmen des Europarates präsentiert, sein

Entstehungskontext beleuchtet, die Niveaustufen A1 bis C2 beschrieben und deren Bedeutung für das Testen und Bewerten von fremdsprachlichen Leistungen kritisch betrachtet. Die Hinwendung des GeR zu Sprachverwendenden als kommunikative, sozial Agierende und einer damit verbundenen positiven Sichtweise des Fehlers als inhärentes Kennzeichen von Lernersprache macht es erforderlich, die Rolle des Fehlers im Fremdsprachenunterricht neu zu überdenken, was in Kapitel 3 erfolgt.

In Kapitel 4 werden die Testgütekriterien in zwei Teilen vorgestellt: Im ersten Teil werden Arten der Objektivität, Reliabilität und Validität erklärt und beschrieben, wobei vor allem auf das zentrale Kriterium der Konstruktvalidität und den sich wandelnden Interpretationen der Validität bzw. des Prozesses der Validierung fokussiert wird. Im zweiten Teil wird auf die Prinzipien Authentizität, *Washback* und Praktikabilität eingegangen, der Bezug zwischen Testaufgaben und *real-world tasks* diskutiert, die Auswirkung von Tests auf Lehrende, Lernende, Unterricht und Bildungssystem illustriert sowie eine Kosten-Nutzen-Rechnung hinsichtlich Testressourcen aufgestellt. Der Testentwicklungszyklus wird in Kapitel 5 anhand von standardisierten Tests beschrieben; Begriffe wie Testzweck, Testarten, Testspezifikationen, *text mapping*, Prototypisierung, Pilotierung, Feldtestung, *Benchmarking* und *Standard-Setting* werden definiert und näher erklärt, um u. a. auf die hohe ethische Verantwortung im Bereich des Testens und Bewertens einzugehen.

Kapitel 6 widmet sich der Überprüfung rezeptiver Lese- und Hörverstehensleistungen. Anhand je eines konkreten Lese- (Nold & Willenberg) bzw. Hörverstehensmodells (Field) werden die einzelnen kognitiven Komponenten der nicht direkt beobachtbaren Leseverstehens- bzw. Hörverstehensprozesse aufgezeigt und vier prominente Lese- und Hörverstehensziele mit Bezug auf die GeR-Skalen erläutert. Es wird auf wesentliche Gemeinsamkeiten und Unterschiede bei der Überprüfung von Lese- und Hörverstehen hingewiesen, Testformate werden präsentiert, die sich zur Überprüfung eines Produktes, resultierend aus einer Lese- bzw. Hörverständnisaufgabe, eignen. Am Schluss steht ein Vorschlag, wie rezeptive Fertigkeiten als Basis für integrierte Testaufgaben genutzt werden können und welche Schwierigkeiten sich dadurch bei der Beurteilung ergeben.

In Kapitel 7 wird für die Beschreibung, wie produktive Fertigkeiten getestet werden können, ein ähnlicher Aufbau wie in Kapitel 6 gewählt. Das Konstrukt wird anhand je eines Modells (Shaw & Weir für Schreiben; Levelt für Sprechen) dargelegt, die GeR-Skalen für (monologische) Produktion und (dialogische) Interaktion werden in der Testanwendung konkretisiert. Außerdem werden Richtlinien vorgestellt für die Erstellung von lebensnahen, kontextualisierten und situationsgebundenen Testaufgaben mit unterschiedlichen Inputs (Texten, Bildern, Grafiken etc.) zur Überprüfung der Fertigkeit Schreiben (z. B. hinsichtlich des Einsatzes von Operatoren) bzw. für ein angemessenes InterlokutorInnen- respektive AssessorInnenverhalten bei der Überprüfung der Fertigkeit Sprechen. Dabei wird auf die Nutzung von holistischen und analytischen Bewertungsrastern im Sinne einer erhöhten Interrater-Reliabilität Bezug genommen; Vor- und Nachteile solcher Raster werden aufgezeigt.

Kapitel 8 widmet sich der Überprüfung sprachlicher Mittel in den linguistischen Kompetenzfeldern Lexik, Grammatik und Soziopragmatik. Grammatikalische Kompetenz wird als Teilkompetenz einer funktional-kommunikativen Kompetenz verstanden, für die angemessene

Testformate präsentiert werden. Lexik als wesentlicher Teil einer kommunikativen Verstehens- und Produktionsaktivität wird analog zum GeR einerseits mit Spektrum (Wortschatzbreite) und andererseits mit Beherrschung (Wortschatztiefe) assoziiert. In den Aufgabenformaten wird u. a. auf die Gebundenheit an einen Kontext (C-Test, *gap filling*) bzw. Losgelöstheit von einem Kontext (z. B. Übersetzungen) und die damit verbundenen Problematiken eingegangen. Soziopragmatische Kompetenz wird als wesentliche Komponente eines handlungsorientierten, kommunikativen und interkulturellen Fremdsprachenunterrichts erachtet, der im Unterricht mehr Bedeutung zukommen muss. Anhand des GeR wird an das wandelbare Konstrukt der Soziopragmatik angeknüpft, weil sich sprachliche und kulturelle Gegebenheiten in unserer globalen und digitalen Welt ständig verändern. Es werden Aufgabenformate zur Überprüfung soziopragmatischer Kompetenz unterbreitet, die in der Forschung Anwendung finden und für einen authentischen Einsatz in der Schule genützt werden können.

Kapitel 9 befasst sich für die klassischen Sprachen Latein und Griechisch mit der Überprüfung von Kompetenzen sowie deren sprachreflexiven Besonderheiten hinsichtlich der zentralen Fertigkeiten „Übersetzen" und „Interpretieren". Beides sind mehrstufige, komplexe Prozesse, die sowohl der Analyse als auch der Reflexion bedürfen. Bisherige Beurteilungs- und Korrekturpraktiken sorgten meist für negativen *Washback*, da „Sinn" als wichtigste Beurteilungsdimension schwer zu fassen und die bisherige Negativkorrektur der Validität nicht zuträglich war, sodass man dazu überging, objektivierbare Teilkompetenzen zu messen.

Kapitel 10 zeigt den komplexen Begriff der Beurteilungs- bzw. Bewertungskompetenz (*assessment literacy*) auf, der anhand der Bereiche *assessment of*, *assessment for* und *assessment as learning* näher beschrieben wird. In diesem Kapitel werden verschiedene Funktionen der Leistungsbeurteilung erläutert sowie alternative Formen der Beurteilung (wie *dynamic assessment*) oder Methoden zur Datenevaluierung wie *think alouds* vorgestellt, die eine Brücke zwischen Lehren, Lernen und Testen ermöglichen.

Das abschließende Kapitel 11 ist der, vor allem punktuellen, Leistungsbewertung im Schulalltag gewidmet und beleuchtet (in)formelle Tests und *teacher made tests*. Dabei wird der Frage nachgegangen, welche Aspekte Prüfungsaufgaben im schulischen Kontext aufweisen sollen, um Anforderungen wie Transparenz und gute Nachvollziehbarkeit zu erfüllen.

Abschließend sei folgenden Personen und Mitwirkenden aufrichtig und herzlich gedankt, ohne deren Unterstützung dieses Buch nicht möglich gewesen wäre: den AutorInnen der einzelnen Kapitel, Katrin Schmiderer für die professionelle und unermüdliche Arbeit am Manuskript, Herrn Seger, Frau Lembke und Frau Gastring vom Narr Verlag für ihre Geduld und die gute Zusammenarbeit, Margareth Graf und Renate Stadler für das aufmerksame Korrekturlesen und, *last but not least*, allen Studierenden, die die Ausbildung am IMoF durchlaufen haben und durch ihre kritischen Fragen, Anmerkungen und wertvollen Diskussionsbeiträge auch ImpulsgeberInnen für das vorliegende Buch waren.

Barbara Hinger und Wolfgang Stadler

1. Ein historischer Einblick in das Testen und Bewerten von Fremdsprachen

Barbara Hinger

Kann-Beschreibungen

Ich kann

- die historische Entwicklung des Sprachentestens in groben Zügen skizzieren.
- die drei Sprachtestparadigmen nach Spolsky (1976) erklären.
- aktuelle Desiderate der Sprachtestforschung beschreiben.

Die Forschungsliteratur zu Testen und Bewerten von Fremdsprachen kann bislang nur wenige Arbeiten nennen, die sich systematisch mit der geschichtlichen Entwicklung dieses Bereichs auseinandersetzen. Dabei verweisen die meisten AutorInnen zunächst auf die allgemeine Geschichte des Testens und Bewertens, die bereits in der Zeit der kaiserlichen Dynastien Chinas vor über 2000 Jahren, und damit sehr früh, einsetzte. Die damals etablierten Testverfahren dienten dem Zweck, die Bestqualifizierten – unabhängig von ihrer Zugehörigkeit zu einer bestimmten sozialen Klasse oder Familie – für den Staatsdienst auszuwählen (vgl. Spolsky 2008, 445; s. auch Fulcher 2010, 1 ff.; Kunnan 2008, 135; O'Sullivan 2012). Dieses Chinesische Prinzip (Macaulay 1853; Spolsky 1995) machte in anderen asiatischen Ländern, wie Korea oder Japan, ebenfalls Furore.

Normorientierte Bewertung bei der Auswahl der Besten nach dem Chinesischen Prinzip

Nach Europa gebracht wurde das Prinzip der Auswahl der Besten von den Jesuiten, die es geschickt mit dem hier im Mittelalter vorherrschenden Treviso-Prinzip (Spolsky 2008, 444) verbanden. Diesem ging es nicht um das Feststellen der Bestqualifizierten, sondern um den Nachweis der Leistung von SchülerInnen am Ende eines Lernjahres: Je nach Erfolg der SchülerInnen bezahlte die Stadt das Gehalt der verantwortlichen Lehrperson. Damit standen der curriculare Inhalt und dessen Umsetzung im Mittelpunkt: Erfüllten die SchülerInnen die Vorgaben zu den Lehrinhalten, hatten sie bestanden. Aus heutiger Sicht kann vermutet werden, hier einen Vorläufer kriterienorientierter, inhaltsvalider Verfahren vorzufinden, bei dem die Testkriterien auf dem Curriculum basieren und die gelehrten Inhalte mit jenen der Prüfungen übereinstimmen sollten. Demgegenüber wäre die chinesische Art des Überprüfens wohl als normorientiert zu charakterisieren: Die Leistung des Einzelnen wurde vermutlich zur Leistung der Gesamtheit der TestteilnehmerInnen in Beziehung gesetzt. War ein Jahrgang leistungsschwächer, konnte eine Person mittlerer Leistung eher zu den Besten zählen als in einem Jahrgang mit einer leistungsstarken Gruppe. Im weiteren Lauf der Geschichte bleiben beide Zugänge zum Testen und Bewerten erhalten. Sie finden sich auch in aktuellen Debatten und begleiten die Auseinander-

Treviso-Prinzip als Vorläufer kriterienorientierter Bewertung

setzungen insbesondere in Zeiten von Änderungen und Umbrüchen in einem Prüfsystem. Grundsätzlich ging es jedoch im Chinesischen Prinzip wie im Treviso-System darum, Günstlingswirtschaft durch Fähigkeits- und Leistungsnachweise zu ersetzen und damit einer subjektiv gehaltenen oder auf sozialen Faktoren beruhenden Auswahl eine Objektivierung der Leistungsbewertung gegenüber zu stellen. Diese zielte letztendlich auf Chancengleichheit ab (vgl. O'Sullivan 2012, 9). Historisch gesehen gelang es damit in China, den Einfluss der Aristokratie zurückzudrängen und eine kaisertreue Beamtenschaft zu etablieren (vgl. Kunnan 2008, 136). Auch das Auftreten einer *education industry*, die die verschiedenen Tests erstellte, war – inklusive negativer Rückkoppelungen (*Washback*) (s. Abschnitt 4.2.2) – schon zu beobachten (vgl. O'Sullivan 2012, 9 f.).

Aufgaben zur Überprüfung bestimmter sprachlicher Fertigkeiten waren in den chinesischen Tests bereits inkludiert. So musste nachgewiesen werden, dass man in der Lage war, einen politischen Essay zu schreiben oder Gedichte anhand formaler Vorgaben wie Reimbildung zu verfassen (vgl. Kunnan 2008, 136).

In Europa trugen vor allem die Universitäten zur Verbreitung von Tests und Prüfungen bei. Die Umgestaltung respektive Neuetablierung staatlicher Bildungssysteme, wie in Frankreich, Preußen und Österreich insbesondere im 18. Jahrhundert, und die damit einhergehende Ausweitung und Öffnung der Schulsysteme zogen ähnliche Effekte nach sich. Interessanterweise hinkte das britische System hier zeitlich gesehen hinterher, wie O'Sullivan ausführt:

Verbreitung von Tests und Prüfungen durch Universitäten und neu etablierte staatliche Bildungssysteme

> Testing became a bigger issue in Britain in the 19th century when the establishment realized they needed to select people according to capability and end the practice of patronage (the French and Germans had already come to that conclusion almost half a century earlier). The introduction of competitive examinations to the civil service in the UK was preceded by the Oxford University Commission, which led to the introduction of examinations within the education system in 1850, [...]. (O'Sullivan 2012, 10)

In Großbritannien wurden Anfang des 20. Jahrhunderts Tests für Englisch als Fremdsprache für Personen eingeführt, die aus den Kolonien stammten und eine Ausbildung im britischen Bildungssystem anstrebten (vgl. O'Sullivan 2012, 11). In den USA reichen erste Vorläufer von *large-scale language tests* respektive Sprachtests für eine hohe Anzahl an TestteilnehmerInnen in die zweite Hälfte des 19. Jahrhunderts zurück (vgl. Kunnan 2008, 136 f.). Diese Sprachtests waren Kinder ihrer Zeit und nutzten Prüfformate, die die damals vorherrschende Fremdsprachenvermittlung, also die Grammatik-Übersetzungs-Methode, widerspiegelten. An dieser Art der Überprüfung von Sprache kam bereits früh Kritik auf, sodass neue Aufgabenformate wie ‚Richtig / Falsch'-, ‚Einfach- oder Mehrfachwahl'- und ‚Bemerke den Fehler'-Aufgaben entwickelt wurden (vgl. Kunnan 2008, 137), von denen man sich eine objektivere Beurteilung der Fremdsprachenkenntnisse erhoffte. Über

Vorläufer von *large-scale language tests* ab der 2. Hälfte des 19. Jahrhunderts in den USA

setzungsaufgaben wurden dennoch beibehalten. Einen deutlichen Wendepunkt in der Geschichte des Sprachentestens setzte der Zweite Weltkrieg. Insbesondere in den USA wurde nun in einem großangelegten Programm, dem *Army Specialized Training Program*, wissenschaftlich an der Entwicklung von Sprachtests gefeilt (vgl. Kunnan 2008, 138). Diese Arbeit ging einher mit der Etablierung der Audiolingualen Methode als neuem Sprachlehr- und -lernansatz. Dieser war ebenfalls wissenschaftlich begründet und basierte auf einer engen Kooperation zwischen hochangesehenen Linguisten des Strukturalismus, wie Bloomberg und Fries, und exzellenten Psychologen der behavioristischen Schule, wie B. F. Skinner.

Zweiter Weltkrieg als Wendepunkt in der Entwicklung der Sprachtestung

In der Entwicklung des Testens und Bewertens von Sprache muss an dieser Stelle auf die erste Systematisierung der Geschichte von Sprachtests verwiesen werden, die von Spolsky (1976) vorgelegt wurde und uns gleichzeitig in die Gegenwart des Sprachentestens führt. Spolsky unterscheidet drei Perioden des Sprachentestens:

- das vorwissenschaftliche
- das psychometrisch-strukturalistische
- das psycholinguistisch-soziolinguistische Sprachtestparadigma

Diese Unterteilung kann einerseits als geschichtliche Entwicklung und damit als Abfolge auf globaler Ebene gesehen werden. Je nach lokal-nationalen Bedingungen können sich die drei Perioden andererseits aber auch überlappen und/oder gleichzeitig und nebeneinander existieren (vgl. Spolsky 1976, 11). Auch wenn Spolsky zum einen zwar darauf verweist, dass es sich bei seiner Einteilung um eine grobe Generalisierung handelt (vgl. ebd.), und er zum anderen mittlerweile von seiner zunächst getroffenen Einteilung mit sehr differenzierten Begründungen abrückt (vgl. Spolsky 2017), erscheint es im Folgenden doch nützlich, die Charakterisierung der drei Perioden etwas näher zu betrachten.

Drei Perioden des Sprachentestens

Das vorwissenschaftliche Sprachentesten zeichnet sich durch einen subjektiven Zugang zur Bewertung von sprachlichen Leistungen aus. Die Bewertung kommt ohne statistisch begründbare Auswertungsverfahren aus. Benotet wird die Sprachleistung beispielsweise anhand schriftlicher Performanzen der Lernenden oder nach einer kurzen mündlichen Äußerung. Sprachprüfungen liegen eindeutig in der Hand der Lehrpersonen und erfordern keine weitere Expertise: Wenn jemand eine Sprache lehren und unterrichten kann, dann wird davon ausgegangen, dass er/sie die Sprachleistungen der Lernenden auch bewerten kann (vgl. Spolsky 1976, 11 f.).

Subjektive Bewertung von mündlichen und schriftlichen Performanzen im vorwissenschaftlichen Sprachentest-Paradigma

Demgegenüber setzt die psychometrisch-strukturalistische Periode des Sprachentestens auf Expertentum. Nun gilt es, Sprachleistungen objektiv,

Möglichst objektive Bewertung vor allem rezeptiver Fertigkeiten durch geschlossene Aufgabenformate im psychometrisch-strukturalistischen Sprachtestparadigma zuverlässig und wissenschaftlich begründbar zu überprüfen und zu bewerten. ExpertInnen in der Testtheorie sind verantwortlich für das Entwerfen adäquater Prüfformate und für deren statistische Auswertung, LinguistInnen geben die zu überprüfenden Sprachbereiche vor. Ausgangspunkt ist die Kritik an den zuvor subjektiv ausgerichteten Sprachprüfungen. So wird erstmals anhand von Untersuchungen gezeigt, dass die vorherrschende Bewertung schriftlicher Aufsätze subjektiv ausgeprägt und nicht reliabel ist (vgl. Hartog & Rhodes, 1936; Pilliner, 1952, zitiert in Spolsky 1976). Diesem Problem wird vor allem durch das Entwickeln geschlossener Aufgabenformate wie *multiple choice*- oder Einfachwahlaufgaben und halboffener Formate wie Kurzantworten versucht entgegenzuwirken, da deren Ergebnisse statistisch berechenbar sind und objektiv ausgewertet werden können. Damit wird der Fokus jedoch deutlich auf die Überprüfung der rezeptiven Fertigkeiten – Lesen, Hören – und der sprachlichen Mittel – Wortschatz, Grammatik – gelegt. Da die zu überprüfenden Sprachbereiche von der strukturalistischen Linguistik eingebracht werden, verwundert es nicht, dass diese auf der Basis kontrastiver Sprachvergleiche zwischen Ausgangs- und Zielsprache festgelegt werden und vor allem jene Strukturen überprüfen, die keine Gemeinsamkeiten in den betreffenden Sprachen aufweisen. Auf der Strecke bleiben eine umfassende Sicht von Sprache und ein adäquates Einbeziehen der produktiven Fertigkeiten Schreiben und Sprechen. Nichtsdestotrotz findet in der psychometrisch-strukturalistischen Sprachtestperiode die erste gezielte Zusammenarbeit zwischen den nach wie vor wesentlichen Bezugswissenschaften des Sprachenlernens, -lehrens und -testens, nämlich der Sprachwissenschaft und Psychologie, statt.

Geschlossene (vorgegebene Antwortmöglichkeiten), halb-offene (keine vorgegeben Antwortmöglichkeiten, erwartbare Antworten) und offene (keine vorgegebenen Antwortmöglichkeiten, freie Antworten) Aufgabenformate

Während Morrow (1979, 144) die erste Periode, also das vorwissenschaftliche Sprachentesten, metaphorisch als „Garten Eden" bezeichnet, in dem jeder / jede frei ist, zu tun und zu lassen, was ihm / ihr beliebt, nennt er die eben skizzierte psychometrisch-strukturalistische Sprachtestperiode das „Tal der Tränen": In diesem scheint alles reglementiert zu sein und die Messbarkeit überdeckt als wesentlichstes Ziel das tatsächliche Beherrschen und Sich-Ausdrücken-Können in einer Zielsprache.

Morrow zufolge wird mit der dritten Sprachtestperiode, dem psycholinguistisch-soziolinguistischen Sprachentesten, das „verheißene, gelobte Land" betreten. Nun rückt das Gütekriterium der Validität, also der Übereinstimmung zwischen einer umfassenden Konzeption von Sprache, wie sie im Unterricht vermittelt wird, und der Auffassung von Sprache, wie sie Sprachtests als theoretisches Konstrukt (s. Abschnitt 5.2) zugrunde liegt, in den Mittelpunkt. Sprachtestergebnisse sollen zwar weiterhin so objektiv und reliabel wie möglich sein, angestrebt wird nun aber, diese Kriterien auch auf die produktiven Sprachfertigkeiten zu übertragen. Dieses Unterfangen sollte beispielsweise durch die Bewertung von mündlichen oder schriftlichen Sprachleistungen anhand der Überprüfung festgelegter Kriterien gelingen. Diese kriterienorientierte Bewertung soll an die Stelle einer

Validität als wesentliches Testprinzip im psycholinguistisch-soziolinguistischen Sprachtestparadigma subjektiven Notenvergabe treten und transparent gestaltet sein, indem die Bewertungskriterien auch den Lernenden zugänglich gemacht werden. Zudem sollte das Augenmerk auf Intra- und Interrater-Reliabilität gelegt werden (s. Abschnitt 4.1.2).

Sprachwissenschaftlich gesehen findet die Periode des psycholinguistisch-soziolinguistischen Sprachentestens in der sog. pragmalinguistischen Wende ihre Begründung. Diese setzt in den 60er Jahren des 20. Jahrhunderts ein und bedingt circa zehn Jahre später die kommunikative Wende im Fremdsprachenunterricht. Damit rücken die sprachliche Handlungs- und Kommunikationsfähigkeit in den Mittelpunkt des Unterrichts. Spolsky trägt diesem Paradigmenwechsel in Sprachwissenschaft und Sprachunterricht mit dem Adjektiv „soziolinguistisch" Rechnung. Die Bezeichnung „psycholinguistisch" lässt sich demgegenüber mit direkten und indirekten Auswirkungen des *cognitive turn* in der Sprachwissenschaft erklären. Dieser erlaubt insofern ein Abweichen vom Strukturalismus als Basis der Bewertung von sprachlichen Äußerungen, als er eine Grundlage für die empirische Auseinandersetzung mit realen Lerneräußerungen schafft und damit von einer kontrastiven Betrachtung sprachlicher Elemente in Ausgangs- und Zielsprache absieht. Die Betrachtung der tatsächlichen Sprachäußerungen von Lernenden wird nun postuliert und die Analyse der sich entwickelnden Lernersprache – *interlanguage* nach Selinker (1972) – ermöglicht.

Auf den Plan tritt somit die Psycholinguistik, die sich mit der mentalen Verarbeitung von Sprache beschäftigt. Auch wenn heute mittlerweile interessante theoretische Modellansätze vorliegen, sind wir nach wie vor weit von umfassenden, psycholinguistisch begründ- und beschreibbaren Entwicklungen des Sprachenlernens entfernt. Der Fremdsprachenunterricht kann also nur bedingt auf mögliche Handlungsanweisungen zurückgreifen, die lernersprachenbasiert sind (s. Kapitel 2 und 3). Die Forderungen, den Fremdsprachenunterricht und das Überprüfen von Leistungen in der Fremdsprache lernersprachensensibel auszurichten, werden jedoch immer stärker (vgl. u. a. Larsen-Freeman 2009; Van Moere 2012) und weisen in eine anstrebenswerte Richtung. Bei entsprechender Vorlage ausreichender empirischer Forschungsergebnisse aus der Spracherwerbs-, Sprachlehr- und Sprachtestforschung könnte Spolskys psycholinguistisches Paradigma des Sprachentestens auch erfüllt werden und möglicherweise den Zugang zum „gelobten Land", im Sinne Morrows, eröffnen, in dem Fremdsprachenunterricht und das Bewerten fremdsprachlicher Leistungen von Lernenden an einer realistischen Lernersprachentwicklung ausgerichtet sind.

Forderung nach lernersprachensensiblem Testen

In Anbetracht dessen erscheint es daher unter Einbeziehung des aktuellen Forschungsstandes adäquater, Spolskys dritte Periode des Sprachentestens nicht als „psycholinguistisch-soziolinguistisch", sondern als „kommunikativ-handlungsorientiert" zu bezeichnen. Damit kann auch auf die richtungsweisenden Sprachmodelle von Canale (1983), Canale & Swain (1980), Bachman (1990) sowie Bachman & Palmer (1996) verwiesen werden, die kommunikative Sprachkompetenzen umfassend definieren und Kriterien für ihre Überprüfbarkeit vorlegen. Das Einbeziehen aller sprachlichen Fertigkeiten und das Bemühen um eine adäquate Überprüfung von Wortschatz und Grammatik (s. Abschnitt 8.1) stehen aktuell im

Mittelpunkt der Sprachtestforschung. Mit Davies (2014, 12) kann darauf verwiesen werden, dass die folgenden Fragen nach wie vor wesentlich für das Sprachentesten sind:

- Wie wird getestet?
- Was wird getestet?
- Wer sind die PrüferInnen?

Soziale und politische Verantwortung im Umgang mit Sprachtests

Der hier knapp skizzierte Abriss einer historischen Entwicklung des Sprachentestens leitet über zu Fragen der sozialen und politischen Verantwortung, die in Bezug auf den Umgang mit Sprachtestergebnissen und den Zweck von Sprachtests gestellt werden müssen. Diese Forderung gilt in besonderem Maße für *large-scale* Sprachprüfungen, auf die sich die hier vorgelegten Beschreibungen grosso modo auch beziehen. Die Geschichte des Testens und Bewertens von Fremdsprachen, wie sie im schulischen Alltag in Form von schriftlichen Klassen- / Schularbeiten, mündlichen Prüfungen, Mitarbeitsüberprüfungen oder Hausübungen erfolgen, muss nämlich erst geschrieben werden. Dieses Desiderat in Bezug auf das schulische Überprüfen fremdsprachlicher Leistungen gilt sowohl hinsichtlich seiner geschichtlichen Aufarbeitung als auch hinsichtlich der aktuellen Forschungslage. Erste Ansätze einer eingehenderen, forschungsbasierten Beschäftigung mit schulischem Sprachentesten fokussieren im Moment eher auf Definitionsversuche der sog. *assessment literacy* von Sprachlehrpersonen und grenzen diese von Erfordernissen für professionelle SprachtesterstellerInnen ab (s. Kapitel 10 und 11). Dabei spielt jedenfalls im österreichischen Kontext die Etablierung der neuen SRDP für die Fremdsprachen insbesondere im Hinblick auf den *Washback*-Effekt für den schulischen Sprachunterricht eine entscheidende Rolle, in Deutschland kommt diese Rolle vor allem den Bildungsstandards zu (vgl. u. a. Rossa 2016). Das Überprüfen und Testen sprachlicher Leistungen sollte sich generell in den Dienst demokratischer Chancengleichheit für die TestteilnehmerInnen auf der Basis kriterienorientierter und transparenter Bewertungsverfahren stellen, die Lernende dabei unterstützen, ihr Potential sichtbar zu machen (s. u. a. Spolsky 1976, 21 ff.).

Assessment literacy von Lehrpersonen als aktuelles Desiderat der Sprachtestforschung

Arbeitsaufträge und Diskussionsfragen

1. Haben Sie Erfahrungen in einem der drei genannten Sprachtestparadigmen gesammelt? Wenn ja, welches Paradigma trifft eher auf Sie als Sprachlernende, welches eher als Sprachlehrende zu? Nennen Sie jeweils mögliche Gründe dafür.
2. Finden Sie sich vielleicht in mehr als einem dieser Sprachtestparadigmen wieder? Wenn ja, welche Gründe können Sie dafür anführen?

3. Denken Sie an Ihre eigene Praxis als Prüfende: Erkennen Sie Grundlagen, anhand derer Sie mündliche Prüfungen und schriftliche Klassen- / Schularbeiten bewerten? Lassen sich diese sprachwissenschaftlich begründen? Gibt es dafür psychologische Gründe?
4. Stellen Sie sich vor, Sie müssen die Art Ihrer Prüfungen und Klassen- / Schularbeiten einem / einer neuen KollegIn erklären: Wie gehen Sie vor? Welche Parameter nennen Sie? Führen Sie Gründe für die Wahl Ihrer Parameter an und erklären Sie diese Ihrem / Ihrer neuen KollegIn anschaulich.

Weiterführende Literatur

Davies, A. (2014): „Fifty Years of Language Assessment". In: Kunnan, A. J. (Hrsg.): *The Companion to Language Assessment* I:1:1. John Wiley & Sons, 1–19.
Der Beitrag gibt einen sehr guten Einblick in die wichtigsten Debatten der letzten 50 Jahre im Bereich des Sprachentestens, stellt umfassende Literaturangaben bereit und ist von einem der international anerkanntesten Sprachtestexperten verfasst.

Fulcher, G. (2010): *Practical Language Testing*. London: Hodder Education.
Insbesondere das erste Kapitel beschäftigt sich mit geschichtlichen Bedingungen und Entwicklungen des Sprachentestens. Das Abwägen unterschiedlichster Positionen und das Anführen von Pro- und Kontraargumenten beeindruckt ebenso wie die historische Einbettung in politische Rahmenbedingungen und der Verweis auf allgemeine Prüfsysteme.

Spolsky, B. (1995): *Measured Words*. Oxford: Oxford University Press.
Spolsky erläutert die Geschichte des Sprachentestens umfassend, anschaulich und unter Berücksichtigung gesellschaftlicher Vorgaben und Bedingungen. Das Werk ist ein Standardwerk für jene, die sich mit der historischen Entwicklung des Testens von Sprache näher beschäftigen möchten.

2. Der GeR und die Orientierung am sprachlichen Output der Lernenden

Barbara Hinger

Kann-Beschreibungen

Ich kann
- den Entstehungskontext des GeR erläutern.
- die Niveaubeschreibungen des GeR und die Kritik an ihnen erklären.
- die Bedeutung des GeR für das Testen und Überprüfen von fremdsprachlichen Leistungen beschreiben und kritisch betrachten.

Der Gemeinsame europäische Referenzrahmen für Sprachen (GeR) wurde vom Europarat im Jahr 2001 herausgegeben und blickt auf Vorarbeiten von mehr als 30 Jahren zurück. Er hat sich im Großen und Ganzen als Erfolgsgeschichte erwiesen. Dies zeigt sich u. a. an der stattlichen Anzahl von Übersetzungen in 40 Sprachen, darunter viele nichteuropäische Sprachen aber auch Minderheitensprachen wie etwa das Romani. Rezipiert wird der GeR in Ländern wie Japan, Korea, Ägypten, Kolumbien oder Kanada, um nur einige zu nennen, und damit weit über den europäischen Kontext hinaus. Dieser Erfolgsgeschichte als Referenzwerk für das Erlernen, das Vermitteln und das Überprüfen von Sprachen stehen auch kritische Einschätzungen gegenüber, die unten wie in weiteren Kapiteln angesprochen werden. Zunächst wird jedoch auf den Entstehungskontext und auf sprachwissenschaftliche Bezugsmodelle des GeR sowie auf eines seiner Begleitinstrumente, das Europäische Sprachenportfolio (ESP), eingegangen. Daran anschließend wird seine Bedeutung für das Prüfen und Bewerten von fremdsprachlichen Leistungen erläutert.

Mit dem Europarat, der aktuell aus 47 Mitgliedsstaaten besteht, ist eine Institution Herausgeber des GeR, die sich seit ihrer Gründung im Jahr 1949 der Zusammenarbeit zwischen europäischen Ländern in den Bereichen Menschenrechte, Demokratie, Kultur und Bildung verpflichtet und damit explizit keine wirtschaftlichen Ziele verfolgt, wie dies etwa bei der Europäischen Union der Fall ist. Sich das zu vergegenwärtigen, erscheint wesentlich, um den GeR nicht als (sprachen-)politisches Instrument der Europäischen Union misszuverstehen (vgl. u. a. Hulstijn 2014, 3; Krumm 2016, 634). Zur Umsetzung der sprachenpolitischen Ziele des Europarats bekennt sich der GeR hingegen explizit (Europarat 2001, 14 ff.).

Der Europarat ist Herausgeber des GeR.

Der Europarat greift insbesondere seit der Gründung seiner sprachenpolitischen Abteilung Mitte der 1950er Jahre Fragen der Fremdsprachenvermittlung für erwachsene LernerInnen auf und veröffentlichte ab Mitte der 1970er Jahre erste Sprachkompetenzbeschreibungen, die als Vorläufer des GeR gelten (*Threshold Level* 1975, *Un Niveau Seuil* 1976, *Nivel*

Vorläufer des GeR: u. a. *Threshold Level* 1975

Umbral 1979, *Kontaktschwelle Deutsch als Fremdsprache* 1981, *Porogovyj uroven'* 1996, vgl. u. a. Krumm 2016). Der Fokus dieser Beschreibungen lag auf dem Gebrauch von Sprache für kommunikative Zwecke außerhalb des Klassenzimmers. Begründungen dafür boten Sprachnotionen (semantische Kategorien wie Größen- und Quantitätsbezeichnungen, deiktische Bezeichnungen etc.) und sprachliche Funktionen (Sprechakte, wie Austin und Searle sie im Rahmen der pragmatischen Wende der Linguistik postulieren) (vgl. u. a. López Rama & Luque Agulló 2012, 186). Erstmals gebündelt wurden diese im sog. *notional-functional syllabus*, der von Wilkins (1976) für den Europarat erstellt wurde. Nach der erfolgreichen Definition des *Threshold Level* wurden dessen Autoren Van Ek & Trim vom Europarat gebeten, zwei weitere Sprachniveaus zu beschreiben, nämlich je ein darunter- (*Waystage*) und ein darüberliegendes (*Vantage*) Niveau. Theoretische Bedenken der Autoren gegenüber der Definition weiterer Niveaus wichen praktisch-pragmatischen Überlegungen wie z. B. der realen Unterteilung von staatlichen Schulsystemen in primäre, sekundäre und tertiäre Ausbildungsbereiche, für die Übertrittsberechtigungen von einem in den nächsten Bereich auch durch fremdsprachliche Leistungen messbar sein sollten (Trim 2012, 28, zitiert in Hulstijn 2014, 8 f.). Niveaustufen schienen das besser zu vermögen als das Nachzeichnen eines kontinuierlichen und individuell verschieden verlaufenden Sprachlernprozesses, von dem Van Ek & Trim eigentlich ausgingen (ebd.). Der GeR beruht auf eben dieser Vorgangsweise, indem er die bereits existierenden drei Stufen in je zwei unterteilt und so sechs Niveaustufen von A1 bis C2 beschreibt[3], welche wohl die stärkste Wirkung des gesamten Dokuments entfaltet haben.

Erstellung eines *notional-functional syllabus* durch Wilkins (1976)

Definition des *Threshold Level* sowie des darunterliegenden *Waystage* und des darüberliegenden *Vantage*

Anerkennenswert ist insbesondere, dass es North (2000) durch seine beachtliche empirische Arbeit gelungen ist, funktionale Sprachbeschreibungen Skalen zuzuordnen, die dem GeR, wie Weir (2005b, 294) betont, als Basis für an Sprachhandlungen orientierte Kompetenzen von Sprachlernenden dienen. Auch North (2014, 229) selbst verweist immer wieder auf die Handlungsorientierung als zentrale Basis des GeR und sieht eine / einen Sprachlernende / n als „language user with specific needs, who needs to ACT [Hervorhebung im Original] in the language in real-world domains". Darüber hinaus wird das Ziel des Europarates, das Lernen von Sprachen zu demokratisieren und transparent auszurichten, in den Fokus gerückt: Lernende sollen dabei unterstützt werden, ihren Lernfortschritt selbst kontrollieren und nachzeichnen zu können (Trim 1978, 1, zitiert in Little 2011, 382). Dies erscheint

Erweiterung und Beschreibung der 6 Niveaustufen von A1 bis C2

Handlungsorientierung und Outputorientierung als wesentliche Prinzipien des GeR

3 A1 und A2 umfassen die elementare Verwendung von Sprache, B1 und B2 beziehen sich auf die selbstständige Sprachverwendung und C1 und C2 auf die kompetente Sprachverwendung (Europarat 2001, 35); für A2, B1 und B2 liegt jeweils eine weitere Untergliederung (A2+, B1+, B2+) vor (ebd., 41).

mit den GeR-Niveaubeschreibungen möglich. Sie sind als sog. Kann-Beschreibungen positiv formuliert und verschriftlichen, wie Lernende in bestimmten Kontexten sprachlich handeln (können): Damit illustrieren sie den erwarteten Output von Sprachlernenden und überwinden so die lang tradierte Inputorientierung im Fremdsprachenunterricht.

In diesem Sinne ist auch die Konzipierung und Erstellung des Europäischen Sprachenportfolios (ESP) zu verstehen, das dem GeR als Begleitinstrument vom Europarat zur Seite gestellt wird. Es spiegelt insofern die Demokratisierung des Sprachenlernens wider, als es die Eigenverantwortung für das Sprachenlernen durch das Instrument der Selbstbewertung (*self assessment tool*) stärkt. Mittlerweile liegen mehr als 100 Versionen des ESP, sowohl in Papierform als auch als Online-Tool, vor (https://tinyurl.com/y92qvswf [21.09.2017]). Jedes ESP überträgt die GeR-Skalenbeschreibungen auf konkrete Sprachen und ist damit sprachspezifisch ausgerichtet. Es ermöglicht Sprachlernenden, Lernziele zu konkretisieren und ihr Sprachenlernen einzuschätzen (vgl. u. a. Little 2005, 2011; North 2014). Das ESP berücksichtigt durch seine drei Teile sowohl punktuelle als auch formative Aspekte: So demonstrieren die Einträge von Lernenden im Sprachenpass ihren Sprachstand zu einem bestimmten Zeitpunkt (punktuell); die Sprachlernbiographie gibt anhand der Selbstbewertungsraster, die für jede Fertigkeit und jede Niveaustufe als Kann-Beschreibungen vorliegen, Auskunft über den Verlauf des Lernprozesses (formativ); die im Dossierteil gesammelten Dokumente belegen diesen (vgl. Little 2005, 235 f.). Darüber hinaus können die Selbstbewertungsraster der Sprachlernbiographie, z. B. in Posterform an Klassenzimmerwänden, auch für Rückmeldungen zum Unterricht selbst herangezogen werden (s. dazu Weiskopf-Prantner 2007, 61 ff.). Insgesamt erweist sich das ESP als Instrument zur Stärkung der Lernerautonomie (Little 2005, 2011), der sich der Europarat spätestens seit den 1970er Jahren verpflichtet fühlt (Holec 1979, zitiert in Little 2005, 325) und unterstützt Lernende dabei, die Verantwortung für das Erlernen einer Sprache selbst in die Hand zu nehmen.

Das Europäische Sprachenportfolio (ESP) fördert Lernerautonomie, u. a. durch Selbstbewertung des Lernfortschritts.

Was die Konstruktion der GeR-Skalen betrifft, wird diesen gegenüber vor allem der Vorwurf erhoben, dass sie nicht auf der Analyse von realen Sprachhandlungen von Lernenden beruhen und sich auf keine empirische Basis von Lernerperformanzen berufen können (vgl. u. a. Harsch 2005, 184 f.). Vielmehr wurden verschiedene Modelle kommunikativer Sprachkompetenz (insbesondere Bachman 1990; Canale & Swain 1980; Canale 1983; Hymes 1971 u. a.) grundgelegt und ca. 40 bereits vorliegende Skalen zur Sprachkompetenzbeschreibung[4] herangezogen, wie z. B. die *ACTFL Guidelines* (*American Council on the Teaching of Foreign Languages*). So entstanden Deskriptorenentwürfe, die in Folge in mehreren Verfahren mit dem Erfahrungswissen von Lehrpersonen abgeglichen[5] und auf ihre Tauglichkeit überprüft wurden. In einem nächsten Schritt wurden die so bearbeiteten De-

Skalenentwicklung durch Bewertung bestehender Deskriptoren und Basierung auf verschiedene Modelle kommunikativer Sprachkompetenz

4 Diese sind im GeR auch explizit genannt (Europarat 2001, 217; vgl. u. a. Hulstijn 2011, 239 f.; Papageorgiou 2016, 328 f.).

5 Lehrpersonen bearbeiteten die Entwürfe in Workshops gemeinsam und wurden dabei videographiert.

skriptoren weiteren ca. 300 Lehrpersonen in einer Fragebogenerhebung vorgelegt, damit diese die sprachlichen Leistungen ihrer über 2000 Lernenden anhand dieser Deskriptoren einschätzen konnten. Die so erhaltenen Einschätzungen der Deskriptoren wurden mithilfe des Rasch-Modells statistisch analysiert und skaliert (vgl. Harsch 2005, 179)[6]. Alle an diesem Prozess beteiligten Lehrpersonen stammten aus der Schweiz. Die herangezogenen Lernerleistungen bezogen sich auf die Fremdsprachen Englisch, Deutsch und Französisch. Der innovative Schritt, den North (2000) in der Erarbeitung der Skalen setzt, liegt vor allem darin, dass bestehende Skalenbeschreibungen unter Zuhilfenahme von Einschätzungen durch Lehrpersonen mit Sprachmodellen kombiniert werden, die kommunikativen Kompetenzen Rechnung tragen. Damit gelingt North ein Transfer des Postulats der Handlungsorientierung in konkrete Sprachniveaubeschreibungen[7].

Der Konstruktion der GeR-Skalen liegen also sowohl Kategorien aus der angewandten Sprachwissenschaft als auch Kategorien aus der Berufserfahrung von Lehrpersonen zugrunde (North 2014, 231). Die so entstandenen Deskriptoren / GeR-Skalenbeschreibungen werden einerseits in den übergeordneten Rahmen der Sprachverwendung, andererseits in die Kompetenzen der Sprachverwendenden eingebettet. Während erstere im Kapitel 4 des GeR dargelegt und beschrieben werden, umfassen zweitere das Kapitel 5.

> Die GeR-Skalen basieren nicht auf Analysen empirisch erhobener Lerneräußerungen, sondern auf der Einschätzung von Lehrpersonen.

Die Sprachverwendung untergliedert sich in folgende sechs Bereiche:

- Kontext der Sprachverwendung
- Themen der Kommunikation
- Kommunikative Aufgaben und Ziele
- Kommunikative Aktivitäten und Strategien
- Kommunikative Sprachprozesse
- Texte.

Deskriptorenskalen finden sich nur für den Bereich Kommunikative Aktivitäten und Strategien und die darin enthaltenen Teilbereiche Produktive Aktivitäten und Strategien, Rezeptive Aktivitäten und Strategien sowie Interaktive Aktivitäten und Strategien (s. Abb. 1).

6 North selbst beschreibt drei Phasen des Skalenkonstruktionsprozesses (North & Docherty 2016, 24): In einer ersten intuitiven Phase wurden vor allem bereits bestehende Deskriptoren gesichtet, neue anhand der genannten Kategorien der angewandten Sprachwissenschaft entwickelt, alle Skalen wurden klassifiziert, ediert etc. In einer darauffolgenden qualitativen Phase wurden Workshops mit Lehrpersonen durchgeführt, die die Deskriptoren wie beschrieben evaluierten. In der quantitativen Phase erfolgte schließlich die Kalibrierung der Deskriptoren, die sich als am adäquatesten erwiesen haben, durch eine entsprechende statistische Analyse, für die das Raschmodell gewählt wurde (vgl. Eckes 2015a; Kecker 2016).

7 Der handlungsorientierte Ansatz im Fremdsprachenunterricht entwickelte sich auf Basis der pragmatischen Wende in der Linguistik in den 1970er Jahren und sollte unter dem Schlagwort der kommunikativen Wende einen bis heute bestimmenden Paradigmenwechsel des Unterrichts einleiten. In Deutschland hat sich dafür insbesondere Piepho (1974) verdient gemacht.

Abb. 1: Teildarstellung des GeR, Kapitel 4: Sprachverwendung, Sprachverwender und Sprachlernende

Für die Kompetenzen der Sprachverwendenden beschreibt der GeR sowohl allgemeine als auch kommunikative Sprachkompetenzen. Während die allgemeinen Sprachkompetenzen sich auf verschiedene Wissensbereiche beziehen und insbesondere interkulturelle Aspekte aufnehmen, finden sich bei den kommunikativen Sprachkompetenzen drei Unterbereiche: linguistische, soziolinguistische und pragmatische Kompetenz (s. Abb. 2). Deskriptorenskalen liegen nur für die kommunikativen, nicht jedoch für die allgemeinen Kompetenzen vor.

Insgesamt stellt der GeR an die 40 Skalen für kommunikative Aktivitäten und Strategien (Kapitel 4 des GeR) sowie 13 Skalen für kommunikative Sprachkompetenzen (Kapitel 5 des GeR) bereit. Darüber hinaus finden sich eine übergreifende Globalskala, ein Selbstbeurteilungsraster und ein Beurteilungsraster zur mündlichen Kommunikation (Kapitel 3 des GeR).

Nicht alle Niveaubeschreibungen haben den oben erwähnten Entstehungsprozess durchlaufen. Dies trifft insbesondere auf die Deskriptoren, die sich auf die Fertigkeit Schreiben beziehen (vgl. Europarat 2001, 212), sowie auf ca. die Hälfte der C2-Deskriptoren zu (North 2014, 230). Im GeR ist dies jeweils unter der betreffenden Skala ausgewiesen.

Dass die GeR-Sprachniveaubeschreibungen nicht auf Ergebnissen von Analysen empirisch erhobener Lerneräußerungen beruhen, bleibt eine ebenso ernstzunehmende wie gerechtfertigte Kritik, die zunächst jedoch durch den zeitlichen Entstehungskontext des GeR und die zur damaligen Zeit unzulängliche Forschungslage im Fremdsprachenerwerb erklärt werden kann (vgl. North 2007, zitiert in Papageorgiou 2016, 337). Dass jedoch auch in der gegenwärtig durchgeführten Überarbeitung bestimmter GeR-Skalen darauf verzichtet wird, mittlerweile

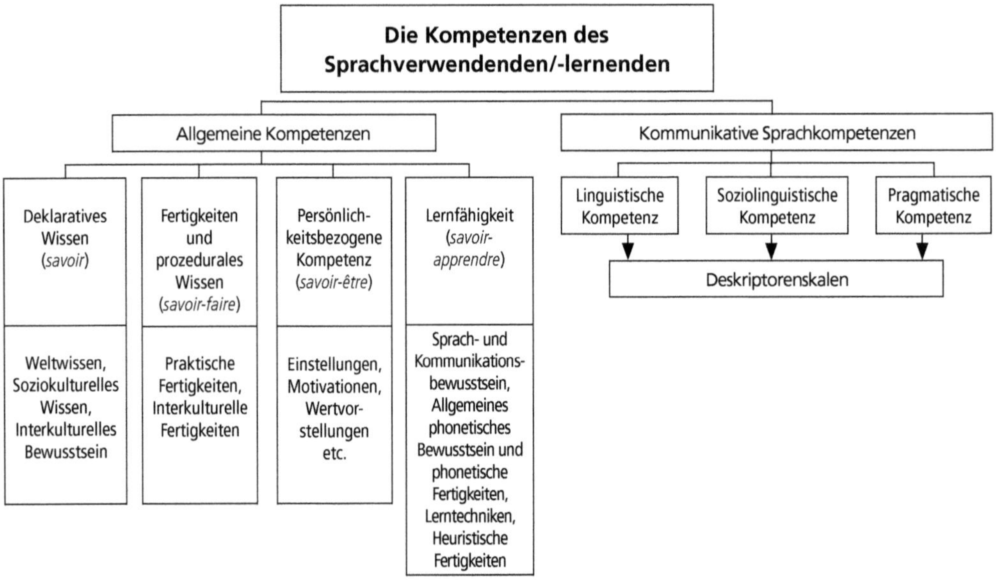

Abb. 2: Teildarstellung des GeR, Kapitel 5: Die Kompetenzen des / der Sprachverwendenden / -lernenden

vorliegende Ergebnisse aus der Spracherwerbsforschung zu berücksichtigen, ist wenig nachvollziehbar (s. auch Kapitel 3). Liegen doch zumindest mit den Forschungen von Pienemann und seinem Team zu Englisch (Keßler 2006; Keßler, Lenzing & Liebner 2016; Pienemann 1998), von Diehl et al. (2000) zu Deutsch als Fremdsprache in der französischsprachigen Schweiz oder zu Französisch als Fremdsprache im schwedischen Kontext (Bartning & Schlyter 2004; Schlyter 2003) Spracherwerbsresultate für die Entwicklung morphosyntaktischer Bereiche der Lernersprache vor, die berücksichtigenswert erschienen.

Das umfassendste Projekt in dieser Hinsicht ist *English Profile – The CEFR for English*, mit dessen Erarbeitung 2006 begonnen wurde (Barker 2016, 33) und das nun erste Analyseergebnisse online zugänglich macht (https://tinyurl.com/yavl7gtt [21. 09. 2017]). In diesem Projekt werden reale Lerneräußerungen für Englisch als Fremdsprache gezielt mit GeR-Skalenbeschreibungen abgeglichen (vgl. u. a. Harrison & Barker 2015; Hulstijn 2014, 14 f.; North 2016, 230). Es beeindruckt durch ein umfassendes, weltweit erhobenes Korpus an Sprachperformanzen von EnglischlernerInnen. Konkrete Performanzanbindungen liegen in den Bereichen Wortschatz und Grammatik für alle sechs GeR-Niveaus vor (*English Vocabulary Profile, English Grammar Profile*). Ob und wie diese Ergebnisse die Skalenbeschreibungen modifizieren werden, bleibt abzuwarten.

Kurz umrissen seien hier die kürzlich finalisierten Überarbeitungen des GeR (Council of Europe 2017). Diese beziehen sich sowohl auf Neu- als auch auf Weiterentwicklungen von bestehenden GeR-Skalen. Neu erstellt wurden Niveaubeschreibungen für die Bereiche Sprachmittlung respektive

Neue GeR-Skalen werden entwickelt, bestehende weiterentwickelt.

Mediation, für mehrsprachigkeitsbasierte Sprachlernaspekte, für Literatur- und Kunstanalysen sowie -kritik und für Online-Kommunikationsaktivitäten. Weiter entwickelt wurden Deskriptoren für die Niveaustufen A1, C1 und C2 (vgl. North & Panthier 2016). Die Vorgangsweise entspricht dabei jener, die bereits bei der ursprünglichen Erarbeitung eingesetzt wurde (vgl. auch North & Docherty 2016). Interessant erscheint, dass sich an die 1000 Personen weltweit beteiligt haben und 45 Länder repräsentiert waren (ebd.). Das in der ursprünglichen Form auf die Schweiz begrenzte Projekt hat sich also deutlich vergrößert und verweist damit auch auf die hohe Wirkkraft, die der GeR international entfalten konnte.

Was die Bedeutung des GeR für das Lehren betrifft, so ist in erster Linie auf die Curriculumentwicklung zu verweisen, die der GeR selbst als einen seiner möglichen Zwecke definiert (Europarat 2001, 18)[8]. In diesem Zusammenhang sind die Neukonzipierung der Fremdsprachenlehrpläne für die Sekundarstufe I und II im allgemeinen Schulwesen in Österreich zu nennen, die ebenso sprachenübergreifend ausgerichtet sind wie der GeR selbst (BMBWK 2004 und 2006). Die in den jeweiligen Lernjahren zu erreichenden Lernziele werden an den GeR-Skalenbeschreibungen für die sprachlichen Fertigkeiten ausgerichtet, womit die Kompetenzorientierung erstmals im Lehrplan grundgelegt und konkretisiert ist. Auch die Rahmenlehrpläne in deutschen Bundesländern wurden nach und nach mit dem GeR abgestimmt. Der von ihnen zunächst verfolgte sprachspezifische Ansatz wird aktuell durch sprachenübergreifende Konzipierungen abgelöst[9]. Ähnliches trifft auf die Schweiz zu. Auf die Problematik bei der Implementierung neuer Lehrpläne soll hier nicht eingegangen werden. Im Wesentlichen leiten die kompetenzorientierten, GeR-basierten Lehrpläne in den jeweiligen Schulsystemen einen Paradigmenwechsel ein, der sich in den Definitionen der zu erreichenden sprachlichen Leistungen und damit der Outputbeschreibung von LernerInnen zeigt und die lange vorherrschende Inputorientierung respektive Orientierung an Lehrinhalten ablöst.

Der Bereich, in dem der GeR vermutlich am heftigsten diskutiert, vielleicht auch am stärksten kritisiert und wohl am öftesten rezipiert wird, ist jener des Sprachentestens[10]. Der GeR hat, wie auch immer er eingeschätzt wird, die Diskussion über das Sprachentesten deutlich vorangetrieben und in hohem Maße darauf Einfluss genommen, wie die Vermittlung von Fremdsprachen und deren Überprüfung aufeinander bezogen und wie diese auf einen externen Bezugsrahmen abgestimmt werden können (Purpura 2016, 202). Ebenso deutlich hat der GeR dazu beigetragen, die Erfordernisse für eine Sprachtestexpertise deutlicher ins Bewusstsein zu

Wesentliche Bedeutung des GeR für die Entwicklung des Sprachentestens

8 Auch Lehrwerke haben seit der Publikation des GeR rasch Anbindungen an dessen Niveaustufen offeriert; inwiefern dies auf der Grundlage adäquater Validierungsprozesse erfolgte, kann hier nicht weiter erörtert werden.

9 Auf die Einführung sprachenübergreifender Lehrpläne, beispielsweise in Berlin und Brandenburg (vgl. https://tinyurl.com/ybwl57le [21.09.2017]), kann im Rahmen dieser Einführung in das Testen und Bewerten nur hingewiesen werden.

10 Papageorgiou (2016, 329) verweist z. B. darauf, dass die Frage der Verbindung von Sprachtests mit dem GeR die Fachliteratur zum Sprachentesten über ein Jahrzehnt lang dominiert hat. Harsch & Hartig (2015, 334) führen an, dass alle größeren *high-stakes* Testanbieter ihre Sprachentests auf den GeR beziehen.

heben als dies zuvor der Fall war, und zwar, wie Purpura (ebd.) meint, nicht nur auf Europa beschränkt, sondern weltweit. North (2014, 229) konkretisiert dies wie folgt:

> Before the CEFR there was a practical 'Tower of Babel' problem in making sense of course certificates and test scores. A teacher, school or examination body would carry out a test and report a result in their own way as '19', '4.5', '516', 'B', 'Good', etc. It is no exaggeration to say that twenty years ago a teacher of Spanish in a secondary school in southern France, a teacher of French to Polish adults and a teacher of English to German businessmen would have taken ten to twenty minutes to establish any common ground for a discussion. The CEFR labels help.

Der GeR selbst widmet dem Bewerten und Prüfen von Sprachen ein eigenes Kapitel, nämlich sein abschließendes Kapitel 9. In diesem werden grundlegende Begriffe des Sprachentestens erklärt, der GeR wird als Hilfsmittel für das Überprüfen und Bewerten sprachlicher Leistungen vorgestellt und es wird auf Test- und Bewertungsverfahren eingegangen. Damit bietet Kapitel 9 gute Einsichten auch für Personen, die sich dem Thema erstmals nähern möchten.

ExpertInnen im Sprachentesten bemängeln jedoch, dass die GeR-Deskriptoren zwar sprachliches Verhalten von Lernenden beschreiben, sich aber nicht auf Sprachtestaufgaben beziehen (Alderson in Little 2011, 382; Fulcher 2016, 33 f.). Demgegenüber wird die Auffassung vertreten: „any ‚can do' descriptor may be used to specify a learning target, select and / or develop learning activities and materials, and **shape the design of assessment tasks**" (Little 2011, 382, Hervorhebung durch die Autorin). Die Operationalisierung einer konkreten Kann-Beschreibung für eine bestimmte Sprachtestaufgabe bedarf allerdings eines fundierten Verfahrens (vgl. North 2014, 230) und hängt immer vom Zweck eines Tests oder einer Prüfung ab. Der Europarat stellt mittlerweile zahlreiche Dokumente dafür zur Verfügung. Das wichtigste darunter ist das sog. Handbuch respektive *Manual* (Council of Europe 2009). Es beschreibt die erforderlichen Prozesse der Verbindung von Sprachentests mit dem GeR im Detail und wurde 2003 zunächst als Pilotversion, 2009 in der endgültigen Version publiziert (Council of Europe 2009). Mittlerweile liegt auch ein deutschsprachiges Handbuch (telc 2012) vor, das jedoch keine Übersetzung ist, sondern sich als Zusatz und Ergänzung zum *Manual* versteht. Das *Manual* selbst erläutert die Anbindung von Sprachentests an den GeR, die folgende Arbeitsprozesse umfassen sollte: Das generelle Vertrautwerden mit dem GeR, die Definition der Testinhalte und Aufgabenformate, die Verbindung mit den zu überprüfenden Sprachkompetenzstufen (*Standard-Setting* und *Benchmarking*) und die Interpretation der im Test erhobenen Leistungen.

Sowohl das *Manual* als auch die telc-Publikation richten sich explizit an Lehrpersonen und an SprachtestexpertInnen, unterscheiden in weiterer Folge jedoch nicht zwischen diesen beiden Zielgruppen[11]. Lehrpersonen können aber dennoch Nutzen aus den angebotenen Inhalten ziehen: Die detaillierte Beschreibung von Trainingsworkshops kann als Unterstützung für die Arbeit in Fachgruppen dienen, die sich mit den Inhalten der GeR-Deskriptoren gezielt vertraut machen wollen, um entsprechende Klassen- / Schularbeiten zu erstellen; die

11 Grundlegende Bereiche einer guten Testerstellung, die das *Manual* sehr ausführlich bietet, werden im vorliegenden Band in Kapitel 5 erläutert und auf schulische Rahmenbedingungen bezogen (s. auch Kecker 2016, 32 f.).

im Anhang gebotenen, ausführlichen Kriterientabellen für jede sprachliche Fertigkeit können die Anbindung von Testaufgaben an bestimmte GeR-Deskriptoren kohärent und Schritt für Schritt anleiten und ebenfalls als Checklisten für die Erstellung von Klassen- / Schularbeiten genutzt werden. Demgegenüber eignen sich ausführliche Hinweise zu statistischen Verfahren, die z. B. für die Erstellung von Zertifikatsprüfungen unerlässlich sind, weniger für schulische Zwecke. Darüber hinaus ist der Europarat bemüht, für Lehrpersonen Stützmaterialien bereit zu stellen, wie beispielsweise im „CEFTRAIN"-Projekt (https://tinyurl.com/y8mn55c4) oder im „ECEP"-Projekt (*Encouraging the Culture of Evaluation among Professionals* https://tinyurl.com/ybh80b9v [21.09.2017]).

Der GeR bleibt ein ambivalentes Dokument und ist doch auch einmalig: Bestimmte Deskriptoren (vor allem für die linguistischen Kompetenzen Wortschatz und Grammatik) wären durch Forschungsergebnisse, die empirisch gesicherte Analysen von Lernerperformanzen bieten, zumindest zu modifizieren; für andere Bereiche (interkulturell, fremdsprachliche Literaturen, Mediation, mehrsprachigkeitsbasierte Aspekte) wurden Deskriptoren kürzlich vorgestellt (Council of Europe 2017). Zudem müsste die Anbindung der Deskriptoren für kommunikative Sprachhandlungen und Strategien an ihnen zugrunde liegende theoretische Konstrukte kommunikativer Sprachmodelle expliziter gemacht und empirisch durch reale Lernerperformanzanalysen abgesichert werden.

Aktuell und wohl auch in absehbarer Zeit gibt es dennoch keinen Weg, der am GeR vorbeiführt. In den weiteren Kapiteln dieses Buches wird daher immer wieder auf den GeR verwiesen, wenn auch aus entsprechend kritischer Perspektive. Für den schulischen Bereich zeigen die Entwicklungen der Bildungsstandards in Deutschland wie in Österreich die Bedeutung des GeR auf eindringliche Art und Weise[12]. Auch die seit 2016 im allgemeinen und berufsbildenden Schulwesen der Sekundarstufe II in Österreich gesetzlich implementierte teilzentrale SRDP bindet die schulischen Sprachabschlussprüfungen an den GeR. Dafür werden Verfahren genutzt, wie sie im *Manual* (s. oben) vorgeschlagen werden, und es wird die Expertise von international anerkannten SprachtestexpertInnen gezielt zur Professionalisierung von Lehrpersonen im Sekundarschulwesen eingesetzt, die – nach dem Durchlaufen einer Ausbildung als sog. *item-writer* – u. a. als MultiplikatorInnen an ihren jeweiligen lokalen und regionalen Schulstandorten fungieren (vgl. Spöttl et al. 2016). Österreich hat sich damit seit ca. zehn Jahren auf einen Weg gemacht, dem andernorts entgegengehalten wird, dass er aus Gründen der Testsicherheit nicht gangbar sei[13]. Für Deutschland ist zu konstatieren, dass durch die Mitarbeit von Lehrpersonen an der Entwicklung von Sprachaufgaben zur Überprüfung der Bildungsstandards etwa für den Mittleren Schulabschluss ebenfalls eine beträchtliche Professionalisierung erreicht werden konnte (vgl. Kecker 2016, 23 und 33; insbesondere jedoch Porsch, Tesch & Köller 2010).

12 Vgl. für Deutschland u.a. Porsch, Tesch & Köller (Hrsg.) (2010), Rossa (2016), Tesch (2013); für Österreich u.a. BIFIE (2011), Horak et al. (2010), Horak et al. (2012).

13 „Im Schulsektor in Deutschland wird für fehlende Qualitätsstandards häufig als Begründung angegeben, dass Testaufgaben für Schulabschlussprüfungen [...] etwa vor dem Einsatz nicht erprobt werden können, um die Testsicherheit nicht zu gefährden" (Kecker 2016, 23).

Wie immer wieder betont, wird die Forcierung der Outputorientierung im Fremdsprachenunterricht der letzten 10 bis 15 Jahre im deutschsprachigen Kontext wesentlich vom GeR bestimmt und auch entsprechend kritisiert (vgl. u. a. Bausch et al. 2003). Die damit einhergehende Kompetenzorientierung im Unterricht wird jedoch interessanterweise nicht von allen als neu oder kritisierenswert eingeschätzt: Hilbert Meyer (2012) verweist vielmehr auf die über 100 Jahre alten Ansätze der Reformpädagogik und gesteht der aktuellen Kompetenzorientierung lediglich ein Alleinstellungsmerkmal bei der Definition und Beschreibung von Kompetenzstufen zu. Für den Fremdsprachenunterricht ist diese Leistung dem GeR und seinen Niveaubeschreibungen geschuldet.

Arbeitsaufträge und Diskussionsfragen

1. Wie schätzen Sie die Bedeutung des GeR für Ihre eigene Ausbildung und Ihr berufliches Umfeld ein?
2. Welcher Paradigmenwechsel im fremdsprachlichen Testen und Bewerten wird durch den GeR unterstützt? Führen Sie dafür mehrere Gründe an.
3. Welche Kritikpunkte werden gegenüber dem GeR angeführt? Wägen Sie diese ab, finden Sie Pro- und Kontra-Argumente und diskutieren Sie diese mit FachkollegInnen.

Weiterführende Literatur

Hulstijn, J. H. (2014): „The Common European Framework of Reference for Languages. A Challenge for Applied Linguistics". In: *International Journal of Applied Linguistics* 165 (1), 3–18.
Dieser Aufsatz verweist auf den Entstehungskontext des GeR und bezieht Originalaussagen jener Autoren mit ein, die den Weg für den GeR bereitet haben. Der Beitrag bietet auch für den schulischen Rahmen eine gute Kontextualisierung des GeR.

Kecker, G. (2016): „Der GeR als Referenzsystem für kompetenzorientiertes Testen. Was bedeutet der Bezug zum GeR für eine Sprachprüfung?" In: *Zeitschrift für Fremdsprachenforschung* 27 (1), 5–37.
Der Beitrag berücksichtigt gezielt den deutschsprachigen Kontext und bietet differenzierte Einsichten in die Nutzung des GeR für das Testen und Überprüfen von Sprachen.

3. Die Rolle des Fehlers in der Aneignung von Sprachen

Barbara Hinger

Kann-Beschreibungen

Ich kann

- die Rolle des Fehlers im Kontext der kommunikativen Ausrichtung des Fremdsprachenunterrichts erklären.
- die Rolle des Fehlers in den Skalen und Deskriptoren des GeR (Europarat 2001) erläutern.
- Unterschiede zwischen Kompetenz- und Performanzfehlern darlegen.
- den Fehler als Teil der Lernersprache (*interlanguage*) erklären.
- Möglichkeiten im Umgang mit Kompetenzfehlern im Fremdsprachenunterricht skizzieren.
- Umsetzungsmöglichkeiten lernersprachensensiblen Überprüfens beschreiben.

Die Rolle des Fehlers in der Aneignung einer neuen Sprache wird von verschiedenen Blickwinkeln aus als positiv definiert. Dies bedingt eine tolerante Haltung Fehlern gegenüber und ist besonders augenfällig im kommunikativen Ansatz des Fremdsprachenunterrichts, in dem das Erreichen kommunikativer Absichten als übergeordnetes Ziel im Vordergrund steht: In diesem Sinne sollen Fehler dann korrigiert werden, wenn sie eine kommunikative Absicht beeinträchtigen; ist dies nicht der Fall, spielen Fehler eine untergeordnete Rolle. Die damit eingenommene pragmalinguistische Perspektive begründet die Positivkorrektur bei schriftlichen Arbeiten von Fremdsprachenlernenden und eine zurückhaltende Korrektur bei ihren mündlichen Äußerungen. Zu unterscheiden gilt es immer zwischen der Rolle von Fehlern bei Prüfungen oder in Testsituationen auf der einen und in Lernkontexten auf der anderen Seite. Im Folgenden wird zunächst Letzteres betrachtet und hinsichtlich des GeR (Europarat 2001) sowie der Forschung zur Lernersprachenentwicklung diskutiert. Anschließend wird auf die Rolle von Fehlern in Prüfungs- und Testkontexten eingegangen.

Positive Sichtweise auf den Fehler aus pragmalinguistischer Perspektive

3.1 Fehler im Lernkontext

Im GeR beziehen sich die diversen Skalen und ihre Deskriptoren durchgehend auf das Erreichen kommunikativer Absichten. In diesem Sinne erläutern in der Globalskala und dem Selbstbeurteilungsraster (Europarat 2001, 3.3) positiv formulierte Kann-Beschreibungen die sprachliche Entwicklung von Lernenden. Der Begriff des Fehlers findet in diesen Skalen ebenso keine Erwähnung wie in den umfangreichen Skalen zu den verschiedenen sprachlichen Fertigkeiten. Anders gestaltet sich dies in jenen Beschreibungen, die die linguistischen Kompetenzen, Produktionsstrategien oder die sprachliche Korrektheit skalieren (s. dazu auch Kleppin 2006).

Positive Sicht auf Fehler im GeR

So wird bei sprachlicher Korrektheit bis zur Niveaustufe C1, und damit bis zum Bereich der kompetenten Sprachverwendung, der Begriff Fehler explizit angeführt. Für die Niveaustufe C1 wird beschrieben: „Fehler sind selten, fallen kaum auf und werden in der Regel selbst korrigiert" (Europarat 2001, 3.3, 37). Im Bereich der Produktionsstrategien für mündliche und schriftliche Sprachaktivitäten fließt der Verweis auf Fehler in der Skala zu „Kontrolle und Reparaturen" bis inklusive der Niveaustufe B2 ein, für die es heißt:

> Kann Versprecher oder Fehler normalerweise selbst korrigieren, wenn sie ihm / ihr bewusst werden. Kann eigene Fehler korrigieren, wenn sie zu Missverständnissen geführt haben. Kann sich seine Hauptfehler merken und sich beim Sprechen bewusst in Bezug auf diese Fehler kontrollieren. (Europarat 2001, 4.4.1.2, 70)

Im Bereich der sprachlichen Mittel, also bei Wortschatz und Grammatik, findet sich der Verweis auf Fehler bis inklusive Niveaustufe C1. So wird für die Wortschatzbeherrschung auf C1 festgehalten: „Gelegentliche kleinere Schnitzer, aber keine größeren Fehler im Wortgebrauch" (ebd., 5.2.1.1, 113). Für die Wortschatzbeherrschung auf B2 gilt: „Die Genauigkeit in der Verwendung des Wortschatzes ist im Allgemeinen groß, obgleich einige Verwechslungen und falsche Wortwahl vorkommen, ohne jedoch die Kommunikation zu behindern" (ebd.). Damit wiederum ist, wie bereits erwähnt, das Erreichen des Kommunikationsziels als prioritär ausgewiesen. Auch die Skala zur Grammatischen Korrektheit kennt einschließlich der Niveaustufe C1 den Fehler als Beschreibungskriterium: „Kann beständig ein hohes Maß an grammatischer Korrektheit beibehalten; Fehler sind selten und fallen kaum auf" heißt es etwa auf Niveaustufe C1 (ebd., 5.2.1.2, 114). Demgegenüber wird auf Niveaustufe B2 von Fehlern gesprochen, die zu keinen Missverständnissen führen, womit also wiederum das Erreichen der kommunikativen Absicht respektive der Ansatz *message before accuracy* ins Zentrum gerückt wird. Für die Niveaustufe B2+ wird davon ausgegangen, dass die Grammatik gut beherrscht wird, auch wenn „gelegentliche Ausrutscher oder nichtsystematische Fehler und kleinere Mängel im Satzbau […] vorkommen [können]", die „aber selten [sind] und oft rückblickend korrigiert werden" (ebd.). Was allerdings nichtsystematische Fehler sind, bleibt offen und wird nicht weiter definiert.

Message before accuracy: Die Erfüllung der kommunikativen Absicht steht im Vordergrund.

Auszugehen ist hier davon, dass – auch wenn der GeR seinen beschreibenden Skalen explizit keine spezifische Sprachtheorie, genauer Grammatiktheorie, zugrunde legt (Europarat 2001, 5.2.1.2) – der Begriff „nichtsystematischer Fehler" auf den von der kognitiven Wende in der Sprachwissenschaft eingeleiteten Paradigmenwechsel verweist. Dieser bedingt als eine von mehreren Auswirkungen, dass erstmals sprachliche Äußerungen, die Lernende mündlich oder schriftlich auch tatsächlich produzieren, einer empirischen Analyse zugeführt werden. Bis dahin war es üblich, Fehler auf der Basis von sprachwissenschaftlichen Vergleichen zu betrachten, bei denen die Ausgangssprache von Lernenden mit der im Unterricht vermittelten Zielsprache kontrastiert wurde. Die neuen, als Fehleranalysen konzipierten empirischen Studien bezogen sich nun aber auf Fehler, die Lernende einer Fremdsprache tatsächlich begingen: Nachgewiesen wurde, dass in den Lerneräußerungen Fehler auftraten, die sowohl unabhängig von der Ausgangssprache der Lernenden als auch unabhängig von der angestrebten Zielsprache waren und als Teil eines sich entwickelnden, eigenen Sprachsystems begriffen werden konnten. Damit wurde gezeigt, dass die von Lernenden geäußerten Fehler nicht – oder besser nicht zur Gänze – auf der Grundlage einer sprachwissenschaftlich-strukturalistischen Vergleichsperspektive erklärt werden konnten. Für das sich entwickelnde Sprachsystem von Lernenden prägte Selinker (1972) schließlich den Begriff *interlanguage*. Der Begriff wird als Lernersprache, Interimssprache oder auch als Zwischensprache ins Deutsche übertragen und bezeichnet ein psycholinguistisches System, das den sprachlichen Weg beschreibt, den Lernende bei der Aneignung der jeweiligen Zielsprache durchlaufen. Unterschiedlichste – und einander oft diametral entgegengesetzte – theoretische Ansätze gehen dabei davon aus, dass Fehler wie etwa Übergeneralisierungen (z. B. *goed* anstelle von *went* in der englischen *past tense*) inhärenter Teil der lernersprachlichen Entwicklung sind. Sie sind unausweichlich und bieten Einblicke in die Entwicklung der Lernersprache.

> Wahrnehmung des Fehlers in der *interlanguage* als inhärenter Teil der lernersprachlichen Entwicklung

Bereits in den 60er Jahren des 20. Jahrhunderts werden diese Fehler als systematische Fehler oder Kompetenzfehler (*errors*) bezeichnet, während nichtsystematische Fehler als Performanzfehler (*mistakes*) gelten, die von Lernenden meist bewusst wahrgenommen und auch selbst korrigiert werden können (vgl. Corder 1967, 166 f.). Aktuell spricht etwa Haß (2016, 356) bei Kompetenzfehlern von „Normverstöße[n], die der Lernende auch auf Hinweis oder Frage nicht korrigieren kann“, wohingegen er Performanzfehler als Normverstöße definiert, „die der Lerner mit entsprechenden Hilfestellungen korrigieren kann“ (ebd.). Flüchtigkeitsfehler (*slips*), eine weitere Fehlermöglichkeit, liegen wiederum dann vor, wenn der / die Lernende bei der Sprachproduktion unaufmerksam oder abgelenkt war. Grotjahn & Kleppin (2015, 133) verweisen darauf, dass Lernende bei Performanzfehlern „eigentlich schon über das Wissen zu der grammatikalischen Struktur [verfügen], der korrekte Gebrauch [...] allerdings noch nicht gefestigt [ist].“ Hier ist es wichtig anzumerken, dass sich die angesprochenen Fehler auf den Bereich der Grammatik beziehen. Wortschatz-, Aussprache- und Orthografiefehler sind meist nicht gemeint.

> Kompetenzfehler (*errors*) sind systematische Fehler; Performanzfehler (*mistakes*) sind nichtsystematisch und können von Lernenden bewusst wahrgenommen werden.

Die Frage, wie mit Kompetenzfehlern im Unterricht umzugehen ist, wird kontroversiell diskutiert. Pienemann (1984, 1989, 1998) etwa formuliert die sog. Lehrbarkeitshypothese und konzipiert die *Processability Theory*, die besagt, dass Lernende morphosyntaktische Entwicklungsstufen durchlaufen, welche durch bestimmte Kompetenzfehler gekennzeichnet sind (s. u. a. auch Diehl et al. 2000, 2002; Ellis 1989; Schlak 2002). Die Abfolge dieser lernersprachlichen Entwicklungen könne zwar nicht beeinflusst werden, da sie sowohl im gesteuerten als auch im ungesteuerten Erwerbskontext hierarchisch verläuft, wohl aber könne Unterricht, der Strukturen der Entwicklungsstufe aufgreift, die über den

> Umgang mit Kompetenzfehlern im Unterricht auf Basis der Lehrbarkeitshypothese z. B. durch binnendifferenzierten Unterricht

von den Lernenden bereits erreichten Entwicklungsstufen liegen, eine Beschleunigung der Entwicklungsabfolge erzielen (Lehrbarkeitshypothese).

Damit eröffnen sich dem Fremdsprachenunterricht Handlungsmöglichkeiten, die wohl am ehesten durch einen binnendifferenzierten Ansatz aufgegriffen werden können, bedenkt man, dass sich aufgrund individuell unterschiedlicher Erwerbsgeschwindigkeiten kaum alle LernerInnen auf demselben Entwicklungsniveau befinden können. Diese für den Fremdsprachenunterricht im Grunde ansprechende Perspektive wird aber bislang selten bis kaum aufgegriffen, da nur wenige robuste Analyseergebnisse für lernersprachliche Entwicklungen vorliegen. Das Englische ist hier, wie meist, eine Ausnahme: Für diese Sprache sind u. a. vom Team um Pienemann (Keßler 2006; Keßler, Lenzing & Liebner 2016) zahlreiche Studien durchgeführt worden. Des Weiteren könnten auch adäquate Interpretationen des erst seit Kurzem vorliegenden *English Grammar Profile* (s. oben) Hinweise für eine Umsetzbarkeit der Lehrbarkeitshypothese bieten. Vielversprechende Ansätze liegen auch für Deutsch (Diehl et al. 2000) und für Französisch (Bartning & Schlyter 2004; Schlyter 2003) vor. Letztere sind Grundlagen eines computerunterstützten Programms, das die Möglichkeit bietet, Äußerungen von Lernenden einzuspeisen, um deren morphosyntaktisches Lernersprachenprofil einfach und rasch digital zu ermitteln (Granfeldt 2005). Grammatikunterricht könnte darauf aufbauend entsprechend gestaltet werden. Konsequent weitergedacht, sollte es auf der Basis ausreichender Studien mit entsprechend robusten Ergebnissen möglich sein, z. B. die Skala zur Grammatischen Korrektheit im GeR empirisch untermauert neu und sprachspezifisch zu fassen. Dabei müsste sich der GeR im Grunde auch nicht von seiner propagierten Ablehnung, eine bestimmte Sprach- respektive Grammatiktheorie zu vertreten, abwenden. Der Theorienstreit könnte durch ausreichend empirische Ergebnisse außen vor gelassen werden (s. dazu u. a. Pienemann 2006), womit der deskriptive, sich keiner Theorie verpflichtende Grundsatz des GeR auch für die Grammatikentwicklung der Lernersprache erhalten bliebe.

3.2 Fehler in Testsituationen

Was bedeutet das eben Skizzierte für das Testen und Überprüfen einer Fremdsprache? Die Forderung nach einem sog. *interlanguage sensitive testing* wird u. a. von Larsen-Freeman (2009), Purpura (2004), Shohamy (1998) oder Van Moere (2012) formuliert und von einigen auch in Zusammenhang mit aufgabenorientiertem Lernen und Überprüfen gesehen (vgl. Mackey 1995; Pienemann, Johnson & Brindley 1988; Robinson & Ross 1996). Der Mangel an einer ausreichend hohen Anzahl empirischer Studien zur Lernersprachenentwicklung steht der Umsetzung dieser Forderungen jedoch noch entgegen. Selbst wenn dieser behoben wäre, bliebe die Frage, für welche Bereiche des Überprüfens und Bewertens ein lernersprachensensibler Testansatz im Fremdsprachenunterricht gelten könnte. Möglich wäre dies für die Bewertung schriftlicher und mündlicher Performanzen anhand offener Aufgabenformate, da diese den Bereich der Grammatik bzw. die dafür vorgesehenen Bewertungskriterien am Prinzip der Fehlertoleranz im Sinne des Primats der Erreichung

Lernersprachensensibles Testen als Möglichkeit der Bewertung produktiver Fertigkeiten mit offenen Aufgabenformaten kommunikativer Absichten orientieren. Für die Überprüfung der rezeptiven Fertigkeiten wie für die explizite Überprüfung von Grammatik und Wortschatz (ob isoliert oder integriert) anhand geschlossener Aufgabenformate (s. Kapitel 6 und 8) folgt demgegenüber die Bewertung aber dem Prinzip ‚Richtig / Falsch'. Bei dieser dichotomen Bewertung müssen Fehler bei der Punktevergabe zwangsläufig geahndet werden. Eine Toleranz Fehlern gegenüber scheint hier ausgeschlossen zu sein.

Über dieses Dilemma hinaus stellt sich die Frage, was Testitems, die sich an der lernersprachlichen Entwicklung orientieren, denn eigentlich überprüfen sollen: Wenn Kompetenzfehler Teil der lernersprachlichen Entwicklung sind, sollten sie im Laufe der Zeit quasi ‚automatisch und wie von selbst' nicht mehr auftreten; trifft dies zu, müssten Kompetenzfehler konsequenterweise auch nicht überprüft werden. Es könnte vielmehr darauf vertraut werden, dass diese nicht mehr systematisch auftreten respektive sich im lernersprachlichen Entwicklungssystem von zunächst systematischen in nichtsystematische Fehler umwandeln, die ja (s. oben) von Lernenden meist selbst erkannt und entsprechend verbessert werden können. Der Ansatz des lernersprachensensiblen Testens würde sich damit erübrigen. Sinnvoll erschiene er lediglich dann, wenn Unterschiede im lernersprachlichen Entwicklungsstand einer Klasse oder einer Lerngruppe erhoben und aufgezeigt werden sollen, um die am weitest fortgeschrittenen LernerInnen festzustellen oder um allen Lernenden individuelles Feedback zukommen zu lassen. Dies entspräche einerseits der diagnostischen Funktion von Leistungsfeststellungen, andererseits ihrer Berechtigungs- oder Auslesefunktion (Chinesisches Prinzip in Kapitel 1, s. auch Kapitel 10).

Verbindung von *interlanguage sensitive testing* mit dynamischem Testen zur Berücksichtigung individueller lernersprachlicher Entwicklungen

Einen möglichen Ausweg aus dem skizzierten Dilemma könnte eine geschickt umgesetzte Kombination des *interlanguage sensitive testing*-Ansatzes mit dem dynamischen Testen und Bewerten, einer neueren Entwicklung im Sprachtestbereich, bieten. Diese bezieht im Überprüfen und Testen immer auch den Lernweg mit ein und offeriert je nach Prüfaufgabe unterschiedliche Hilfestellungen bei der Lösung einer Aufgabe (s. Kapitel 10; vgl. auch Studer 2016, 40 ff.), um Lernschritte zur Erreichung einer weiteren *zone of proximal development* nach Vygotskij gut zu unterstützen (vgl. u. a. auch Grotjahn & Kleppin 2015; Poehner 2008).

Ohne hier in weitere Details zu gehen, sei abschließend angemerkt, dass sowohl in Lern- als auch in Prüfsituationen unterschiedliche Korrekturverfahren von Lehrpersonen Einfluss auf die Lernfortschritte von SchülerInnen nehmen können. Allerdings gilt es zu bedenken, dass die umfangreiche Forschung dazu bislang keine generalisierbaren Ergebnisse bieten kann (vgl. u. a. Bausch & Kleppin 2016; Kleppin 2006, 2016) und Lehrpersonen u. a. auf ihr reichhaltiges Erfahrungswissen verwiesen werden (Ortega 2012). Sie sollten darauf auch vertrauen und gleichzeitig eine entspannte Haltung Fehlern gegenüber entwickeln. Unterstützt werden sie dabei u. a. von der Forschung zur Sprachangst von Lernenden, die zeigt, dass die Angst sich adäquat in der Fremdsprache auszudrücken und auch die Angst in Prüfungssituationen als Hemmnisse im Fremdsprachenunterricht zu sehen sind (vgl. u. a. Dewaele & MacIntyre 2014).

Arbeitsaufträge und Diskussionsfragen

1. Erinnern Sie sich an das Erlernen einer bestimmten Sprache: Wie hat Ihre Umwelt auf Fehler reagiert, die Sie gemacht haben? Wie sind Sie selbst mit Ihren Fehlern umgegangen?
2. Überlegen Sie, wie Sie auf mündliche Fehler von SchülerInnen im Unterricht reagieren? Welche Reaktionen können durch Ihr Verhalten gegenüber Fehlern bei den Lernenden ausgelöst werden?
3. Wie korrigieren Sie schriftliche Fehler im Unterricht, wie in Prüfungssituationen?
4. Über welches Repertoire an Korrekturverhalten verfügen Sie? Welche Korrekturtechniken kennen Sie?
5. Haben Sie schon beobachtet, dass sich in einer Lerngruppe bestimmte Fehler gehäuft über einen gewissen Zeitraum zeigen? Wenn Sie dies feststellen, worauf führen Sie diese Häufung bestimmter Fehler zurück? Diskutieren Sie mit KollegInnen, ob diese Ähnliches beobachten und welche Schlüsse daraus gezogen werden können.

Weiterführende Literatur

Bausch, K.-R., Kleppin, K. (2016): „Prozesse schriftlicher Fehlerkorrektur“. In: Burwitz-Melzer, E., Mehlhorn, G., Riemer, C., Bausch, K.-R. & Krumm, H.-J. (Hrsg.): *Handbuch Fremdsprachenunterricht*. 6. völlig überarbeitete und erweiterte Auflage. Tübingen: A. Francke Verlag, 407–411.
Der Beitrag bietet einen guten Überblick über die Thematik, erläutert die aktuellen Zugänge insbesondere hinsichtlich der Positivkorrektur schriftlicher Arbeiten und verweist auf praxisrelevante Umsetzungsmöglichkeiten.

Kleppin, K. (2016): „Prozesse mündlicher Fehlerkorrektur“. In: Burwitz-Melzer, E., Mehlhorn, G., Riemer, C., Bausch, K.-R. & Krumm, H.-J. (Hrsg.): *Handbuch Fremdsprachenunterricht*. 6. völlig überarbeitete und erweiterte Auflage. Tübingen: A. Francke Verlag, 412–416.
Der Beitrag bietet einen guten Überblick über die Thematik, stellt in knapper Form Forschungsergebnisse insbesondere hinsichtlich der Lernersprachenhypothese dar und bezieht die Praxisrelevanz adäquat mit ein.

4. Testprinzipien

Wolfgang Stadler, Benjamin Kremmel

Kann-Beschreibungen

Ich kann

- die zentralen Testprinzipien Objektivität, Reliabilität und Validität und die Kategorien Konstruktvalidität, Inhaltsvalidität, Augenscheinvalidität etc. erklären.
- die Testprinzipien Authentizität, *Washback* und Praktikabilität erklären.
- die gegenseitige Beeinflussung der Testprinzipien erläutern.
- Testformate nach ihrem Grad der Objektivität, Reliabilität und Validität charakterisieren.
- Maßnahmen benennen, um einen positiven *Washback* zu erzielen.
- Validität als übergeordnetes Testprinzip definieren.

4.1 Objektivität, Reliabilität, Validität

Wenn an der Schule fremdsprachliche Leistungen überprüft, gemessen und evaluiert werden – Turner (2012) und andere sprechen von CBA (*classroom-based assessment*) und meinen damit „assessment internal to the classroom and managed by the teacher" (Turner 2012, 65) –, so ist die Beachtung von Testprinzipien (Testgütekriterien) bei der Erstellung, Durchführung und Bewertung von Klausuren unerlässlich. Mit Klassen- / Schularbeiten – sei es in der ersten, zweiten oder dritten lebenden Fremdsprache – wird der Sprachstand von SchülerInnen erhoben. Ziel ist es, herauszufinden, ob bestimmte Lernziele erreicht wurden. Man spricht daher auch von Sprachstandstests, die an einem bestimmten Tag und zu einem bestimmten Zeitpunkt durchgeführt werden und damit die Möglichkeit einer punktuellen Beurteilung bieten. Des Weiteren sind sie auch ein Diagnoseinstrument und geben Lehrenden wie Lernenden Auskunft darüber, welche Stärken und Schwächen Letztere aufweisen[14]. Durch die Ergebnisse, oft ausgedrückt in einer Note (oder auch versehen mit einem kurzen, verbalen Kommentar), können die SchülerInnen in eine bestimmte Rangfolge gebracht und ihre Leistungen miteinander verglichen werden: Wer hat die beste, wer die schwächste Arbeit geschrieben? Erfolgt dies, spricht man von einer norm- oder bezugsgruppenorientierten Bewertung. Klassen- / Schularbeiten können aber auch als wichtiger

Klassen- / Schularbeiten sind Sprachstandstests, werden oft normorientiert bewertet und zeigen Lernstärken und -schwächen auf.

14 „In vielen Ländern erfolgt die Beurteilung von Lernerfolgen durch die Vergabe von Noten, manchmal [so wie in Deutschland, Anm. des Autors] auf einer Skala von 1 bis 6, wobei die Note 4 das Bestehen, die Mindestnorm oder ein ‚Ausreichend' darstellt. Was die verschiedenen Noten bedeuten, wird von den Lehrenden in den jeweiligen Kontexten internalisiert, aber selten definiert" (Europarat 2001, 3.9, 50).

Vorbereitungsschritt auf schulische Abschlussprüfungen, wie etwa die SRDP für Fremdsprachen in Österreich, gesehen werden und bereiten damit auf Qualifikationsprüfungen vor. Meist wird die individuelle Sprachkompetenz der Lernenden dann nicht in Relation zu den anderen SchülerInnen in der Gruppe, sondern in Bezug auf bestimmte Kriterien, wie bspw. in den GeR-Niveaustufen beschrieben, bewertet (vgl. Europarat 2001, 3.2). Sind Lehrende und Bewertende ein und dieselbe Person, so ist zu bedenken, dass die Beurteilung schulischer Leistungen oft auch eine Bewertung der eigenen Arbeit bzw. des Inputs des/der LehrerIn miteinschließen kann, was verständlicherweise Kritik nach sich ziehen müsste. Als eine mögliche Konsequenz sollten daher bei der Auswahl von Lehr- und Prüfinhalten, anstelle subjektiver Überlegungen oder Präferenzen einzelner Lehrpersonen, curriculare Vorgaben und objektive Beurteilungskriterien berücksichtigt werden.

Die teilzentrale, kompetenzorientierte SRDP ist eine Qualifikationsprüfung, wird kriterienorientiert bewertet, misst die Sprachfähigkeit (*language ability*).

Seitdem der GeR, die Bildungsstandards und die teilzentrale SRDP für Allgemeinbildende Höhere Schulen (AHS) und Berufsbildende Höhere Schulen (BHS) in Österreich als Instrumente für Leistungskontrolle und Qualitätssicherung zur Verfügung stehen, die LehrerInnen eine kriterienorientierte Bewertung nahelegen, sind objektive Klassen-/Schularbeiten zur validen (gültigen) Interpretation von zuverlässig erhobenen, fachbezogenen Lernleistungen erforderlich.

Gütekriterien für Sprachtests sind Objektivität, Reliabilität und Validität.

Noten für Lernleistungen zu vergeben, auf dieser Basis Lernprozesse zu steuern und Feedback an die SchülerInnen zu geben ist eine verantwortungsvolle Aufgabe. Auch verbringen LehrerInnen außerhalb der Schule neben der Planung von Unterricht nicht unerheblich viel Zeit mit dem Lesen und der Verbesserung von Hausaufgaben oder dem Erstellen bzw. der Korrektur von Klassen-/Schularbeiten. Die Kenntnis von Fachliteratur zu Testen und Bewerten (als geeigneter Einstieg sind Standardwerke von McNamara (2000), Hughes (2003) oder Grotjahn (2006) zu empfehlen) und die Berücksichtigung der Testgütekriterien können Lehrkräfte dabei unterstützen, diese Aufgabe kompetent(er) zu bewältigen. Im Folgenden sollen die einzelnen Testprinzipien vorgestellt und erklärt werden.

4.1.1 Objektivität

Ein Sprachtest oder eine Klassen-/Schularbeit sind objektiv, wenn ihre Durchführung und ihre Auswertung von der jeweiligen Lehrperson, die dafür verantwortlich ist, unabhängig sind (vgl. Grotjahn 2006, 222), d.h. wenn *subjective judgement* ausgeschlossen werden kann (vgl. Hughes 2003, 22). Stellen wir uns vor, dass zwei LehrerInnen in zwei Parallelgruppen einer Klasse Französisch unterrichten. Bei einer für beide Gruppen unterschiedlich erstellten Klassen-/Schularbeit führt jeweils der/die LehrerIn der anderen Gruppe die Klassenarbeit durch und wertet diese auch aus. Im Anschluss wird die Klassenarbeit an den/die KollegIn der Parallelgruppe zur Kontrolle übergeben. Die Ergebnisse und die daraus gezogenen Schlussfolgerungen müssten ident sein. Durch die zweimalige Bewertung würden die Resultate zuverlässiger, d.h. reliabler, und die SchülerInnen könnten sich eher darauf verlassen, dass das von ihnen erzielte Ergebnis ihrer tatsächlichen Leistung entspricht, als wenn nur ein / eine LehrerIn die Klassen- / Schularbeit (der eigenen Gruppe) korrigiert und bewertet hätte[15]. Quetz (2008, 7) verweist hier auf die sog. kollegiale Korrektur.

Der Durchführungs- und Auswertungsobjektivität (nach Grotjahn 2006) wird gelegentlich eine „Interpretationsobjektivität“ (vgl. Schelten 1997) zur Seite gestellt. Gemeint ist, dass zwei verschiedene BeurteilerInnen „unabhängig voneinander aus dem gleichen Auswertungsergebnis den gleichen Schluss ziehen“ (Schelten 1997, 126). Objektivität bei der Durchführung, Ausführung und Interpretation von Klassen- / Schularbeiten bedeutet also, dass subjektive Theorien – wenn nicht ganz ausgeschlossen – so doch so weit wie möglich in den Hintergrund gedrängt werden.

Objektivität bedeutet bei der Durchführung, Auswertung und Interpretation von Tests Subjektivität zu reduzieren.

Dlaska & Krekeler (2009) sprechen in Zusammenhang mit informeller Leistungsbeurteilung (*classroom assessment*) von „Gerechtigkeit“ (ebd., 44f.) anstelle von Objektivität. Damit führen sie an, dass Lernende nicht benachteiligt werden bzw. diese sich nicht benachteiligt fühlen sollen (ebd., 43). Damit dieser Umstand gegeben ist, muss Gerechtigkeit ihrer Meinung nach vier Bereiche umfassen: (ausreichende) Transparenz, (schlüssige) Bewertung, (konsistente und übertragbare) Leistungsmessungen und eine (gültige) Interpretation der Testergebnisse. Somit ist „Gerechtigkeit“ oder „Fairness“ der allumfassende Begriff, dem Dlaska & Krekeler die anderen Testgütekriterien wie Reliabilität und Validität unterordnen. Sie führen einerseits Gründe an, warum in der Schule reliable Tests schwer zu erstellen sind, obwohl dies „wünschenswert“ wäre (ebd., 49), fordern aber andererseits eine gültige Interpretation der Testergebnisse in Bezug auf die Messintention ein (vgl. u.a. Hinger 2016b).

4.1.2 Reliabilität

Unter Reliabilität eines Tests versteht man die Zuverlässigkeit oder Konsistenz der Resultate, die er hervorbringt: „A reliable test is consistent in that it produces the same or similar result on repeated use“ (vgl. Jones 2012, 352). So ist eine konsistente bzw. genaue Bewertung dann gegeben, wenn z.B. bei einer Klassen- / Schularbeit oder einem Test ein und dieselbe Lehrperson bei wiederholt vorgenommener Bewertung immer wieder zu demselben (oder einem sehr ähnlichen) Ergebnis kommt (Intrarater-Reliabilität) bzw. wenn verschiedene Lehrpersonen zu ein und demselben (oder einem sehr ähnlichen) Ergebnis kommen (Interrater-Reliabilität). Somit kann *scorer objectivity* als wesentlicher Teilaspekt der Reliabilität betrachtet werden; Weir & Shaw (2005) sprechen in diesem Zusammenhang sogar von *scoring validity* (s. Abschnitt 4.1.3 zu Validität). LehrerInnen sollten bedenken, dass manche Aufgabenformate konsistente (stabile) Ergebnisse unterstützen. So ist ein geschlossenes Aufgaben-

15 Dabei wird ausgeklammert, dass a) dafür in der Schule wahrscheinlich nicht die Zeit zur Verfügung steht und b) beide Lehrpersonen bei der Korrektur und Auswertung dieselben Fehler gemacht haben könnten.

format wie etwa *multiple choice-* oder Einfachwahlaufgaben zur Überprüfung des Leseverständnisses durch die Festlegung eines eindeutigen Lösungsschlüssels gut dazu geeignet, dass ein und dieselbe Person mehrmals oder verschiedene BewerterInnen gleichzeitig zu demselben (oder einem sehr ähnlichen) Ergebnis kommen. Auswertungs- und Interpretationsobjektivität können bei geschlossenen, standardisierten Aufgabenformaten wie *multiple choice-* oder Zuordnungsaufgaben als gegeben angesehen werden. Wird hingegen die Fertigkeit Schreiben anhand eines Aufsatzes, der in der Fremdsprache zu einem bestimmten Thema verfasst werden soll, überprüft, lässt dieses offene Testformat bei der Bewertung und Interpretation einen höheren subjektiven Spielraum zu, vor allem, wenn nur ungenau spezifizierte Kriterien wie Inhalt, Fehler oder Stil zur Verfügung stehen oder wenn „jeder Lehrer seinen eigenen Maßstab zur Beurteilung des Auswertungsergebnisses" anlegt (Schelten 1997, 127). Die reliable Verwendung von Bewertungsrastern zur Überprüfung der produktiven Fertigkeiten (s. Abschnitt 7.3) setzt gezielte *rater trainings* für LehrerInnen und SprachkompetenzprüferInnen voraus, in denen die Beurteilenden lernen, sich abzustimmen und sich großteils auf ein gemeinsames Verständnis der Deskriptoren, die die einzelnen Bewertungskriterien näher erläutern, zu einigen.

Geschlossene und offene Aufgabenformate unterstützen Reliabilität in unterschiedlichem Ausmaß.

Bei Dlaska & Krekeler (2009, 35) findet sich Objektivität als Teil der Reliabilität dem Qualitätskriterium Gerechtigkeit zugeordnet (s. oben). Dies ist vor allem dem Umstand geschuldet, dass eine möglichst objektive Durchführung und Auswertung eines Tests für eine konsistente, also reliable, Bewertung unabdingbar ist. Reliabilität wiederum ist Voraussetzung für die Validität (s. Abschnitt 4.1.3) – allein, ein reliabler Test bedeutet noch nicht, dass er auch valide ist (vgl. Jones 2012, 352). Nach Dlaska & Krekeler (2009, 47) ist die Qualität einer Bewertung abhängig von den PrüferInnen, ihren Fähigkeiten, Einstellungen und Werthaltungen. Für die Leistungsbeurteilung im Unterricht erachten sie Reliabilität aber nicht als zentral und fordern sie nur als Bedingung für standardisierte und formelle *high stakes tests* ein – Tests, bei denen die Ergebnisse für jede / n einzelne / n KandidatIn gewichtige Folgen haben. Das Pilotieren von Klassen- / Schularbeiten zur Messung ihrer Qualität – sei es in Form von Paralleltests oder Testwiederholungen, um sich z. B. über den Schwierigkeitsgrad oder die Unmissverständlichkeit der Aufgabenstellung klar zu werden – ist im Schulalltag, wenn überhaupt, nur bedingt möglich. Eine Arbeit im Team würde allerdings der Qualität von Klassen- / Schularbeiten zuträglich sein – erhöht doch Arbeitsgenauigkeit die Reliabilität der Messung. Auch die Kenntnis der genannten Methoden (*parallel test method* und *test-retest method*) wäre geeignet, sich über die Konsistenz von Prüfungen klar(er) zu werden, denn auch Klassen- / Schularbeiten sollten über jene Qualität verfügen, die eine genaue(re) und konsistente Auswertung und Interpretation der Ergebnisse ermöglicht.

Salkind (2006) setzt Reliabilität mit Testqualität gleich, wenn konsistente Messungen garantiert sind[16] – ein Ziel, dem sich Lehrpersonen auch im Schulalltag nähern könnten, wenn sie sich z. B. für das gemeinsame Ausarbeiten von Testspezifikationen (s. Abschnitt

16 „Reliability ensures quality of a test such that it produces consistent scores" (Salkind 2006, 354).

5.3) entschließen und bereit sind, über die Fachteams oder -arbeitsgemeinschaften an den Schulen Tests (Klassen- / Schularbeiten) in Parallelklassen einzusetzen oder in vergleichbaren Jahrgängen auch an anderen Schulen durchzuführen.

Ein wesentliches Kennzeichen von Reliabilität ist der Reliabilitätskoeffizient, der den Grad der Messfehlerfreiheit eines Tests wiedergibt, oder der Wert der inneren Konsistenz (*internal reliability*) von Items – ermittelbar mithilfe eines Computer-Software-Programms wie SPSS (= *Statistical Package for the Social Sciences*). Der Koeffizient drückt aus, dass die einzelnen Items eines Tests zueinander passen, dasselbe theoretische Konstrukt (z. B. Leseverständnis) überprüfen und dass die einzelnen SchülerInnen auf die gleichen Rangplätze verwiesen werden (vgl. Fulcher & Davidson 2007, 106). Auch wenn LehrerInnen nicht über die zeitlichen und technischen Ressourcen verfügen, die innere Konsistenz von Testitems zu ermitteln (wie z. B. in Green 2013, 35–40 dargestellt), so können sie doch eine Reihe von einfachen statistischen Maßnahmen ergreifen, die ihre Klassen- / Schularbeiten und Tests reliabler machen[17]. Neben einer präzisen und klaren Aufgabenstellung sind dafür u. a. die Testlänge (Anzahl der Items bzw. der Aufgaben), die Homogenität der Items, der Schwierigkeitsgrad der einzelnen Aufgaben sowie die Bandbreite der Aufgaben (*scope*), die Wahlmöglichkeiten eher ausschließt, ausschlaggebend (vgl. Green 2014, 73; Schelten 1997, 117).

> Innere Konsistenz von Testitems ist Voraussetzung für das Messen eines Konstrukts.

Je länger der Test ist, desto geringer wird der Zufall sein, der das Testergebnis beeinflusst. Eine Aufgabe zu erstellen, die aus lediglich drei oder vier Items zum Gebrauch von Adverb / Adjektiv im Englischen oder aus vier oder fünf Items zur Verwendung der глаголы движения (Verben der Fortbewegung) im Russischen besteht, wird nur eine sehr geringe Aussagekraft über die grammatische Kompetenz der / des Sprachverwendenden haben. Je mehr Items zum Einsatz kommen und je homogener diese sind, desto reliabler wird das Ergebnis und die damit verbundene Interpretation in Bezug auf das gemessene Konstrukt (z. B. jenes der grammatischen Kompetenz). Ein Test zur Überprüfung des Leseverständnisses, der sowohl Items zum selektiven als auch zum detaillierten Lesen enthält, wird das Konstrukt Lesen deutlicher und umfassender repräsentieren, als wenn nur globales Lesen überprüft wird.

> Testlänge, homogene Items und trennscharfe Aufgaben erhöhen die Reliabilität.

Je trennschärfer die Aufgaben sind, desto klarer kann zwischen lernstarken und lernschwachen SchülerInnen unterschieden werden und umso messgenauer ist die Klassen- / Schularbeit. Das bedeutet, dass mehrere schwache SchülerInnen nicht jene Items eines Tests lösen können sollen, an denen ein / eine gute / r SchülerIn scheitert. Man spricht in diesem Fall von Itemdiskriminierung. Deswegen gilt es zu leichte bzw. zu schwierige Items, Items, die das Erraten von Lösungen zulassen, oder Items, die Ausnahmen

> Itemdiskriminierung: Trennschärfe von Testitems

17 Manchmal hilft bereits eine Excel-Tabelle, um sich z. B. der erreichten minimalen / maximalen Punktezahl oder des Durchschnittswerts einzelner SchülerInnen bei einer Testaufgabe bewusst zu werden.

überprüfen, zu vermeiden, da sie die Reliabilität einer Aufgabe verringern (vgl. Alderson, Clapham & Wall 1995).

Die Beachtung der angeführten Punkte führt bei *large-scale* oder *high stakes testing* definitiv zu konsistenteren und genaueren Messungen, die Ergebnisse einer Überprüfung werden zuverlässiger und die Interpretationen gültiger. Reliabilität ist deshalb die Grundvoraussetzung für das folgende Testprinzip, die Validität oder Gültigkeit. Die Notwendigkeit, reliable, also konsistente Messungen im Schulkontext bzw. in *classroom-based assessment* zu erzielen, wird in der Testforschung erst in jüngster Zeit kontroversiell diskutiert (vgl. z. B. Jang 2012; Turner 2012) – auch in Zusammenhang mit der Ausbildung von FremdsprachenlehrerInnen (vgl. Graham 2005) und dem Begriff der Bewertungskompetenz (*assessment literacy*, s. Kapitel 10). WissenschaftlerInnen scheinen sich aber einig zu sein, dass die Anwendung psychometrischer Testverfahren mit exakter Datenaufbereitung und -evaluation im Klassenzimmerkontext nicht wirklich zielführend ist (vgl. u. a. Ingenkamp & Lissmann 2008, 173). Der Hauptunterschied zwischen *large-scale-* und *classroom-based testing* liegt in „the need for evidence" (Turner 2012, 68): Summative und formative Bewertung im Klassenzimmer (s. Kapitel 10) hat das vorrangige Ziel, durch Feedback den Lehr- / Lernprozess zu gestalten, zu verbessern bzw. zu verändern und neue Lernmöglichkeiten zu eröffnen – *high stakes tests* verfolgen dieses Ziel nicht. Reliabilität im schulischen Kontext könnte und sollte vor allem durch klare und transparente Angaben hinsichtlich Lern- und Bewertungszielen (*learning and assessment intentions*) wesentlich verbessert werden (vgl. Rea-Dickens 2006, 182).

4.1.3 Validität

Das Testgütekriterium Validität und die Definition des Konstrukts, das getestet werden soll, stehen in einer engen Wechselwirkung zueinander. Grotjahn (2006, 223) definiert Validität folgendermaßen: „Die Validität bezieht sich darauf, inwieweit ein Test das erfasst, was er erfassen soll, und inwieweit er zu fairen Entscheidungen führt". „Das, was er erfassen soll" verweist auf den Testinhalt. Klassen- / Schularbeiten müssen inhaltsvalide sein, d. h. sie überprüfen den Sprachstand und somit eine aussagekräftige Auswahl dessen, was an Sprachverwendung und Sprachkompetenz gelehrt bzw. gelernt wurde. Dazu ist es notwendig, im Einklang mit dem Lehrplan zu sein (Quetz 2008), um der curricularen Validität zu entsprechen. Die Klassen- / Schularbeit muss zudem in ein Konstrukt, d. h. in ein theoretisches Konzept eingebettet sein; falls der GeR als Referenzquelle für die Erstellung von Tests herangezogen wird, muss die Klassen- / Schularbeit mit dessen Ansatz der Handlungsorientiertheit und seinem kommunikativen Kompetenzmodell kompatibel sein (vgl. Europarat 2001, 2.1, 2.1.2 und Kapitel 2 dieses Bands). Mit anderen Worten: Überprüft die Klassen- / Schularbeit tatsächlich eine repräsentative Stichprobe der sprachlichen Aktivitäten, die sie zu überprüfen vorgibt? Spiegeln die Interpretationen, die auf Basis der Ergebnisse der Klassen- / Schularbeit

Inhaltsvalidität: Tests enthalten eine repräsentative Auswahl von Aufgaben.

Konstruktvalidität: Ein Test misst ein zugrunde liegendes theoretisches Konzept (Modell) von Sprachfähigkeit (*language ability*).

im Anschluss gemacht werden, das ihr zugrunde liegende Konstrukt wider und lassen diese Ergebnisse Verallgemeinerungen bzw. Rückschlüsse auf *real life results* zu (vgl. Green 2014, 75)? Wir können es noch anders formulieren: Was bedeutet die Note „Genügend" im dritten Lernjahr des Wahlpflichtfachs Russisch auf A2-Niveau an einer Allgemeinbildenden höheren Schule (AHS)? Oder die Note „Gut" im Leistungskursfach Russisch in der gymnasialen Oberstufe einer Gesamtschule? Wenn eine Klassen- / Schularbeit eine Antwort auf diese Frage geben kann, dann hat sie ihren Zweck erfüllt. Damit sie diesen erfüllt, muss sie adäquat gestaltet werden.

Klassen- / Schularbeiten orientieren sich als Leistungstests am Sprachstand der SchülerInnen und daran, ob diese gewisse Unterrichtsziele (des Konstrukts) erreicht haben – sie überprüfen also, „was unterrichtet worden ist" (Europarat 2001, 9.3.1); aufgrund der am GeR ausgerichteten Lehrpläne ist der Unterricht kompetenzorientiert zu gestalten und Klassen- / Schularbeiten müssen Bezug auf Kriterien nehmen, die durch die in einem bestimmten Lernjahr zu erreichende Kompetenzniveaustufe vorgegeben sind[18]. Laut GeR (Europarat 2001, 9.3, 179) erfordert Kriteriumsorientierung

> die Darstellung eines Kontinuums der Sprachkompetenz (vertikal – die Kompetenzniveaustufen von A1–C2) und eines Spektrums relevanter Lebensbereiche (horizontal – die Domänen privater, öffentlicher, beruflicher und bildungsinstitutioneller Bereich), sodass die individuellen Ergebnisse in einem Test mit Bezug auf den gesamten Kriterienbereich situiert werden können.

Das erfordert sowohl die Festlegung relevanter Domänen, die mit der Klassen- / Schularbeit abgedeckt werden sollen, als auch die Festsetzung von Trennwerten oder *cut scores* (s. Kapitel 5.5 und 7.3), die nötig sind, um den angestrebten Leistungsstand bzw. die entsprechende Niveaustufe zu erreichen. Klassen- und Schularbeiten müssen also die beiden Testgütekriterien Inhalts- und Konstruktvalidität beachten. Das kann aber nur der Fall sein, wenn über das Schuljahr hinweg das Konstrukt repräsentativ durch die Inhalte der Klassen- / Schularbeiten abgebildet ist. Die Konstruktvalidität einer Klassen- / Schularbeit ist gefährdet, wenn ein Test nur sehr eingeschränkte Teilaspekte des Konstrukts überprüft und das Konstrukt somit im Test unterrepräsentiert ist, oder wenn Aspekte in die Bewertung einfließen, die eigentlich nicht Teil des beabsichtigten Konstrukts sind und daher zu einer konstrukt-irrelevanten Varianz in den Ergebnissen führen.

Unterrepräsentation des Konstrukts: Unvollständige oder unzureichende Abbildung des Konstrukts und seiner Teilaspekte in den Testaufgaben

Die Definition, ein Test sei valide und somit „qualitativ wertvoll", wenn er einfach nur das testet, was er vorgibt zu testen, ist inzwischen in den Augen

Konstrukt-irrelevante Varianz: Einfluss von Faktoren und Fähigkeiten auf das Testergebnis, die nicht Teil des Testkonstrukts sind

18 Durch die Ausrichtung des Unterrichts an der Kompetenzorientierung und durch die Benotung anhand kriterienorientierter Bewertungsraster gelingt es Klassen- / Schularbeiten, die lange vorherrschende, rein binnendifferenzierte Bezugsgruppenorientierung bei der Bewertung zu durchbrechen und Schülerleistungen kriterienorientiert zu bewerten.

der meisten TestforscherInnen zu eng gefasst[19]. Obwohl dieses frühe Verständnis nach wie vor zentraler Bestandteil des Validitätsbegriffs ist, sehen viele Konstruktvalidität nicht länger als Teil der Validität – wie etwa Augenschein-, Inhalts- oder Kriteriumsvalidität –, sondern, basierend auf Messick (1989), als allumfassendes Konzept, das es bei der Testerstellung zu berücksichtigen gilt (vgl. Chapelle 2016, 23). Zudem wird in jüngeren Definitionen der Fokus weg von der Validität als Eigenschaft eines Tests hin zur validen Verwendung und Interpretation der Testergebnisse (‚Validierung') gelegt, wozu ein *assessment use argument* herangezogen wird (vgl. Bachman 2005; Weir 2005a; Xi 2008).

Konstruktvalidität als zentrales Testgütekriterium

Eckes (2015b) spricht sogar von der polymorphen Bedeutung der Begriffe Validität bzw. Validierung, aufgrund derer es schwierig sei, eine klare und eindeutige Definition dieser Begriffe zu bieten. Zusammenfassend hält Eckes als Konsens in der langjährigen Diskussion der Validitäts- / Validierungskonzepte fest, dass Validität keine Eigenschaft eines Tests ist, sondern dass sich Validität auf die Interpretation der Ergebnisse eines Tests und die damit verbundenen Inferenzen bezieht (ebd., 451). Des Weiteren sei Validität von unterschiedlichen Arten bestimmt, von denen die Konstruktvalidität inzwischen eine übergeordnete Position einnehme. Validität sei ferner nicht dichotom (valide / nicht valide), sondern als Kontinuum aufzufassen und als Prozess zu sehen (ebd., 452).

Im schulischen Kontext sind Augenscheinvalidität und Kriteriumsvalidität von unterschiedlicher Bedeutung. Die Augenscheinvalidität hat einen nicht unwesentlichen Einfluss auf SchülerInnen oder Eltern. Weisen Eltern oder SchülerInnen eine Klassen- / Schularbeit oder einen Test als inakzeptabel zurück, weil in ihren Augen das Testformat oder die Art der Prüfung fremd oder die Aufgaben nicht plausibel erscheinen, so hat der Test eine wesentliche Funktion nicht erfüllt und er wird nicht als solcher angenommen. SchülerInnen und Eltern müssen deshalb mit den eingesetzten Testformaten vertraut sein. Die Kriteriumsvalidität kann konkurrent oder prädiktiv festgestellt werden. Wird z. B. ein Test in der Schule mit einem bereits validierten schulexternen Messverfahren, das dasselbe sprachliche Konstrukt wie der Test in der Schule misst, gleichzeitig durchgeführt, so sollten die Ergebnisse idealerweise korrelieren. Man spricht in diesem Fall von konkurrenter Validität.

Augenscheinvalidität: Akzeptanz von Tests
Kriteriumsvalidität: Vergleichbarkeit von Tests

Wird das Kriterium erst nach der Messung erhoben, haben wir es mit prädiktiver Validität zu tun. Ein Beispiel hierfür wäre der akademische Erfolg im fremdsprachlichen Ausland, der sich erwartungsgemäß so einstellt, wie er durch die Note (die Bewertung) der Qualifikationsprüfung, die Voraussetzung für die Zulassung zum Studium an der ausländischen Institution war, vorhergesagt wurde.

19 Chapelle (2016) bietet eine gute Übersicht über das Verständnis von Konstruktvalidität in den letzten fünfzig Jahren, beginnend bei Lado (1961). Eckes (2015b) ergänzt in seinem Beitrag rezente Validierungspositionen, z. B. jene von Kane (2012) und Cizek (2012).

Von Lehrpersonen entwickelte Prüfungen und Tests können nur ansatzweise valide sein, da die Überprüfung der Validität – so wie bei standardisierten Tests – komplexe Verfahren wie Pilotierungen, Feldtestungen (s. Abschnitt 5.4) und eine statistische Auswertung der Testitems erfordern würde. Dennoch können LehrerInnen Maßnahmen ergreifen, um die Validität ihrer Klassen- / Schularbeitsergebnisse zu erhöhen. Da Reliabilität die Voraussetzung für Validität ist, sollten die o. a. Maßnahmen (s. Abschnitt 4.1.2) nach Möglichkeit umgesetzt werden. Des Weiteren helfen im Schulalltag ein klares Verständnis des zugrunde liegenden theoretischen Konstrukts, die Kenntnis und eine transparente Weitergabe der curricularen Erfordernisse an die SchülerInnen und – darauf aufbauend – gemeinsam mit KollegInnen ausgearbeitete Testspezifikationen bzw. Testanleitungen (s. dazu Abschnitt 5.3 und Kapitel 11) sowie die begründete Wahl geeigneter Aufgabenformate. Testspezifikationen beschreiben, was mit einer Klassen- / Schularbeit, einem Test, geprüft werden soll und erleichtern LehrerInnen damit die Erstellung, Durchführung und Korrektur von schulischen Arbeiten, machen diese in Parallelklassen vergleichbar und geben SchülerInnen, Eltern und KollegInnen einen Einblick in die an der Schule gelebte Prüfungskultur. Sie tragen auf diese Weise wesentlich zu einer Transparenz der Leistungsbeurteilung bei.

Fassen wir abschließend zusammen: Objektivität kann bei der Durchführung, Auswertung und Interpretation eines Tests als Teil der Reliabilität bzw. als eine Bedingung für sie angesehen werden. Klare Durchführungsparameter, transparente Auswertungskriterien und eine konstruktbezogene Interpretation der Ergebnisse helfen, subjektive Theorien einzelner PrüferInnen zu reduzieren.

Reliabilität ist als Voraussetzung für den Validierungsprozess unabdingbar, garantiert aber an sich noch keine Validität. Für den schulischen Kontext stellt sich also nicht die Frage, ob Validität oder Reliabilität das Testprinzip ist, das eher umgesetzt werden kann bzw. soll (vgl. Kranert 2013, 10), da beide Gütekriterien für eine qualitativ hochwertige Leistungsmessung erforderlich sind. Betrachtet man obendrein Konstruktvalidität als das umfassende Kriterium, das Inhalt, Vergleichbarkeit und Augenschein einschließt, so wäre diese Diskussion im Grunde ohnehin obsolet.

Der GeR unterstützt das Verständnis für das zugrunde liegende sprachliche Konstrukt auch für Testverfahren, die unter den Begriff *classroom-based assessment* bzw. *instruction-embedded assessment* fallen (Rea-Dickens 2004). Mit Quetz (2008) kann treffend geschlossen werden: So wie wir im schulischen Kontext lehren und unterrichten – kommunikativ, handlungs- und kompetenzorientiert –, sollten wir auch testen und prüfen.

Die folgende Abbildung 1 bietet abschließend eine Übersicht über die Testgütekriterien, die einzelnen Formen und Kategorien sowie Messverfahren bzw. -methoden.

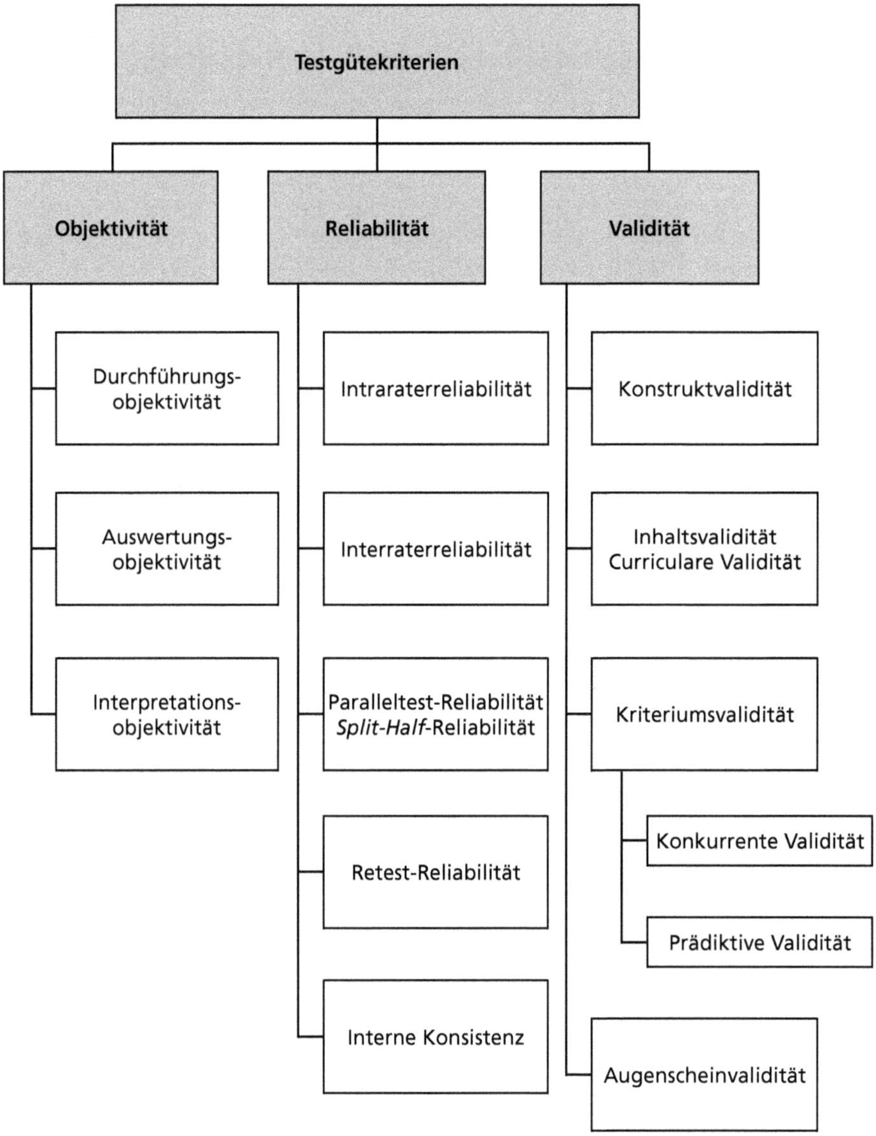

Abb. 1: Testgütekriterien Objektivität – Reliabilität – Validität

4.2 Authentizität, *Washback*, Praktikabilität

Validität und Reliabilität sind die zentralen Gütekriterien, die ein Test jeglicher Art, und damit auch ein Sprachtest, erfüllen soll, um adäquate Resultate hervorzubringen. Eng mit diesen beiden Grundprinzipien verknüpft sind weitere Prinzipien, die bei der Entwicklung und Verwendung von Sprachtests zu berücksichtigen sind. Während TestforscherInnen unterschiedliche Prinzipien nennen bzw. in den Vordergrund stellen, scheinen die folgenden in den meisten Auflistungen auf: Authentizität, *Washback* und Praktikabilität (Bachman & Palmer 1996). Diese sollen im Folgenden erläutert werden.

4.2.1 Authentizität

Bachman & Palmer (1996) definieren Authentizität als den Grad der Übereinstimmung der Charakteristika einer Testaufgabe mit denen einer realen, lebensweltlichen Aufgabe oder Handlung in der Zielsprache. Authentizität könnte damit auch als Teilaspekt von Validität aufgefasst werden, weshalb beispielsweise Weir (2005a) dieses Konzept als Bestandteil von Kontextvalidität anführt. Um eine möglichst treffsichere Aussage darüber machen zu können, wie gut die Performanz von Lernenden ihre sprachlichen Fähigkeiten im wirklichen Leben abbildet oder diese vorhersagt, ist es notwendig, dass Testmaterialien und Testbedingungen diese zielsprachliche Handlung oder Situation so gut wie möglich replizieren (vgl. McNamara 2000; Stadler 2015b). Bachman & Palmer (1996) argumentieren, dass nur ein Test, der das Prinzip der Authentizität ausreichend berücksichtigt, Generalisierungen und Interpretationen zulässt, die über die erbrachten Testresultate hinausgehen. Morrow (1991) und Wood (1993) betonten bereits Anfang der 1990er Jahre gerade für kommunikativ ausgerichtete Sprachtests die Wichtigkeit von Authentizität, da diese Tests Aussagen über die kommunikative und interaktive Kompetenz der KandidatInnen im realen Leben generieren (*authentic assessment*) und nicht nur Aussagen über abstrakte Teilfertigkeitsbereiche oder -kompetenzen wie z. B. syntaktisches Wissen zulassen sollen. In diesem Sinne spricht man von einem hohen Grad an Authentizität, wenn Testaufgaben und reale Aufgaben einander möglichst entsprechen. Mit anderen Worten: Wer anhand eines Tests eine Aussage darüber machen will, wie gut jemand eine authentische mündliche Interaktion im Zielsprachenland bewältigen wird, sollte eine möglichst lebensnahe Testaufgabe bereitstellen. Daher sollen moderne Sprachtests auch die Fähigkeit der Lernenden überprüfen, die Zielsprache spontan zu verwenden. Laut Alderson & Cseresznyés (2003) ist der Schlüssel zu kommunikativen Sprachtests, Lernende Aufgaben lösen zu lassen, die sich an echten zielsprachlichen Aufgaben orientieren. Authentizität ist in diesem Sinne auch für die Augenscheinvalidität eines Tests ausschlaggebend.

Authentizität: Testaufgaben sind realen Sprachhandlungssituationen möglichst ähnlich.

Authentizität beinhaltet nicht allein die Verwendung von nicht adaptierten Lese- und Hörmaterialien (Textauthentizität), sondern meint vor allem die Echtheit und Lebensnähe der Aufgabenstellung bzw. ihre Wahrnehmung als authentisch und interak-

Textauthentizität: Authentische vs. didaktisierte und adaptierte Texte

tiv (Widdowson 1978). Da in der Literatur neben Text- und Aufgabenauthentizität verschiedene Formen von Authentizität diskutiert werden, ist es legitim zu fragen, welche Form der Authentizität diesen wichtigen Einfluss auf die Performanz denn ausübt. Es scheint Einigkeit darüber zu herrschen, dass der die Performanz bestimmende Einfluss eher von einer authentischen Interaktion der TestkandidatInnen mit dem Text herrührt als von der (Nicht-)Originalität des verwendeten Inputs (vgl. Lewkowicz 2000, 45).

In der Berücksichtigung des Authentizitätsprinzips liegen jedoch oft große Schwierigkeiten für LehrerInnen als TesterstellerInnen. Zum einen ist es mitunter schwierig bis unmöglich, authentische, nicht vereinfachte Texte für LernerInnen auf niedrigem Niveau zu finden, und selbst wenn dies möglich ist, sind urheberrechtliche Fragen bei der Verwendung oft ungeklärt. Zum anderen sind die Texte durch die Entnahme aus dem ursprünglichen Kontext und die Tatsache, dass sie nunmehr für Testaufgaben genutzt werden, immer zu einem gewissen Grad simulativ und damit nicht mehr authentisch (vgl. Grabe 2009a). Während die gewählte Kommunikationssituation für einen *task* sehr authentisch sein kann (Situationsauthentizität), ist die angestrebte Interaktion zwischen Situation / Text und KandidatIn (Interaktionsauthentizität) viel schwerer zu erreichen, denn diese wird davon abhängen, was der / die KandidatIn mit dem Text macht, d. h. wie er / sie ihn versteht und bearbeitet, wie er / sie die Aufgabe löst. TesterstellerInnen können und sollten sich jedoch zum Ziel setzen, Aufgaben so lebensnah wie möglich zu gestalten (vgl. Spolsky 1985). Bachman & Palmers (1996, 49 f.) *task characteristics framework* oder ihr aktuelleres Schema des *assessment use argument* (Bachman & Palmer 2010) stellen eine Unterstützung dar, um die Eigenschaften von Testaufgaben und lebensnahen Aufgaben zu evaluieren und zu vergleichen. Das Schema leitet zu einer umfassenden Charakterisierung von Testaufgaben und zu realen Sprachhandlungsaufgaben an und erlaubt damit einen systematischen Vergleich von Aufgabeneigenschaften (*task characteristics*).

Situationsauthentizität: Authentizität der gewählten Kommunikationssituation

Interaktionsauthentizität: Authentizität der Interaktion zwischen Situation/Text und KandidatIn

4.2.2 *Washback*

Das Konzept des *Washbacks* eines Tests trägt dem Umstand Rechnung, dass Sprachtests nicht abgekoppelt von einem gegebenen Kontext existieren oder entwickelt werden. Sprachtests haben reale Auswirkungen und Funktionen, sowohl auf der Makroebene (Schulsystem und Gesellschaft) als auch auf der Mikroebene (Unterrichtsklasse und Individuen) (vgl. Bachman & Palmer 1996; Wall 1997). Diese Auswirkungen können positiv oder negativ sein (Brown & Hudson 2002) bzw. als solche wahrgenommen werden (Alderson & Wall 1993) und sowohl Individuen (LernerInnen, LehrerInnen, …) als auch Systeme betreffen. Sprachtests entscheiden bspw. über Zugang zu tertiärer Bildung (Abitur, Reife- oder Diplomprüfung), Zulassung zu Arbeits- und Studienmöglichkeiten im Ausland (z. B. *Pearson Academic Test of English* (PTE Academic), *Test of English as a Foreign Language* (TOEFL), *International English*

Language Testing System (IELTS), *Occupational English Test* (OET) etc.) oder auch über Einwanderungs- und Einbürgerungsbescheide (McNamara & Roever 2006).

Auswirkungen von Tests auf Institutionen, größere schulische oder politische Systeme oder die Gesellschaft als Ganzes werden gemeinhin als *Impact* bezeichnet. Als *Washback* (oder auch *Backwash*) wird speziell der Rückkoppelungseffekt benannt, den Tests auf das Lehren und Lernen von Sprachen, also den Schulunterricht, haben (Hughes 2003). Was Teil eines Tests ist, wird im Allgemeinen als wichtig, lern- und unterrichtenswert wahrgenommen. Testinhalte und -praktiken wirken daher oft in verschiedenen Formen auf den Fremdsprachenunterricht. Dies ist sogar wünschenswert, denn Lehren, Lernen und Testen sollten nicht abgekoppelt voneinander oder isoliert betrachtet werden, sondern als gegenseitige Ergänzung und damit integriert gesehen werden (s. Kapitel 10). Es gilt dabei für LehrerInnen, den Balanceakt zwischen solider Testvorbereitung und dem zu Recht kritisch gesehenen *teaching-to-the-test* zu meistern. Cheng (2008) hält fest, dass Tests häufig beeinflussen, was gelehrt wird, aber nur bedingt, wie unterrichtet wird (s. auch Alderson & Wall 1993; Cheng 2005), was damit zusammenhängen mag, dass Inhalte einfacher zu gestalten, zu ändern und umzusetzen sind als Unterrichtsmethoden, die meist auf langjähriger Praxis beruhen.

Washback: Auswirkungen eines Tests auf den Unterricht, das Lernen und Lehren sowie die involvierten Personen

Impact: Auswirkungen von Tests auf das soziale oder politische System und auf das Bildungssystem

Teaching-to-the-test: Unterricht, der ausschließlich auf Testvorbereitung ausgerichtet ist

Das Kriterium des erwarteten positiven *Washbacks* wird von vielen als derart wichtig eingestuft, dass es mittlerweile auch als Basis einiger prominenter Validierungsmodelle fungiert. Bachman & Palmers (2010) *assessment use argument* geht beispielsweise davon aus, dass der Start- und Endpunkt jeglicher Testkonstruktion und -verwendung die Frage nach den erwünschten Konsequenzen sein muss. Während die Auswirkungen von Tests bereits in früheren Validitätskonzeptionen mitgedacht wurden (vgl. Messick 1989; Weir 2005a), baut Bachman & Palmers Ansatz deutlich stärker auf diesem Kriterium auf und stellt es gewissermaßen über die anderen Prinzipien. Eine Fokussierung auf die Frage nach dem „Warum" des Testens ist zwar wünschenswert, dennoch birgt eine solche Schwerpunktsetzung durchaus Probleme in sich, da Konsequenzen nur selten abzuschätzen und klar zu bewerten sind (Bailey 1996; Fulcher 2014). McNamara (2000) hält fest, dass *Washback* nicht nur von einem Testinstrument selbst, sondern auch von zahlreichen anderen Faktoren wie den lokalen Bedingungen in einer Klasse, den etablierten Lehr- und Lerntraditionen, der Motivation der Beteiligten und der Interaktionsdynamik in einer Lerngruppe abhängig sein kann. In diesem Sinne ist es wichtig, die individuellen und sozialen Konsequenzen von Tests zu berücksichtigen und ggf. auch entsprechend zu hinterfragen.

Hughes (2003) schlägt Fremdsprachenlehrenden folgende Strategien vor, um positiven *Washback* für den Unterricht zu erwirken:

- Überprüfen Sie die sprachlichen Fertigkeiten, Fähigkeiten und Kompetenzen, die Sie fördern wollen, anstatt das zu überprüfen, was sich leicht überprüfen lässt.
- Testen Sie direkt und authentisch, um die Kongruenz zwischen Unterrichtszielen und Testschwerpunkten zu erhöhen.
- Stellen Sie sicher, dass LernerInnen mit dem Test, seinen Formaten und Anforderungen vertraut sind.
- Bewerten Sie kriterienorientiert anstatt normorientiert, um den LernerInnen ein klares Bild über ihre Erfolge und Entwicklungen zu ermöglichen, unabhängig von der Performanz anderer.
- Tauschen Sie sich mit FachkollegInnen über Tests und Bewertungsmethoden aus.

Wall & Alderson (1993), Cheng, Watanabe & Curtis (2004) sowie Cheng (2008) merken jedoch in ihren Studien und Analysen an, dass ein *Washback*-Effekt nicht zwangsläufig entstehen muss. Vielmehr obliegt es LehrerInnen und TestexpertInnen systematisch zu untersuchen, ob ein solcher Effekt vorhanden ist und wie dieser zu interpretieren ist.

4.2.3 Praktikabilität

Jede Entwicklung, Durchführung und Auswertung von Sprachtests erfordert menschliche, räumliche und/oder finanzielle Ressourcen. Sprachtests müssen daher praktikabel und rentabel sein. Das Gütekriterium der Praktikabilität ist kaum zu unterschätzen. Bachman & Palmer (2010, 232) definieren Praktikabilität als einfache Gleichung, die ein positives Ergebnis aufweisen sollte: Praktikabilität = verfügbare Ressourcen – benötigte Ressourcen.

Praktikabilität: Kosten-Nutzen-Rechnung: Ein Test ist praktikabel, wenn er nicht mehr Ressourcen in Anspruch nimmt als nötig.

Praktikable Tests sind demnach Tests, deren Entwicklung und Verwendung nicht mehr Ressourcen benötigen als vorhanden sind. Ressourcen können dabei sowohl finanzieller, materieller, zeitlicher, personen- oder kompetenzbezogener Natur sein (Bachman & Palmer 2010). Ein Test muss einfach und kostengünstig zu erstellen, zu administrieren, auszuwerten und zu interpretieren sein (Hughes 2003). Das Kriterium der Praktikabilität betrifft beinahe alle Entscheidungen, die im Rahmen der Testerstellung und -durchführung getroffen werden. Dies gilt sowohl im Rahmen von Klassen-/Schularbeiten oder Mitarbeitsüberprüfungen als auch für Qualifikationsprüfungen wie das deutsche Abitur oder die österreichische teilzentrale SRDP. Selbstverständlich ist zu beachten, dass Tests, bei denen mehr für alle Beteiligten auf dem Spiel steht, auch ein größeres Volumen an Ressourcen erfordern dürfen und müssen, als dies bei Klassen-/Schularbeiten der Fall ist, um sicherzustellen, dass die Testgütekriterien der Validität und Reliabilität erfüllt sind (Bachman & Palmer 1996).

Sind Tests nicht praktikabel, werden sie entweder nicht eingesetzt oder sie sind auf Dauer nicht verwend- oder recyclebar (Bachman & Palmer 2010). Die Praktikabilität eines Tests ist schon vor Beginn der Testentwicklung zu bedenken. Sie soll jedoch keine leichtfertige Ausrede für eventuelle Schwächen eines Tests, wie z. B. den Verzicht auf Pilotierung oder

Ähnliches sein. Im schulischen Kontext kann besonders die Arbeit mit FachkollegInnen anderer Klassen helfen, Tests trotz limitierter Ressourcen nach einem *Best Practice*-Modell zu erstellen und durchzuführen.

4.3 Neuere Konzeptionen

Bei dieser Vielzahl an Kriterien, die zu berücksichtigen sind, wäre es unrealistisch, eine hundertprozentige Umsetzung in allen Bereichen zu erwarten (Bachman & Palmer 1996). Die Überprüfung einer Sprache besteht immer aus Kompromissen, bei denen die einzelnen Kriterien abhängig vom Zweck des Tests / der Prüfung gegeneinander abgewogen werden müssen. Ein Test mit denkbar höchster Validität und Reliabilität wird nicht verwendet werden, wenn er beispielsweise nicht praktikabel ist.

Die Konzeptualisierungen all der oben genannten Prinzipien sowie deren Beziehungen zueinander unterlagen über die Jahrzehnte einem ständigen Wandel. Alle Prinzipien eint allerdings die zentrale Rolle der Validität, wie auch immer diese definiert sein mag. So sieht beispielsweise Weir (2005a) eine Rückwirkung aller oben genannten Prinzipien auf die Gesamtvalidität eines Tests und verankert diese terminologisch, indem er sie als „scoring validity" (= u. a. Reliabilität), „context validity" (= u. a. Authentizität) oder „consequential validity" (= u. a. *Washback*) bezeichnet. Da Validität jedoch ein komplexes und abstraktes Konzept ist, wird der Fokus in neueren Modellen oft weg vom theoretischen Konzept hin zur praktischen Validierung, d. h. der Erbringung empirischer Daten zum Nachweis von Validitätsannahmen, gelegt. In Anlehnung an Toulmins Argumentationsanalyse sprechen diese modernen Modelle von Validitätsargumenten, die schlüssig erbracht werden müssen, um die Qualität von Tests zu belegen. Die Modelle von Kane (2004, 2006, 2012) und Bachman & Palmer (2010) stellen daher die Ziele, die mit der Verwendung eines Tests verfolgt werden, in den Vordergrund. Beide Modelle definieren Validierung als erforderliche Beweislegung für Aussagen und Schlussfolgerungen, die auf der Basis von Testresultaten getätigt werden, um deren Plausibilität transparent zu machen. Obwohl dies im ersten Moment das schwer fassbare Konzept der Validität zu umgehen scheint, fällt bei genauerer Betrachtung auf, dass auch diese Modelle, trotz innovativer Terminologie, die oben diskutierten Kernprinzipien kaum außer Acht lassen können. Für Bachman & Palmers (2010) Kriterien „nutzbringend", „fair", „generalisierbar", „sinnvoll", „neutral", „relevant", „ausreichend" und „konsistent" können daher relativ leicht Äquivalente aus den oben erläuterten „traditionellen" Gütekriterien gefunden werden. Während diese neuen Modelle also zweifelsfrei den Vorteil haben, dass sie methodische und praktische Anliegen in der Validierung ebenso in den Vordergrund rücken wie die Frage nach der beabsichtigten Zielsetzung eines Sprachtests, so kommen sie dennoch nicht ohne die klassischen Kriterien aus.

Arbeitsaufträge und Diskussionsfragen

1. Wie können Sie eine Klassen- / Schularbeit für Ihren Unterricht möglichst durchführungsobjektiv gestalten?
2. Wie würden Sie KollegInnen / SchülerInnen das Testprinzip „Reliabilität" mithilfe eines praktischen Beispiels aus dem Alltag erklären?
3. Wie verstehen Sie folgendes Zitat aus Kranert (2013, 10)? „Für das nicht formale Prüfen im Rahmen von Schule und Universität, d.h. für nicht standardisierte Prüfungen, ist wichtig, dass ein Test mit geringer Validität und hoher Reliabilität gut für die Differenzierung zwischen den Leistungen von Prüflingen geeignet ist." Würden Sie Kranert nach der Lektüre dieses Kapitels zustimmen oder sein Argument widerlegen wollen?
4. Denken Sie an einen Test, den Sie kürzlich erstellt oder durchgeführt haben. Wie schätzen Sie den *Washback* dieses Tests ein? Bedenken Sie mögliche positive und negative Wirkungen.
5. Überlegen Sie, welche Faktoren bei der Erstellung einer Klassen- / Schularbeit bzw. eines Tests berücksichtigt werden sollen, um dem Prinzip der Authentizität gerecht zu werden. Welche Rolle spielen dabei Alter der Lernenden, ihr Geschlecht, das Vorwissen oder affektive Faktoren?

Weiterführende Literatur

Alderson, J. Ch., Clapham, C. & Wall, D. (1995): „Validation". In: *Language Test Construction and Evaluation*. Cambridge: Cambridge University Press, 170–196.
Dieses Kapitel in einem der klassischen Einführungswerke zum Sprachtesten gibt einen anschaulichen Überblick über die wichtigsten Arten von Validität inklusive Beispielen aus der Testpraxis und einer Checkliste, mit welchen Forschungsdesigns und -instrumenten diese Validitätsarten untersucht und evaluiert werden können. Sehr gut geeignet für eine erste terminologische Orientierung, auch wenn sich die Ansätze in der Validierungsforschung seit dieser Publikation natürlich weiterentwickelt und zum Teil geändert haben.

Carr, N. T. (2011): „Validation". In: Carr, N. T.: *Designing and Analyzing Language*. Oxford Handbooks for Language Teachers. Oxford: Oxford University Press, 151–163.
Dieses Kapitel beschreibt kurz die historische Entwicklung des Validitätsbegriffs und stellt gängige Validierungskonzepte dar. Der Fokus liegt dabei auf den derzeit vor allem im amerikanischen Raum prominenten Validitätsargumenten, wie dem Assessment Use-Argument von Bachman und Palmer (2010), und der Wichtigkeit von Entscheidungen und Konsequenzen, die aus Testergebnissen resultieren und daher nach Ansicht vieler TestforscherInnen Teil der Testvalidierung sein sollen.

Fulcher, G. (2010): „Introducing Reliability". In: Fulcher, G.: *Practical Language Testing*. London: Hodder Education, 46–59.
Dieser Beitrag in einem weiteren aktuellen und praktisch orientierten Standardwerk zur Einführung in das Sprachtesten bietet eine kurze Einführung in das Konzept der Reliabilität und die wichtigsten Faktoren, die diese beeinflussen können. Das Kapitel beinhaltet außerdem eine einfache Anleitung zur händischen Errechnung von Reliabilitätskoeffizienten. Weitere Kapitel im Buch orientieren sich

an einzelnen Stadien der Testerstellung und geben einen hilfreichen Einblick in zentrale Überlegungen bei jeder dieser Phasen.

Lewkowicz, J. (2000): „Authenticity in Language Testing: Some Outstanding Questions". In: *Language Testing* 17 (1), 43–64.
Ein komprimierter und leicht verständlicher Überblick zum Thema Authentizität im Fremdsprachenlehren und -testen, inklusive historischem Abriss über die Entwicklung des Konzepts seit den 1970er Jahren.

5. Die Erstellung von Testaufgaben: Der Testentwicklungszyklus

Kathrin Eberharter, Benjamin Kremmel, Matthias Zehentner

Kann-Beschreibungen

Ich kann

- verschiedene Testzwecke nennen und erklären.
- die Bedeutung der Konstruktdefinition in einem Testentwicklungszyklus erläutern.
- die unterschiedlichen Bereiche von Testspezifikationen beschreiben und deren Bedeutung erläutern.
- Evaluierung, Prototypisierung und Pilotierung unterscheiden.
- *Standard-Setting* und *Benchmarking* sowie ihre jeweiligen Anwendungsbereiche erklären.

Die Erstellung eines Tests kann in drei wesentliche Arbeitsschritte unterteilt werden (vgl. Bachman & Palmer 1996; McNamara 2000):

- Entwurf
- Operationalisierung
- Durchführung.

In der Entwurfphase werden der Testzweck, die Zielgruppe, das Testkonstrukt und die zu testenden Domänen der zielsprachlichen Verwendung definiert und beschrieben. Die Operationalisierungsphase besteht aus zwei Schritten: Zunächst wird der Test in seiner Gesamtheit definiert und die Formate der einzusetzenden Testaufgaben werden innerhalb der einzelnen Testteile durch die Erstellung von Testspezifikationen festgelegt. Anschließend werden die Testaufgaben auf Basis der Testspezifikationen erstellt. In der letzten Phase wird ein Test – im Idealfall nach einer Erprobung (Prototypisierung) und Pilotierung respektive Feldtestung – tatsächlich durchgeführt.

Auf den ersten Blick mag dieser Entwicklungsprozess linear erscheinen. In der Tat bietet aber jede Durchführung eines Tests wertvolle Rückschlüsse für die ersten beiden Phasen und generiert empirische Daten, die zur Validierung des Tests genutzt werden können. Aus diesem Grund spricht man in der Testerstellung von Testentwicklungszyklen, deren Phasen sich wiederholen und immer wieder zu Überarbeitungen aller Aspekte eines Tests führen können.

Testentwicklung ist nicht linear, sondern ein sich ständig wiederholender Zyklus.

Im folgenden Kapitel sollen basierend auf Fulcher (2010) die einzelnen Phasen eines Testentwicklungszyklus vorgestellt und näher beschrieben werden (s. Abb. 1).

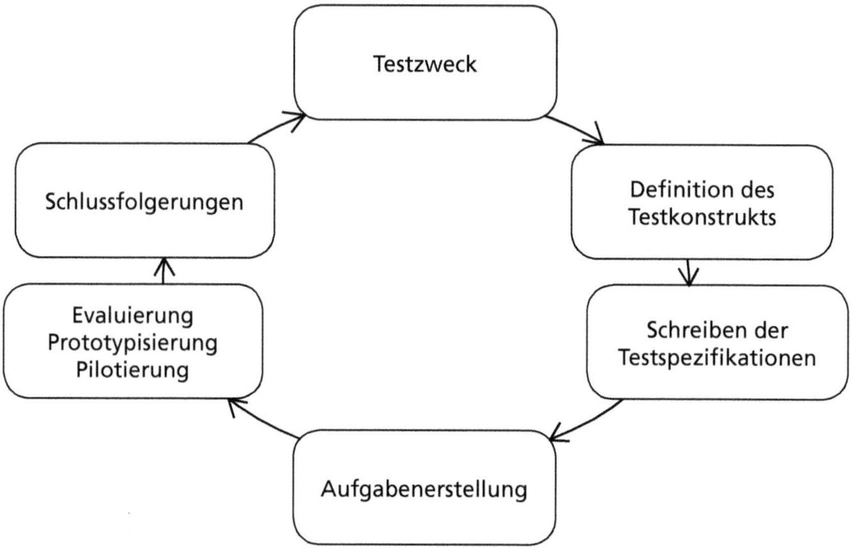

Abb. 1: Testentwicklungszyklus adaptiert nach Fulcher (2010, 94)

5.1 Testzweck

Der Testzweck, also die Antwort auf die Frage, warum getestet wird, ist eine der wichtigsten Entscheidungen im Rahmen der Erstellung eines Tests. So kann z. B. der Zweck die Form eines Tests entscheidend prägen (McNamara 2000, 6). Fulcher (2010) zieht hier einen Vergleich mit dem Bau eines neuen Hauses: Wenn die ArchitektInnen einen Planungsauftrag erhalten, müssen sie ein klares Bild davon haben, welchen Zweck das neue Gebäude erfüllen soll. Ein Supermarkt und ein Einfamilienhaus unterscheiden sich in vielen großen wie auch kleinen Details ebenso voneinander wie eine Autowerkstatt und ein Restaurant. Ein Gebäude kann nur unter vielen Einschränkungen für einen anderen, zunächst nicht intendierten Zweck genutzt werden.

Ganz ähnlich verhält es sich mit der Entwicklung eines Tests. An erster Stelle steht die Notwendigkeit einer genauen Vorstellung darüber, **warum** und **was** getestet werden soll. Man unterscheidet Testarten aufgrund der unterschiedlichen Zwecke, für die sie entworfen werden. Für den Schulkontext besonders relevant sind Sprachstandstests (*achievement tests*), Qualifikationsprüfungen (*proficiency tests*), Einstufungstests (*placement tests*) und diagnostische Tests (*diagnostic tests*). Wenn beispielsweise der Lernfortschritt von SchülerInnen auf Basis der Lerninhalte der letzten Monate in Form einer Klassen- / Schularbeit überprüft werden soll – also ein Sprachstandstest erstellt wird –, ist bei der Auswahl der Testinhalte auf andere Aspekte zu achten als bei der Überprüfung des Kompe-

4 Arten von Tests: Sprachstandstests, Qualifikationsprüfungen, Einstufungstests und diagnostische Tests

tenzniveaus von SchülerInnen, das unabhängig von bestimmten schulischen Lerninhalten anhand einer Qualifikationsprüfung festgestellt werden soll.

Prinzipiell stehen der Lehrperson zwei Vorgehensweisen beim Erstellen von Prüfungen offen (Fulcher 2010, 95). So kann die Festlegung des Inhalts des Tests auf Basis des Lehrplans und unter Zuhilfenahme lehrplankonformer Lehrwerke erfolgen. Die Aufgabenstellungen haben dann einen klaren Bezug dazu, was unterrichtet und geübt wurde, erlauben aber möglicherweise nur bedingt Aussagen über die tatsächliche Sprachkompetenz der Lernenden: Wenn ein Test beispielsweise nur aus Lückentexten und isolierten Vokabelüberprüfungen besteht, die sich auf den Wortschatz der letzten Lektionen beziehen, dann ist dieser Test kongruent mit den vermittelten Lehrinhalten, die Ergebnisse lassen aber nur bedingt Rückschlüsse auf die Sprachhandlungskompetenz in kommunikativen Situationen außerhalb des schulischen Kontextes zu.

Des Weiteren können die Testaufgaben auch mit Blick auf angestrebte Lernergebnisse und die tatsächliche Verwendung der Zielsprache erstellt werden, authentisch sein und eine hohe Vorhersagekraft haben. In diesem Fall orientieren sie sich auch deutlicher an einer Qualifikationsprüfung, welche unabhängig von Unterrichtsinhalten gestaltet wird. Letztlich liegt gerade im schulischen Kontext oft eine Kombination von beiden Vorgehensweisen vor (Fulcher 2010). Als erstrebenswert gilt dabei eine Annäherung zwischen pädagogischen und authentisch ausgerichteten Aufgabenstellungen (vgl. Bachman & Palmer 1996), was u. a. durch den handlungsorientierten Ansatz im GeR und durch entsprechende Curricula und Lehrpläne gestützt wird.

5.2 Konstruktdefinition

Haben TestentwicklerInnen eine klare Vorstellung darüber erarbeitet, **warum** sie testen, so gilt es in einem zweiten Schritt zu klären, **was** getestet werden soll, respektive auf welches Testkonstrukt Bezug genommen wird. Der Begriff „Konstrukt" stammt aus der Psychologie und bezeichnet ein Konzept innerhalb einer wissenschaftlichen Theorie, das jedoch nicht direkt beobacht- und damit auch nicht direkt messbar ist (vgl. Alderson, Clapham & Wall 1995; Fulcher 2010). Ein bekanntes Konstrukt aus dem Bereich der Psychologie ist beispielsweise Intelligenz. Individuen werden als mehr oder weniger intelligent eingestuft, wobei sich aber das Konstrukt, das diesen Bewertungen zugrunde liegt, in den letzten hundert Jahren ständig geändert hat und nach wie vor umstritten ist, welche Komponenten das Konstrukt Intelligenz tatsächlich ausmachen. Dieses Beispiel veranschaulicht, dass die Umsetzung des Konzepts in empirisch fassbare Konstrukte und in der Folge in Testaufgaben abhängig von den zugrunde liegenden Theorieansätzen ist (vgl. u. a. North & Schneider 1998).

Konstrukt: theoretische Definition der Fertigkeit oder Kompetenz, die gemessen werden soll

Im Fremdsprachenunterricht beschreiben Konstrukte jene sprachlichen Fertigkeiten und Kompetenzen, von denen angenommen wird, dass sie die in einem Sprachtest erbrachte Leistung entscheidend mitbestimmen. Beim modernen Sprachentesten stellen Modelle kommunikativer Kompetenz die Basis für die Konstruktdefinition dar. Bis heute prägend ist das von Canale & Swain (1980) vorgelegte Kompetenzmodell, das von Bachman (1990) aufgegriffen und weiterentwickelt wurde. Als Basis für Testzwecke wirft er dabei folgende zentrale Frage bezüglich der *interactional authenticity* auf: Inwiefern werden bei der Erfüllung einer Testaufgabe dieselben kognitiven Prozesse aktiviert, die bei der Erfüllung einer sprachlichen Handlung außerhalb der Testsituation erforderlich sind? Weir (2005a) folgert in seinem sozio-kognitiven Ansatz u.a. daraus konkret, wie gewisse sprachliche Handlungen von gewissen SprecherInnen im realen Leben realisiert werden (s. Levelts Sprachproduktionsmodell in Abschnitt 7.2), und welche Aufgabenstellungen in welchen Kontexten vergleichbare sprachliche Handlungen in einer Testsituation hervorrufen können. Auch die Studie *Deutsch-Englisch-Schülerleistungen International* (DESI) versteht Sprachkompetenz als „sprachliche Gesamtkompetenz, die sich in spezifische Teilkompetenzen aufschlüsseln lässt" (Jude & Klieme 2007, 10) und definiert „Sprachkompetenz funktional [...] und als kognitive Disposition, die dazu befähigt, situative Anforderungen erfolgreich zu bewältigen" (ebd., 11). In der DESI-Studie werden damit sprachliche Teilkompetenzen wie Lesefähigkeit, Schreibfähigkeit oder Sprachbewusstheit mit eigenen Testmodulen erfasst, wodurch differenzierte Aussagen über individuelle Leistungsprofile von Sprachlernenden in den jeweiligen Teilbereichen ermöglicht werden. Bezugspunkte dafür finden sich auch im GeR, der aktuell Basis für viele Sprachtests ist, und wie bereits angesprochen, einem sprachhandlungsorientierten Ansatz folgt (s. Kapitel 2). In seinen Niveauskalen wird beschrieben, wie LernerInnen in einer Vielzahl von Kommunikationssituationen handeln können. Deskriptoren aus Skalen des GeR werden häufig als Grundlage für eine Konstruktdefinition herangezogen. In diesem Sinne können sich Testkonstrukte auf den GeR stützen und dessen Deskriptoren als Ausgangspunkt für die Erstellung eines Tests verwendet werden. An dieser Stelle muss jedoch darauf verwiesen werden, dass diese Vorgehensweise insofern problematisch ist, als der GeR nicht auf empirisch erhobenen Lernerdaten aufbaut (s. Kapitel 2 und 3; auch Fulcher 2004a, 2004b; Hulstijn 2007). Wie in Kapitel 2 dargelegt, basiert der GeR auf Einschätzungsdaten, nicht aber auf Daten aus tatsächlich erhobenen Schülerperformanzen oder auf Daten, die in wissenschaftlichen Experimentanordnungen erhoben wurden. Darüber hinaus beziehen sich GeR-basierte Tests damit vor allem auf direkte, handlungs- und performanzorientierte Aufgabenstellungen und wirken so zwar hochgradig authentisch, die theoretische Basis der entsprechenden Konstruktdefinition im GeR wird jedoch von einigen ForscherInnen als eher schwach eingestuft (vgl. Shohamy 1996).

Auch wenn der Schritt der Konstruktdefinition komplex ist, so handelt es sich um eine unabdingbare Voraussetzung für die Validierung von Tests. Wird das Testkonstrukt in den Testspezifikationen klar beschrieben und der Bezug zwischen Testzweck und Konstruktdefinition deutlich hergestellt, kann nach der Durchführung eines Tests auch festgestellt werden, ob der Test das getestet hat, was ursprünglich intendiert war.

5.3 Testspezifikationen und Aufgabenerstellung

Nachdem ein klares Verständnis von Testzweck und Testkonstrukt hergestellt ist, folgt die Phase der Erstellung von Testspezifikationen, wie in 4.1.3 bereits teilweise für die Erstellung von Klassen- / Schularbeiten angesprochen. In Testspezifikationen wird festgeschrieben, was getestet wird und ggf. was nicht getestet wird, welches Leistungsniveau für eine bestimmte Bewertung ausgewiesen oder erzielt werden muss (North 2004, 78). Testspezifikationen sind damit generative „Blaupausen“ für die Testentwicklung (Davidson & Lynch 2002, 1) und legen fest, was einzelne Versionen eines Tests enthalten und wie sie aussehen sollen (Alderson & Cseresznyés 2003, 298). Ein solcher „Bauplan“ für einen Test soll allgemeine und spezifische Informationen enthalten (s. Tab. 1). Allgemeine Informationen geben Hinweise zur Lerngruppe (KandidatInnen, Alter, Geschlecht, sprachbiografischer Hintergrund, Bildungshintergrund etc.), nennen den Testzweck der jeweiligen Prüfungen und legen die zu überprüfenden Fertigkeiten und sprachlichen Mittel fest. In ihrer grundlegenden Form beantworten die allgemeinen Informationen die Fragen „WARUM wird getestet“ und „WER wird getestet“ und liefern so u. a. ein möglichst klares Profil der KandidatInnen. Je mehr Informationen über die KandidatInnen für die Spezifikationen zur Verfügung stehen, desto einfacher und klarer gelingen die weiteren Schritte in der Aufgabenerstellung. Wenn nur ein unvollständiges oder vages Profil der KandidatInnengruppe möglich ist, so sollen die Spezifikationen zumindest die Größenordnung der Prüfung umreißen. Soll eine Schulklasse geprüft werden? Oder alle Klassen einer lokalen Schulstufe oder eines gesamten Jahrgangs auf nationaler oder auf internationaler Ebene? Zweifellos wird ein Test für 20 bis 30 SchülerInnen mit anderen Parametern in Entwicklung, Durchführung und Auswertung konfrontiert sein als ein Test, den 40.000 SchülerInnen einmal im Jahr absolvieren müssen.

Test- oder Prüfungsspezifikationen sind der verschriftlichte Bauplan eines Tests.

In den spezifischen Informationen sollen üblicherweise die Fragen nach dem WAS und WIE beantwortet werden. Folgende Aspekte fallen darunter: das Testkonstrukt (nach Fertigkeiten differenziert) im Sinne des zu überprüfenden Sprachniveaus, die Prüf- oder Testformate, die Anzahl, Gewichtung und Art der Testitems, die sprachliche Gestaltung der Prüf- oder Testaufgabe, der Inputmaterialien und der Aufgabenstellungen, Sprache und Texttyp, die bei den produktiven Fertigkeiten elizitiert werden, die Wortanzahl des zu erwartenden Outputs im Bereich des Schreibens, die zu überprüfenden Themengebiete, die Dauer und Häufigkeit der Prüfung und schließlich die Art der Bewertung und Rückmeldung (vgl. Grotjahn & Kleppin 2015, 57; Hinger im Druck; Webb 2006).

Gute Umsetzungsvorschläge für den schulischen Kontext finden sich u. a. bei Kieweg (2001, 78 ff.) oder Thaler (2008, 6 ff.). Der *Council of Europe* (2009) stellt in seinem *Manual* GeR-basierte Umsetzungsmöglichkeiten dar (s. Kapitel 2). Eine Prüfungsspezifikation in Tabellenform könnte, in Anlehnung an die kompetenzorientierte Reifeprüfung in Österreich (vgl. BMBF 2013), folgendermaßen aussehen (vgl. auch Grotjahn & Kleppin 2015, 57; Hinger im Druck):

Testspezifikationen		
Kriterien	**Beschreibungen**	**Bezug zu GeR**
Prüfungs-, Testzweck		
Allgemeine Informationen		
Zielgruppe, Klasse		
Alter der Lernenden		
Geschlecht der Lernenden		
Überprüfte Fertigkeit(en)		
...		
Spezifische Informationen		
Kompetenzniveau		
Testkonstrukt		
Merkmale der Testitems		
Sprachliche Gestaltung der Arbeitsanweisung		
zu elizitierende Sprache (bei produktiven Fertigkeiten)		
Themengebiete		
...		
Angaben zur Bewertung		
Angaben zur Art der Rückmeldung		

Tab. 1: Beispiel für Testspezifikationen in Tabellenform (vgl. BMBF, 2013; vgl. Hinger im Druck)

Ein vollständiges Beispiel für Testspezifikationen ist dem Spezifikationskatalog der österreichischen SRDP für die Überprüfung der mündlichen Sprachkompetenz zu entnehmen (https://tinyurl.com/jp3yjtf [21.09.2017]).

Testentwicklung ist Teamarbeit, daher sind verbindliche Spezifikationen unabdingbar.

Wie in Abschnitt 4.1.3 bereits angesprochen, werden Testspezifikationen idealerweise im Team, z.B. in der Fachgruppe am Beginn eines neuen Schuljahres für die jeweils zu unterrichtenden Gruppen oder Klassen auf Basis des Lehrplans erstellt und in die Jahresplanung inkludiert. Im Laufe des Schuljahres können sie von einzelnen Lehrpersonen sowohl bei der Planung als auch der Erstellung von Prüfungen als Erinnerungsstütze herangezogen werden und für eine gute Übereinstimmung der Lernziele mit der Vermittlung und Überprüfung sorgen sowie möglichst alle im Lehrplan vorgesehenen sprachlichen Bereiche abdecken (vgl. Hinger im Druck). Zudem können Prüfungsspezifikationen dazu anleiten, über Jahrzehnte tradierte Einseitigkeiten bei der Auswahl der Prüfungsbereiche und -formate zu identifizieren und schließlich aufzubrechen (vgl. Thaler 2008, 8). Auch wenn parallele Testformen eines Tests, oder wie im Falle der österreichischen SRDP für jeden Testtermin eine neue Testform mit vergleichbaren Eigenschaften und ähnlichem Schwierigkeitsgrad erstellt werden müssen, sind Testspezifikationen Voraussetzung, um gleiche Bedingungen über mehrere Umsetzungs- respektive Durchführungsphasen hinweg zu gewährleisten. Die Form und Granularität der Spezifikationen in den einzelnen Bereichen hängt dabei maßgeblich von Kontext, Verwendungszweck und AdressatInnenkreis ab (vgl. Fulcher 2010).

Auf Grundlage der Testspezifikationen und der Berücksichtigung spezifischer Richtlinien, die bei der Überprüfung einzelner Fertigkeiten zum Tragen kommen, können dann Aufgaben und Items von TestentwicklerInnenteams erstellt werden.

Über die Kommunikation unter TestentwicklerInnen hinaus stellen Testspezifikationen auch ein wertvolles Instrument dar, Inhalt und Struktur eines Tests verschiedenen Interessensgruppen zu kommunizieren (vgl. Webb 2006, 176). Sie können beispielsweise dazu verwendet werden, SchülerInnen auf die zu erwartenden Anforderungen einer Prüfung vorzubereiten oder Eltern bestimmte Bewertungsarten zu erklären bzw. den Bezug zwischen Prüfungen und Lehrinhalten darzulegen und auch zu rechtfertigen (vgl. Downing 2006, 10; s. auch Abschnitt 4.1.3).

5.4 Evaluierung, Prototypisierung und Pilotierung

Bei der Erstellung konkreter Testaufgaben nach den Vorgaben der Testspezifikationen empfiehlt es sich wiederum, im Team zu arbeiten (vgl. Davidson & Lynch 2002; Fulcher 2010). Gegenseitiges Evaluieren von erstellten Aufgaben und kritisches Rückmelden von potentiellen Schwächen oder Problemen sind wertvolle Beiträge, um Items und Aufgaben noch vor ihrem ersten Einsatz in einem Test zu verbessern. So kommt in der professionellen Entwicklung von Prüfungsaufgaben für rezeptive Fertigkeiten die Technik des *text mapping* zum Einsatz. In diesem Prozess wird ein ausgewählter Inputtext von drei bis vier AufgabenerstellerInnen einmal gelesen respektive gehört und seine Kernaussagen und/oder wichtigsten Details notiert. Auf der Basis dieser Informationen kann ein Konsens sowohl über die Lesart des Texts als auch über die zu überprüfenden Informationen aus dem Text erzielt werden und es gelingt, die individuell-subjektive Wahrnehmung der einzelnen HörerInnen oder LeserInnen durch das Heranziehen des von der Mehrheit der Gruppe Gehörten oder Gelesenen zu verallgemeinern (vgl. Urquhart & Weir 1998). Diese Maßnahmen können unter professioneller Anleitung und auf Basis von LehrerInnenfortbildungen auch im schulischen Kontext gerade für Sprachen mit einer kurzen Tradition im Bereich internationaler Zertifikatsprüfungen getroffen werden, um in einer Gruppe von FachkollegInnen Hör- und Leseverstehensaufgaben für den regionalen oder lokalen Gebrauch zu entwickeln. Ferner kann das *text mapping*-Verfahren auch mit SchülerInnen einer Klasse oder Lerngruppe durchgeführt werden, was gleichzeitig der Förderung ihres Hör-/Leseverstehens dient und der Lehrperson wertvolle Rückmeldungen für die Aufgabenerstellung in anderen Klassen liefert (vgl. Hinger im Druck).

> *Text mapping*: Vor der Erstellung der Aufgabe werden Kernaussagen eines Lese-/Hörtextes identifiziert, die als Grundlage für die zu erstellenden Items herangezogen werden.

Unabhängig von den genannten Funktionen des *text mapping* ist das Gegenlesen von erstellten Aufgaben durch Teammitglieder in der Regel ein weiterer wertvoller Schritt, um die

Aufgabenqualität zu erhöhen und ihre Übereinstimmung mit den Testspezifikationen ein weiteres Mal zu überprüfen. Dies verbessert üblicherweise nicht nur die Aufgaben, sondern stärkt auch die Position der ErstellerInnen, da sie durch das Team abgesichert sind.

Ob Testaufgaben und Testitems jedoch so funktionieren, wie von den TesterstellerInnen beabsichtigt, kann nur durch das Erproben an einer tatsächlichen Testpopulation nachgewiesen werden. In der Phase des Prototypisierens wird ein kleiner Pool an Items und Testaufgaben an einer sehr kleinen KandidatInnengruppe erprobt, bevor ein erweiterter Aufgabenpool in der Pilotierung an einer größeren Population oder im Rahmen einer umfangreichen Feldtestung an einer repräsentativen Stichprobe erprobt wird. Ziel ist es dabei, festzustellen, ob sich die Aufgaben wie erwartet verhalten, d. h. ob beispielsweise der Schwierigkeitsgrad der Aufgabe den Erwartungen entspricht oder ob Verständnisprobleme hinsichtlich Aufgabenstellung oder Anweisung auftreten. In dieser Phase kann zudem erhoben werden, wie vertraut KandidatInnen mit den Testformaten sind bzw. wie interessant sie die gestellten Themen und Aufgaben finden.

Prototypisieren: Ausprobieren von Testitems und -aufgaben an wenigen KandidatInnen

Pilotieren: Erproben von Testaufgaben an einer größeren Population

Feldtestung: umfassende Erprobung von Testaufgaben an einer repräsentativen Stichprobe mit detaillierter, statistischer Auswertung der Ergebnisse

Die Phase des Pilotierens und Feldtestens kann im schulischen Kontext nur in den wenigsten Fällen umgesetzt werden. Neben mangelnden Zeit- und Personalressourcen können Aufgaben auch nicht an denselben SchülerInnen erprobt werden, die diese später in der tatsächlichen Überprüfung bearbeiten müssten. Bei sorgfältiger Konstruktion von im schulischen Kontext verwendeten Tests kann aber trotzdem Zuverlässigkeit und Gültigkeit angestrebt werden, auch wenn diese Gütekriterien „nicht durch statistische Verfahren nachgewiesen [werden können]" (Ingenkamp & Lissmann 2008, 173).

Die Erstellung von Testspezifikationen kann aber auch hier ein wertvoller erster Schritt für die Vergleichbarkeit von Ergebnissen sein und einen wichtigen Beitrag zur Qualitätssicherung leisten (vgl. u. a. Grotjahn & Kleppin 2015, 58; Hinger im Druck). Zudem können in Fachgruppen Tests beispielsweise von KollegInnen erprobt und von anderen für den eigentlichen Test verwendet werden. Durch diese Kooperation kann ein Pool an Tests und Testaufgaben entstehen, auf die mehrere Lehrpersonen zurückgreifen können. So werden Synergien genutzt und langfristig stellt sich eine Arbeitserleichterung bei der Erstellung von Tests ein. Ein weiteres Argument, das oft gegen die Durchführbarkeit von Pilotierungen und Feldtestungen im schulischen Kontext angeführt wird, ist das fehlende statistische Know-how von Sprachlehrpersonen, um Testresultate quantitativ zu analysieren. Da eine detaillierte Einführung in die grundlegende statistische Analyse von Aufgaben in diesem Band nicht möglich ist, sei an dieser Stelle lediglich darauf verwiesen, dass eine grobe Analyse bereits in Microsoft EXCEL mit einfachen Mitteln anhand der pro Aufgabe erreichten Durchschnittspunktezahl möglich ist (mehr dazu in Douglas 2010; Fulcher 2010; Hughes 2003). In einem großen Testentwicklungsprojekt wie der SRDP in Österreich ist eine umfangreiche Feldtestung unabdingbar und wird jedes Jahr unter strengen Sicherheitsvorkehrungen an einer repräsentativen Auswahl an SchülerInnen von Abschlussklassen durchgeführt. Ziel dabei ist nicht, die SchülerInnen zu überprüfen, sondern die Aufgaben selbst unter reifeprüfungsähnlichen Bedingungen einer Überprüfung zu unterziehen. Diese Feldtestung wird von komplexen statistischen Analysen der Aufgaben begleitet: Nicht angemessen funktionierende Aufgaben werden verworfen bzw. modifiziert und erneut feldgetestet, bis sie die erforderlichen psychometrischen Merkmale aufweisen; erst dann können sie in den Pool potentieller Aufgaben übernommen werden.[20]

Die Erprobungsphase für Aufgaben, die produktive Fertigkeiten testen, unterscheidet sich grundsätzlich von der Feldtestung der Aufgaben für die rezeptiven Fertigkeiten. Bei den rezeptiven Fertigkeiten wird besonderes Augenmerk auf die psychometrischen Eigenschaften der Aufgaben gelegt, d. h. es wird überprüft, ob die interne Konsistenz der Items sowie der Schwierigkeitsgrad und die Trennschärfe zwischen besseren und schwächeren KandidatInnen zufriedenstellend sind. Bei den produktiven Fertigkeiten ist die Analyse der Performanzen ungleich arbeitsintensiver. In einer ersten Phase genügt es daher, sich anhand der produzierten Leistungen zunächst einen holistischen Eindruck darüber zu verschaffen, ob die Aufgabe auf einem bestimmten Niveau bewältigbar ist bzw. ob sie genug Sprache für eine Bewertung auf einem bestimmten Niveau auslöst. Anhand ausgewählter Performanzen kann illustriert werden, ob die sprachliche und inhaltliche Komplexität dem geforderten Niveau entspricht. Ist dies nicht der Fall, müssen produktive Aufgabenstellungen verworfen bzw. überarbeitet und erneut ausprobiert werden. Neben dem Durchlaufen der hier beschriebenen Phasen eines Testentwicklungszyklus können weitere Maßnahmen zur Qualitätssicherung in der Testentwicklung vor der eigentlichen Testdurchführung getroffen werden.

5.5 Qualitätssicherung in der Testkonstruktion

Folgende Methoden können für eine zusätzliche Qualitätssicherung eingesetzt werden. Ein generell empfohlener Schritt, speziell um die Vergleichbarkeit der verschiedenen Testdurchführungen über die Jahre hinweg zu gewährleisten, ist das sog. *Standard-Setting* (in der deutschsprachigen Literatur unter Standardsetzung, -bestimmung oder Expertenreview zu finden). Hierbei erfolgt eine theoretische Einschätzung der Testaufgaben, welche die empirischen Ergebnisse der Feldtestungen komplementieren soll. Mithilfe dieser Maßnahmen werden nicht nur die Sprachniveaus der Testitems festgelegt, sondern auch die davon abhängigen Mindestpunktezahlen bzw. Schwellenwerte (*cut-off-points*) ermittelt.

Standard-Setting: ExpertInnengruppen beurteilen die Qualität und Schwierigkeit von rezeptiven Testaufgaben zur Qualitätssicherung.

In einem *Standard-Setting* werden die Entscheidungen über den Schwierigkeitsgrad der Testaufgaben von einem ExpertInnengremium getroffen, das aus diversen VertreterInnen der vom Test betroffenen Institutionen und Behörden (nationale und internationale ExpertInnen

20 Detaillierte Erklärungen und Beschreibungen statistischer Verfahren für Sprachentests finden sich bei Green (2013).

des Sprachtestens und damit verwandter Gebiete, SchulleiterInnen, Lehrpersonen etc.) bestehen sollte.

Als ersten Schritt des *Standard-Settings* empfiehlt das Handbuch zur GeR-Verlinkung (Council of Europe & ALTE 2011) eine Phase des Vertrautwerdens, in welcher die teilnehmenden ExpertInnen an den GeR und seine Deskriptoren herangeführt werden (s. auch Council of Europe 2009). Nachdem ein vertretbarer Konsens über die gemeinsame Entscheidungsbasis hergestellt ist, kann mit der eigentlichen Standardsetzung begonnen werden. Je nach Beschaffenheit der Testung können verschiedene Methoden zum Einsatz kommen, die hier nur skizziert werden können (mehr dazu in Cizek & Bunch 2007; Council of Europe 2009; Kaftandjieva 2010). Diese Methoden variieren in der Organisation der Testaufgaben und der Art der gegebenen Einschätzungen. In der oft verwendeten *Angoff*-Methode sollen beispielsweise die Einschätzungen hinsichtlich Niveaustufen in Form von Wahrscheinlichkeiten gegeben werden. Die Gremienmitglieder werden gebeten, sich KandidatInnen an der Schwelle zwischen zwei Niveaus vorzustellen (z. B. zwischen A2- und B1-Niveau) und basierend darauf abzuschätzen, wie wahrscheinlich die Aufgabe von einem minimal kompetenten Prüfling über dem Schwellenwert bewältigt werden kann (Cizek & Bunch 2007, 85). Anhand der Einschätzungen kann dann die Grenze zwischen zwei Sprachniveaus und die dazugehörige Punktezahl festgelegt werden. In der *Bookmark*-Methode hingegen sind die Aufgaben nach ihrem empirischen Schwierigkeitsgrad geordnet und ExpertInnen markieren mit einem Lesezeichen, wo für sie die Grenze zwischen Aufgaben unterschiedlicher Niveaus liegt. Weitere Methoden werden hier aus Platzgründen nicht näher beleuchtet.

Standard-Setting-Methoden kommen vorrangig in der Niveaubestimmung von indirekten Tests, wie bei der Überprüfung der rezeptiven Fertigkeiten üblich, zum Einsatz. Ähnliche Methoden der Qualitätssicherung für direkte Tests, die bei der Überprüfung von Schreiben und Sprechen Verwendung finden, werden in der Fachliteratur generell als *Benchmarking* (Council of Europe 2009, 36) bezeichnet. *Benchmarking* verfolgt das Ziel, prototypische Performanzen auf einzelnen Niveaustufen herauszufiltern, die zukünftigen Bewertungen als Referenzen dienen und auch in BewerterInnentrainings verwendet werden können (vgl. z. B. Eberharter, Zehentner & Spöttl 2017). Analog zum *Standard-Setting* werden dazu Konsensentscheidungen benötigt, die nach einer Trainingsphase getroffen werden.

Benchmarking: ExpertInnengruppe identifiziert schriftliche / mündliche Performanzen, die prototypisch für eine Bewertung / Niveaustufe sind.

5.6 Schlussfolgerungen

Wenn Testaufgaben durchgeführt und die Ergebnisse der Antworten oder Performanzen ausgewertet sind, stellt sich die Frage der Interpretation dieser Ergebnisse. An diesem Punkt schließt sich auch der Kreis des Testentwicklungszyklus, denn die Frage danach, welche Schlussfolgerungen auf der Grundlage der Testergebnisse sinnvoll und zulässig sind, stellt sich bereits in den Anfangsphasen der Konzeption des Tests und seiner Aufgaben. Testzweck, Konstruktdefinition und die Erstellung von Testspezifikationen sollten von der Frage der

Auswertung und Interpretierbarkeit der Ergebnisse geleitet werden. Am Ende des Zyklus soll sich diese Frage möglichst eindeutig beantworten lassen. Es gilt genau zu überlegen, was Testergebnisse bedeuten (und was nicht), inwieweit diese generalisierbar sind und welche Entscheidungen auf der Grundlage einzelner Testergebnisse zulässig und sinnvoll erscheinen. Auch diese Überlegungen und Entscheidungen sind leichter im Team zu treffen, auszuhandeln und zu kommunizieren als als Einzelperson.

Entscheidungen dieser Art können die Erstellung und Verwendung von zukünftigen Tests betreffen und weitere Testentwicklungszyklen beeinflussen, beziehen sich jedoch in den meisten Fällen in erster Linie auf das zukünftige Lernen und Lehren. Mit der Information darüber, was von SchülerInnen gelernt wurde und was (noch) nicht, können zukünftige Lernziele im Fremdsprachenunterricht festgestellt und definiert werden. Mit Ergebnissen, die die spezifischen Stärken und Schwächen von individuellen SchülerInnen oder SchülerInnengruppen belegen, können gezielt Fördermaßnahmen gesetzt werden. Mit Daten über den Stand der Lesefertigkeit einer gesamten nationalen Jahrgangsstufe können bildungspolitische Entscheidungsprozesse evidenzbasiert und systemisch in Gang gesetzt und entsprechende Maßnahmen etabliert werden. All dies bedingt jedoch eine qualitativ hochwertige Entscheidungsgrundlage, die durch das umsichtige Durchlaufen eines Testentwicklungszyklus sichergestellt wird.

Arbeitsaufträge und Diskussionsfragen

1. Vergleichen Sie die Testspezifikationen eines Tests (z. B. SRDP, https://tinyurl.com/jp3yjtf [21. 09. 2017]) mit der folgenden Checkliste für Testspezifikationen von Alderson, Clapham & Wall (1995). Sind alle Punkte der Checkliste umgesetzt worden? Wie wurden die Beschreibungen formuliert? Könnten Sie auf Basis dieser Spezifikationen eine Prüfungsaufgabe erstellen?

   - Testzweck
   - Beschreibung der TestkandidatInnen (Alter, Geschlecht, Schulstufe, Lernjahr etc.)
   - Schwierigkeit (GeR-Niveau)
   - Konstrukt
   - Beschreibung / Nennung von passenden Lehrbüchern
   - Art und Anzahl der Testkomponenten (Schreiben, Leseverstehen, Hörverstehen, Sprechen, Sprachgebrauch im Kontext)
   - Zeitrahmen und Gewichtung jeder Testkomponente
   - Zielsprachgebrauch
   - Berichte und Aufsätze schreiben als auch Hör- und Lesetexte (z. B. detailliert) verstehen
   - Sprachelemente: grammatische Strukturen, lexikalische Elemente, Funktionen
   - Testaufgaben: objektiv, simuliert authentisch, diskret, integriert
   - Testformate: z. B. *multiple choice*, Lückentext, Kurzantworten, Bildbeschreibung, Rollenspiel, Aufsatz
   - Testanweisungen
   - Bewertungskriterien
   - Punktevergabe / Benotung
   - Beispieltest
   - Beispielperformanzen

   (Alderson, Clapham & Wall 1995, 38)

2. Stellen Sie sich vor, Sie unterrichten mit mehreren KollegInnen parallele Klassen an einer Schule. Ziel ist es, dass alle Klassen- / Schularbeiten über die Klassen hinweg vergleichbar sein sollten. Erstellen Sie zuerst einen inhaltlichen Fahrplan für alle Klassen- / Schularbeiten eines Lernjahres und verschriftlichen Sie dann die Testspezifikationen für eine Klassen- / Schularbeit.

Weiterführende Literatur

Davidson, F. & Lynch, B. K. (2002): *Testcraft. A Teacher's Guide to Writing and Using Language Test Specifications*. New Haven, London: Yale University Press.
In sieben Kapiteln bieten die Autoren eine handwerkliche Anleitung für die Erstellung von Sprachtests, die kriterienorientiert, zuverlässig und genau das messen, was sie beabsichtigen zu messen. Wie Spezifikationen erstellt und Items und Aufgaben geschrieben werden, wird als machbarer Prozess beschrieben, der allen LehrerInnen einen Zugang ermöglichen soll, Tests flexibel nach individuellen Bedürfnissen zu erstellen.

Fulcher, G. (2010): *Practical Language Testing*. London: Hodder Education.
Einführungswerk zum Sprachtesten, das prozedural aufgebaut ist, d. h. sich in seiner Struktur am Testentwicklungszyklus orientiert. Überlegungen zu den einzelnen Phasen werden im Detail diskutiert.

Fulcher, G. & Davidson, F. (2009): „Test Architecture, Test Retrofit". In: *Language Testing* 26 (1), 123–144.
Fulcher & Davidson vergleichen in diesem Artikel die Testkonstruktion mit der Konstruktion eines Gebäudes. Ein etwas technischer und theorielastiger Artikel, der nichtsdestotrotz aufgrund der Architekturmetapher wichtige Problemstellungen in Bezug auf Testzwecke illustriert.

6. Rezeptive Fertigkeiten überprüfen und bewerten

Wolfgang Stadler

Kann-Beschreibungen

Ich kann

- Komponenten einer Lese- und Hörverstehensleistung erklären.
- Lese- und Hörverstehensziele erläutern.
- die GeR-Skalen für Lese- und Hörverstehen nennen und anwenden.
- Lese- und Hörstrategien benennen.
- Gemeinsamkeiten und Unterschiede bei der Überprüfung von Lese- und Hörverstehensprozessen aufzeigen.
- Besonderheiten der Überprüfung der rezeptiven Fertigkeiten erklären.
- Testformate für die Überprüfung rezeptiver Fertigkeiten beschreiben.
- Schwierigkeiten und Herausforderungen des integrierten Testens benennen.

Die rezeptiven Fertigkeiten Hören und Lesen lösen höchst komplexe und simultan ablaufende kognitive Vorgänge in den Köpfen von Sprachlernenden aus, wenn diese den Sinn eines Textes zu erfassen versuchen. Die mentalen Vorgänge bei Hör-, Lese- sowie Hör- / Sehverstehen entziehen sich jedoch einer direkten Beobachtung und können daher auch nicht direkt überprüft werden.

Die Fertigkeiten Hören und Lesen können nicht direkt überprüft werden.

In der Testsituation ist lediglich ein Produkt dieser kognitiven Vorgänge, z. B. die Zuordnung von Satzteilen zu getilgten Passagen in einem Lesetext, bewertbar und nicht der Prozess selbst. Das mag vielen als Einschränkung erscheinen, vor allem, wenn in der Testsituation die Nutzung integrierter Fertigkeiten oder die kreative (Um-)Gestaltung publizistischer oder belletristischer Texte nach der Lektüre angedacht ist. Aber nicht alles, was gelehrt und im Unterricht bearbeitet wird, soll bzw. kann auch getestet werden. Wenden wir uns im folgenden Abschnitt dem Konstrukt der rezeptiven Fertigkeiten zu, das ihrer Überprüfung zugrunde gelegt werden soll.

6.1 Die rezeptiven Fertigkeiten Lese- und Hörverstehen

Um Lese- oder Hörverständnis zu überprüfen, ist es notwendig zu wissen, welche Komponenten eine Lese- oder Hörleistung ausmachen. Visuelle und auditive Texte werden auf zwei Arten verarbeitet, die miteinander interagieren und einerseits im datenverarbeitenden (*bottom up*), andererseits im hypothesenbildenden Modell (*top down*) nachgezeichnet werden können. Datenverarbeitung bedeutet hier zunächst das (automatische) Erkennen und Dekodieren von einzelnen Graphemen bzw. Phonemen auf Lexemebene (lexikalisches Wissen). Weitere wesentliche

Bottom up-Prozesse sind datengeleitet, *top down*-Prozesse konzept- bzw. hypothesengeleitet.

Komponenten einer Lese- / Hörleistung sind jene der Datenverarbeitung auf Satz- (syntaktisches Wissen) und Textebene (diskursives Wissen). Gute und effiziente LeserInnen aktivieren zudem ihr Hintergrund- respektive Weltwissen sowie ihre Fähigkeit zu Synthese und Evaluation, d. h. sie stellen Hypothesen auf und überprüfen diese, beobachten kritisch ihr eigenes Leseverhalten, fassen Gelesenes zusammen bzw. ergänzen Gehörtes durch Vorgänger- oder Situationsinformation und evaluieren bzw. steuern den Lese- / Hörprozess (vgl. Grabe 2009b, 228): Wurde das Gelesene / Gehörte verstanden? Werden Lese- / Hörerwartungen erfüllt bzw. durch den Text widerlegt?

Diese getrennte Darstellung nach *bottom up*-Vorgehen einerseits und *top down*-Vorgehen andererseits ist jedoch wenig adäquat, um den komplexen Leseprozess insgesamt treffend zu beschreiben (vgl. Alderson 2005a). Viele der genannten Vorgänge laufen parallel ab: „Processing, in fact, is now thought to be parallel rather than serial" (Alderson 2005a, 18 mit Verweis auf Grabe 1991). Während LeserInnen die Möglichkeit haben, ihr Lesetempo selbst zu bestimmen, auf nicht verstandene Textelemente oder Informationsteile immer wieder rekurrieren können, um das Verstehen anhand des vorliegenden Textes zu überprüfen, haben HörerInnen diese Möglichkeit nicht: Das Hörverstehen bleibt aufgrund der schnellen Verarbeitung in Echtzeit approximativ (vgl. Buck 2010, 6). Hörende haben keinen Einfluss auf Variablen wie z. B. Sprechtempo, Artikulation oder Akzent der Sprechenden und sie können auf den Hörtext nur aus dem Kurzzeitgedächtnis zurückgreifen. Ott (1995) spricht deshalb von der „schwierigsten kognitiven Leistung" im Fremdsprachenunterricht, weil die nur punktuell zur Verfügung stehende Information bewirkt, dass „die Interpretation eingegangener Information und [das] Speichern gleichzeitig geschieht" (Ott 1995, 518).

Das im Folgenden skizzierte Modell zum Leseverstehen (nach Nold & Willenberg 2007) wird den neueren interaktiven Modellen, die Leseprozesse als parallel ablaufend auffassen, eher gerecht. Die einzelnen Phasen, die im Zentrum der Leseprozesse stehen, wie z. B. das Erkennen und Verarbeiten von (expliziten und impliziten) Informationsteilen, die Aktivierung von Welt- und Hintergrundwissen, das Verstehen einzelner Details und Textelemente, (im Idealfall) das Verbinden und Integrieren derselben sowie das Interpretieren, Inferieren und Reflektieren von Informationsteilen und Zusammenhängen sowohl auf lokaler als auch globaler Textebene (Bildung eines „mentalen Modells" des Gelesenen), sind graphisch (s. Abb. 1) folgendermaßen veranschaulicht:

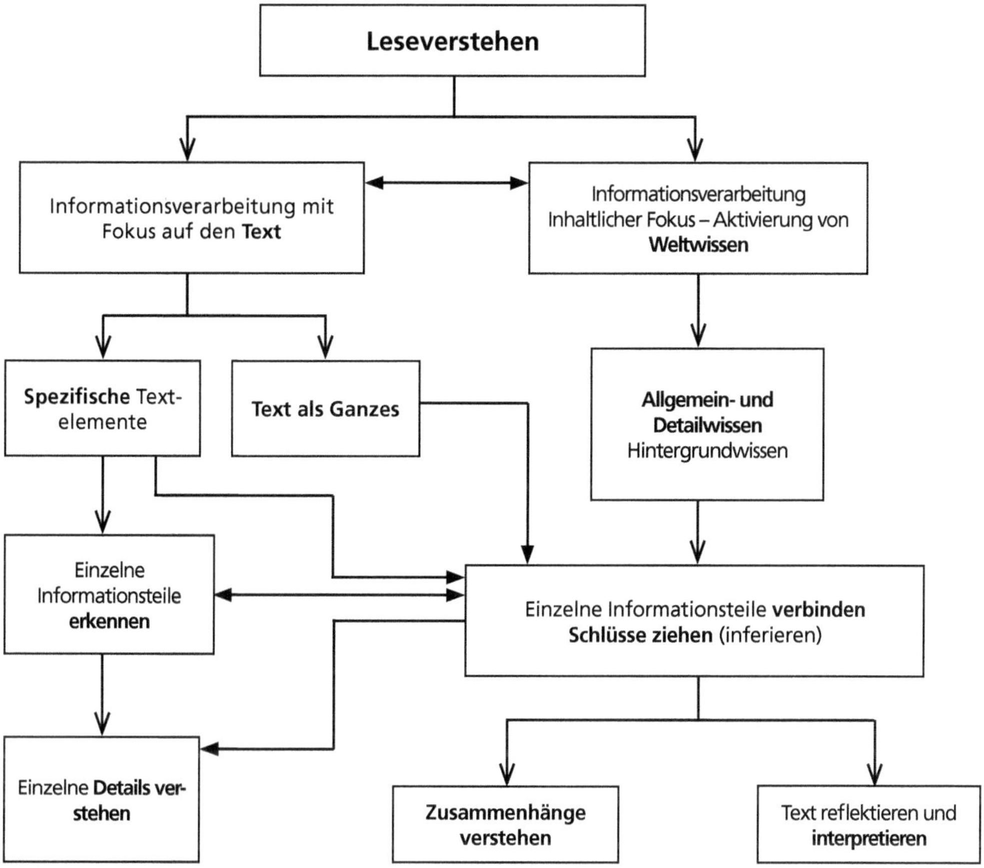

Abb. 1: Testkonstrukt Leseverstehen nach Nold & Willenberg (2007, 38)

Die Autoren des Modells halten fest, dass die von der Forschung immer wieder postulierten Teilbereiche des Leseverstehens eher „interpretativ“ begründet als empirisch abgesichert sind (vgl. Nold & Willenberg 2007, 26, mit Verweis auf Alderson 1990a). Die Teilbereiche umfassen meist zwischen fünf und sieben Komponenten, die die Ebene des Dekodierens und Verarbeitens von Wörtern und Sätzen, die Ebene der Konstruktion von Bedeutung und die Ebene der Entwicklung eines mentalen Modells betreffen. Grabe (1991) benennt sechs solcher Komponenten: automatische Dekodierung; lexikalisches und grammatikalisches Wissen; diskursives Wissen; Hintergrundwissen zu Inhaltswörtern; Strategien zur Synthese und Evaluation; Steuerungs- und Kontrollwissen (vgl. Nold & Willenberg 2007, 25). Diese Komponenten erfordern interaktive Prozesse, die simultan ablaufen und gemeinsam mit den Strategien zur Erkennung, Verknüpfung, Schlussfolgerung und Evaluierung das komplexe Konstrukt Lesen ausmachen. Im o. a. Modell bedeutet Fokussierung auf den Text sowohl die Dekodierung einzelner Textelemente als auch des Textes als Ganzes. Um

Testkonstrukt Leseverstehen nach Nold & Willenberg (2007)

Einzelinformationen und Details zu verstehen, werden auf der Satz- und Textebene lexikalisches und grammatikalisches Wissen aktiviert, um die gewonnene Information zu verarbeiten, während auf der Inhaltsebene Hintergrund- und Weltwissen eingesetzt werden. Sprachliches Wissen und kulturell determiniertes Wissen agieren miteinander (vgl. Ott 1995, 515). Gleichzeitig kümmert sich ein / eine effiziente / r LeserIn um die Steuerung des Verstehensprozesses und die Konstruktion der Bedeutung. Das setzt das Erkennen und Verbinden einzelner Informationsteile voraus, um Schlussfolgerungen ziehen zu können. Das Konstrukt umfasst also einerseits das explizite und implizite Erkennen und Verknüpfen von Details, das Verstehen und Verbinden von (Einzel-)Information(en) im Text sowie andererseits das Verstehen von Zusammenhängen, die Interpretation und Reflexion des Gelesenen. Letzteres – Verstehen, Interpretieren, Reflektieren – hat in Nold & Willenbergs Modell (2007, 37) einen zentralen Stellenwert.

Für das Hörverstehen präsentiert Field (2009) ein prozessorientiertes Modell (s. Abb. 2) und verweist dabei auf drei Ebenen, auf denen Bedeutung von Gehörtem immer wieder neu konstruiert wird: Am Anfang steht nach jeder Intonationseinheit die Ebene der Proposition, auf der der Inhalt bzw. Sachverhalt des Gehörten abstrahiert wird, da es unmöglich ist, (die) einzelne(n) Äußerung(en) Wort für Wort bzw. Satz für Satz der Reihe nach im Gedächtnis zu behalten. Diese vorerst noch bloße Bedeutung wird auf der nächsten Ebene, der Kontextebene, mit Hintergrundwissen, dem Wissen über das Gesprächsthema und dem Wissen über den / die SprecherIn und die Gesprächssituation angereichert, bis eine Idee oder Repräsentation der Bedeutung (*meaning representation*) entsteht. Diese knüpft dann auf der dritten und letzten Ebene an alles Weitere des inzwischen Gehörten und im Gedächtnis Abgelegten an, sodass eine Diskursidee (*discourse representation*) entsteht, die – falls das Gespräch weiter andauert – jederzeit veränder- und erweiterbar ist (vgl. Field 2009, 209 ff.). Die Bedeutung einer Äußerung wird also mit Hilfe verschiedener Wissensquellen (Weltwissen, thematisches Wissen, kulturspezifisches Wissen etc.) auf der Wort- und Satzebene abgeleitet, durch Inferenzziehung angereichert und situationsbezogen auf relevante bzw. redundante Information überprüft, die – falls Konsistenz für den Diskurs erkannt wird – mit den bereits abgespeicherten Gedanken verbunden wird (vgl. auch Dietz 2013).

Testmodell Hörverstehen nach Field (2009)

6.1.1 Lese- und Hörverstehensziele

Der GeR benennt vier Absichten, mit denen die primäre rezeptive Aktivität Hören und die sekundäre rezeptive Aktivität Lesen verbunden sein können, und bezieht sich damit auf die Intentionen, denen zufolge wir hören oder lesen (Europarat 2001, 4.4.2.2, 4.4.2.3). Anders gesagt: Welches Ziel verfolgen wir, wenn wir einen Text hören oder lesen?

Intentionen eines / einer LeserIn / HörerIn: globales Verständnis, selektives Verständnis, detailliertes Verständnis, Schlussfolgerungen ziehen

Amplifying what the speaker says

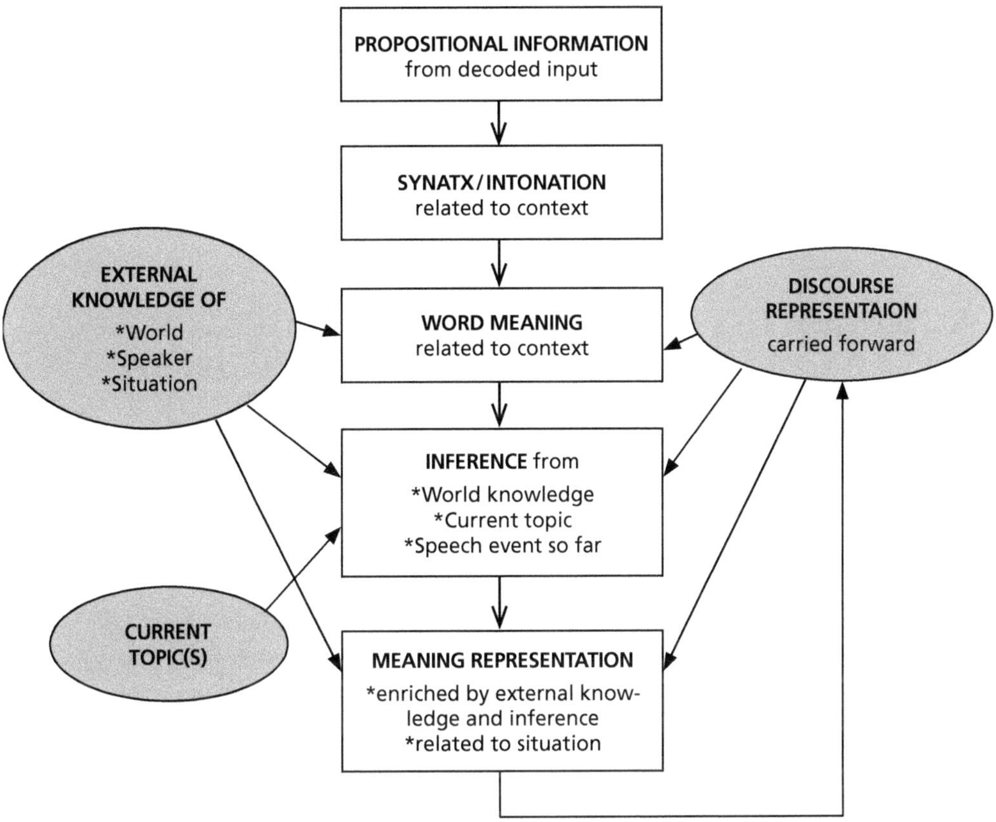

Abb. 2: *Building a Meaning Representation*: Hörverstehen nach Field (2009, 2011)

- Wir können einen Text global verstehen wollen (wissen wollen, worum es in dem Text geht);
- wir können nach spezifischer Information suchen (selektives Verstehen);
- wir wollen den Text ganz genau mit möglichst allen seinen Einzelheiten erfassen (detailliertes Verstehen);
- wir müssen Schlussfolgerungen ziehen (z. B. welche Absicht verfolgt der / die AutorIn, der / die ErzählerIn oder eine bestimmte Person).

Jede einzelne Zielsetzung legt einen anderen Lesestil nahe: Will ich annähernd wissen, was die Botschaft eines Textes ist, so genügt es, ihn zu überfliegen (globales oder orientierendes Lesen; *reading for gist, skimming*). Will ich eine bestimmte (einzelne) Information im Text finden, so lese ich selektiv und gezielt (suchendes Lesen; *search reading, scanning for specific details*). Ein detailliertes Leseverstehen erfordert intensives und genaues Lesen (exaktes Lesen;

careful and intensive reading). Wenn wir die Hauptpunkte (B1-Niveau nach GeR) bzw. Hauptaussagen (B2-Niveau nach GeR) eines Textes erfassen wollen, so kann eine Kombination unterschiedlicher Lesestile notwendig sein, indem wir mehrmals zu einzelnen Textpassagen zurückkehren und sie unterschiedlich lesen (kursorisches Lesen; *receptive reading*). Allerdings wird der Lesestil „Hauptpunkte und Hauptaussagen verstehen" im GeR nicht explizit genannt; die Begriffe Hauptpunkt (*main point*) und Hauptaussage (*main idea*) kommen lediglich in Skalen zum Hörverstehen („Hörverstehen allgemein" oder „Als Zuschauer/Zuhörer im Publikum verstehen") als B1- bzw. als B2-Deskriptor vor; in Skalen zum Leseverstehen fehlen sie vollständig[21]. Abgesehen davon sind im GeR (Europarat 2001, 4.4.2.1) für die auditiven rezeptiven Aktivitäten dieselben Ziele angeführt wie für die visuellen: globales Hören, selektives Hören, detailliertes Hören und Schlussfolgerungen ziehen.

Sehr ähnlich sind auch die Ziele für Hören und Lesen in einem deutschen Rahmenlehrplan für die Sekundarstufe II (Berlin) im Unterrichtsfach Russisch beschrieben (vgl. Senatsverwaltung für Bildung, Jugend und Familie Berlin 2017).

Die SchülerInnen

- verstehen die Hauptaussagen sowie gezielt Einzelinformationen längerer Hörtexte bzw. Hör- und Sehtexte zu überwiegend vertrauten Themen in der Standardsprache.
- folgen komplexen argumentativen Äußerungen, sofern die Thematik überwiegend vertraut und der Gesprächsverlauf durch explizite Signale gekennzeichnet ist.
- verstehen authentische, lebensweltorientierte Texte unterschiedlicher Länge, primär Sach-, daneben auch Fach- und einfache literarische Texte weitgehend, wenn sie in der Standardsprache verfasst sind; sie entnehmen dem Text Argumente und Schlussfolgerungen.

Kompetenzbeschreibung Hören/Lesen im GeR und in einem deutschen Rahmenlehrplan für die Sekundarstufe II

Um dem Konstrukt, d.h. den unterschiedlichen Zielen – globalem, selektivem, detailliertem und inferierendem Lesen bzw. Hören – bei der Erstellung von Lese- bzw. Hörverständnisaufgaben gerecht zu werden, empfiehlt es sich, ein *text mapping* durchzuführen (s. dazu Abschnitt 5.4). Wagner & Werry (2015, 585) geben Empfehlungen, wie ein solches *mapping* bei Aufgaben zum rezeptiven Textverstehen mit FachkollegInnen in der Schule durchgeführt werden könnte.

Audiovisuelle Rezeption kommt im GeR (Europarat 2001, 4.4.2.3) nur am Rande vor; entsprechend gibt es auch nur eine Skala „Fernsehsendungen und Filme verstehen" und die erwähnten Aktivitäten beschränken sich auf „einen vorgelesenen Text mitlesen", „eine Fernsehsendung, ein Video oder einen Film mit Untertiteln ansehen" und „die Nutzung neuer Technologien (z.B. Multimedia oder CD-ROM)". Digitale Medien und ihre Rezeption haben bedingt durch

Skalen zur visuellen, auditiven und audiovisuellen Rezeption im GeR

21 DIALANG testet z.B. globales Leseverstehen (*understanding the main idea*), Inferieren bzw. Schlussfolgerungen ziehen (*making inferences*) und detailliertes Lesen (*understanding specific details*) (vgl. Harding, Alderson & Brunfaut 2015, 321f.).

seinen Entstehungskontext bisher keinen Eingang in den GeR gefunden. Die Bedeutung des Online-Lesens hat jedoch bereits zugenommen und wird das Lesen von gedruckten Texten wohl weiter in den Hintergrund drängen, was zweifellos einen Einfluss auf das Konstrukt von Lesen haben wird (vgl. Grabe & Jiang 2014, 14)[22].

Visuelle Rezeption	Auditive Rezeption
Leseverstehen allgemein	Hörverstehen allgemein
Korrespondenz lesen und verstehen	Gespräche zwischen Muttersprachlern verstehen
Zur Orientierung lesen	Als ZuschauerIn/ZuhörerIn im Publikum verstehen
Information und Argumentation	Ankündigungen, Durchsagen und Anweisungen verstehen
Schriftliche Anweisungen verstehen	Radiosendungen und Tonaufnahmen verstehen
Audiovisuelle Rezeption	
Fernsehsendungen und Filme verstehen	

Tab. 1: GeR-Skalen Visuelle, Auditive und Audiovisuelle Rezeption (Europarat 2001, 4.4.2.1; 4.4.2.2)

Sowohl die GeR-Skalen als auch die Modelle von Nold & Willenberg (2007) und Field (2009) benennen Lese- und Hörprozesse, die unser Verständnis dieser rezeptiven Aktivitäten ausmachen: Informationen (aus einem visuellen oder auditiven Text) ermitteln, diese Informationen kombinieren, interpretieren und evaluieren sowie über diese Informationen reflektieren. Nur wenn Testaufgaben diesem Konstrukt (in repräsentativer Weise) gerecht werden, können valide Aussagen über die Hör- und Lesekompetenz der LernerInnen gemacht werden.

6.1.2 Lese- und Hörstrategien

Der GeR bezeichnet als Strategie „jede organisierte, zielgerichtete und gelenkte Abfolge von Handlungen oder Prozessen, die eine Person wählt, um eine Aufgabe auszuführen" (Europarat 2001, 2.1, 22). Dabei erscheinen folgende Strategien als wesentlich: Identifizieren des Kontextes, Aktivieren von Schemata, Hypothesenbildung, Identifizieren und Erschließen von Hinweisen (Inferieren). Für die letztgenannte Strategie des Inferierens, „Hinweise identifizieren / erschließen", werden im GeR auch Kann-Beschreibungen genannt, so z. B. auf B1-Niveau: „Kann die Bedeutung einzelner unbekannter Wörter aus dem Kontext erschließen und die Satzbedeutung ableiten, sofern das behandelte Thema vertraut ist" (Europarat 2001, 4.4.2.4, 78). Die anderen Rezeptionsstrategien sind jedoch leider nicht beschrieben, was einer nicht vollständigen Erfassung des Konstrukts gleichkommt.

Erfolgreiche LeserInnen und HörerInnen setzen Verstehensstrategien ein.

22 Der GeR scheint der fortschreitenden Digitalisierung in der kürzlich abgeschlossenen Überarbeitung (s. Kapitel 2) Rechnung zu tragen.

Die Modelle von Nold & Willenberg (2007) und Field (2009) zeigen, dass kompetente LeserInnen und HörerInnen Verstehensstrategien nutzen, wenn sie sinnerfassend lesen bzw. hören wollen. Diese Strategien können aber keiner direkten Messung respektive Überprüfung zugeführt werden: d. h. wir wissen nicht, ob bzw. welche rezeptiven Strategien beim Lesen oder Hören eingesetzt wurden, welche Strategien zielführend waren und ob sich die Strategien, die in einer Testsituation eingesetzt wurden, von jenen beim Lesen oder Hören in realen Situationen in der Zielsprache unterscheiden oder nicht.

6.2 Rezeptive Fertigkeiten überprüfen

Als TesterstellerIn sollte man sich darüber im Klaren sein, dass z. B. Ankündigungen, Durchsagen, Anweisungen etc. im wirklichen Leben meist ein Verhalten oder Handeln auslösen (können), das in der entsprechenden Situation als angemessen erachtet bzw. erwartet wird. Niemand wird in solch einer Situation jedoch verlangen, das Gehörte oder Gelesene schriftlich zusammenzufassen, es auswendig zu memorieren oder aus der Sicht einer anderen (nicht betroffenen) Person nachzuerzählen. Ein Testformat, das eine Auswahl an möglichem Verhalten zulässt oder eine Zuordnung von Handlungen auslöst, wäre also in diesem Fall angemessen bzw. wünschenswert, um z. B. eine Hörverstehensleistung zu überprüfen und zu bewerten. Denken wir an eine Durchsage als Beispiel für transaktionales Hören, wie wir sie schon oft am Beginn eines Fluges gehört haben:

> In the event of a decompression, an oxygen mask will automatically appear in front of you. To start the flow of oxygen, pull the mask towards you. Place it firmly over your nose and mouth, secure the elastic band behind your head, and breathe normally. Although the bag does not inflate, oxygen is flowing to the mask. If you are travelling with a child or someone who requires assistance, secure your mask on first, and then assist the other person. (https://tinyurl.com/obyllmk [21. 09. 2017])

Stellen wir uns dazu die Bilder aus der *Safety Instruction Card* aus der Tasche des Vordersitzes vor:

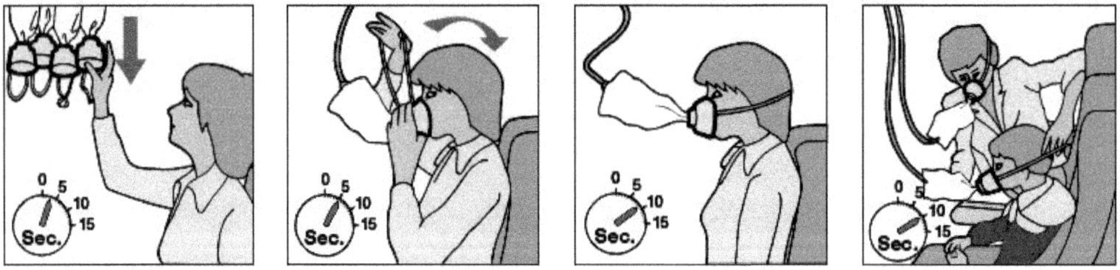

Abb. 3: *Safety card – oxygen masks* (https://tinyurl.com/ycd3mkbe [21. 09. 2017])

Ein / eine TesterstellerIn könnte nun auf den Gedanken kommen, auf der Basis des gehörten (nicht des verschriftlichten) Textes und mithilfe der Bilder in Abb. 3 Items für eine Höraufgabe zu erstellen, die dem Zweck des Textes und seiner Situation entsprechen, Instruktionen in einer Fremdsprache zu verstehen. Dabei müsste aber ausgeschlossen werden, dass die erstellte Aufgabe allein auf der Basis von Welt- bzw. Hintergrundwissen gelöst werden kann. Es soll ja nicht überprüft werden, was eine Person weiß, sondern ob sie in der erworbenen Fremdsprache z. B. Anweisungen versteht, die langsam und deutlich an ihn / sie gerichtet werden (A1-Niveau nach GeR), oder ob er / sie technische Informationen wie z. B. Bedienungsanleitungen für Geräte des täglichen Gebrauchs verstehen kann (B1-Niveau nach GeR). Hintergrund- und Weltwissen sind zwar hilfreich und werden bei Hör- und Leseaufgaben selbstverständlich aktiviert; wenn die Aufgabe aber ausschließlich mit Weltwissen zu lösen ist, ohne dass der Text gelesen oder gehört werden muss, würde konstrukt-irrelevantes Wissen überprüft werden (s. Abschnitt 4.1.3). Zu bedenken ist in dem Fall auch, dass solch eine Aufgabe für „VielfliegerInnen" viel leichter zu lösen ist als für jene, die noch nie oder nur selten geflogen sind. Man würde also weder eine reliable noch eine valide Aussage über das Hörverständnis der einzelnen TestkandidatInnen machen, sondern vielmehr Aussagen über ihre Erfahrung als FliegerInnen treffen.

Konstrukt-irrelevante Varianz eines Tests: Aufgabe soll nicht ausschließlich mit Weltwissen oder außerhalb des Konstrukts liegenden Fertig- oder Fähigkeiten lösbar sein.

6.2.1 Gemeinsamkeiten und Unterschiede der Überprüfung von Lese- und Hörverstehen

Hören und Lesen sind keine passiven Fertigkeiten, sondern höchst komplexe, dynamische Prozesse und entsprechend schwer zu überprüfen. Hör- und Leseaufgaben ist gemeinsam, dass ein auditiver bzw. visueller Input mithilfe eines entsprechenden Hör- bzw. Lesestils und / oder geeigneter Strategien decodiert wird, um den Sinn des Textes zu erfassen. Der sprachliche Input für Hör- bzw. Leseverstehensaufgaben unterscheidet sich aber: Für erstere ist der Input ein (von einem oder mehreren Sprechern) gesprochener, für letztere ein geschriebener Text. Das mag zwar auf der Hand liegen, es finden sich aber nach wie vor Testaufgaben, die das Hörverstehen (ausschließlich) auf der Basis vorgelesener geschriebener oder verschriftlichter Texte überprüfen. Doch gesprochene und geschriebene Sprache differieren wesentlich voneinander. Als Besonderheiten von Mündlichkeit wären Flüchtigkeit, Spontaneität, Prosodie, Dialogizität, Situationsgebundenheit, Ellipsenbildung, Elision, Gliederungssignale, Abtönungspartikeln, Pausen oder parasprachliche Erscheinungsformen zu nennen; während zu den Besonderheiten der Schriftlichkeit Stabilität, Normierung, Monologizität, komplexere sprachliche Strukturen und eine längere Verarbeitungszeit zählen. Diese Unterschiede müssen wesentliche Konstituenten bei der Überprüfung der rezeptiven Aktivitäten darstellen (vgl. Green 2014, 104).

Der sprachliche Input beim Hör- und Leseverstehen unterscheidet sich: geschriebene vs. gesprochene Sprache.

Höraufgaben konfrontieren TesterstellerInnen mit einer Reihe von Problemen, die bei Leseaufgaben keine Rolle spielen, wie etwa: Wie soll der Hörtext präsentiert werden – live gesprochen oder aufgezeichnet? Wann sollen die Testitems präsentiert werden: vor dem Hören oder während des Hörens? Soll der Hörtext einmal oder zweimal vorgespielt werden? Wie schnell darf gesprochen werden? Welche Besonderheiten spontaner, gesprochener Sprache muss der

Text unbedingt enthalten? Enthalten authentische Texte genug Information, um ausreichend Testitems erstellen zu können? Kann neben *one-way listening* (transaktionales Hören) auch *two-way listening* (interaktionales Hören) getestet werden? Und können Hör- / Sehtexte kompensieren, was Hörtexte im Bereich der nonverbalen Kommunikation nicht leisten?

Wie oben bereits festgehalten, können die dynamischen, kognitiven rezeptiven Prozesse nicht erfasst, geschweige denn gemessen werden, sondern wir können nur auf der Basis eines fertigen Produktes entscheiden, ob mithilfe eines bestimmten Testformats die Bedeutung eines Textes oder der Sinn einer Radio- oder Filmsequenz erfasst wurde. Des Weiteren wird man sich bei der Überprüfung von Hörverstehen meist auf das transaktionale Hören beschränken (interaktionales Hören wird als Teil der Fertigkeit Sprechen indirekt mitbewertet) und bei der Bewertung rezeptiver Fertigkeiten mit einem statischen Produkt zufriedengeben müssen, das aber bestmöglich Aufschluss darüber geben soll, wie gut bzw. wie erfolgreich die Lese- oder Hörleistung (auch im Vergleich mit Lese- / Hörleistungen in der wirklichen Welt) erbracht wurde.

Hör- / Leseverstehen kann nur auf der Basis eines Produkts mithilfe eines bestimmten Aufgabenformats überprüft werden.

Um der Zielsprache und ihrer Verwendung in einzelnen Domänen (*target language use domain*) gerecht zu werden, empfehlen Bachman & Palmer (1996, 47 ff.), sich an einen Rahmen von Testaufgabencharakteristika zu halten, die folgende fünf Punkte beinhalten: Setting, Instruktion, Input, erwartete Reaktion (Produkt / Output) sowie Relation zwischen Input und Produkt / Output. Wagner (2014, 13) empfiehlt, Hör- und Leseaufgaben so authentisch wie möglich zu gestalten und an Hör- bzw. Lesesituationen in der Zielsprache auszurichten. Integrative Aufgaben, in denen Fertigkeiten wie Lesen und Schreiben / Sprechen oder Hören und Sprechen / Schreiben kombiniert werden, wären authentischen Aufgaben (*real life tasks*) wesentlich ähnlicher und damit auch wünschenswert, doch werfen sie Fragen nach der Reliabilität bzw. Validität des Lesens und Hörens auf. Der Output bzw. das Produkt einer integrierten Aufgabe (*integrated task*) ließe keine analytische Überprüfung der rezeptiven Fertigkeit(en) bzw. auch kein differenziertes Feedback zu diesen zu, denn das Produkt, das bewertet wird, wäre ja eine Schreib- bzw. Sprechperformanz (vgl. Stadler 2016b, 217). Die Globalbewertung eines *integrated task* – z. B. hinsichtlich Aufgabenerfüllung (*task fulfilment*) – mag zwar reliabel sein, sie wäre aber nicht valide, würde man das Ergebnis am Konstrukt des Testens rezeptiver Fertigkeiten in *independent tasks* messen.

6.3 Aufgabenformate für die Überprüfung rezeptiver Fertigkeiten

Welche Aufgabenformate eignen sich nun für das Überprüfen rezeptiver Fertigkeiten? Für das Testen rezeptiver Fertigkeiten können sowohl halb-offene als auch geschlossene Testaufgaben eingesetzt werden. Als halb-offene Formate gelten Kurzantworten, als geschlossene z. B. *multiple choice*- oder Einfachwahlaufgaben, Ergänzungsaufgaben respektive *note taking* (das Vervollständigen von Sätzen oder Tabellen) und Zuordnungsaufgaben. Geschlossene Aufgabenformate garantieren durch ihre dichotome Bewertung eine höhere Auswertungsobjektivität (vgl. u. a. Hinger 2016b, 114; Purpura 2004, 135). Die genannten Aufgabenformate eignen sich sowohl für Hör- als auch für Leseverständnistests. Für eine Zuordnungsaufgabe von Sätzen oder Satzteilen zu fehlenden Textstellen können je nach Textlänge (300–450 Wörter) zwischen sechs bis zehn getilgte Passagen (inkl. Beispiel) gewählt werden[23].

Halb-offene wie auch geschlossene Aufgabenformate kommen bei der Überprüfung des Lese- und Hörverständnisses zum Einsatz.

Ausschließlich für das Testen des Leseverstehens kommen Aufgaben des Typs ‚Richtig / Falsch / Begründung', das Zuordnen von Sätzen oder Satzteilen zu Lücken im Text bzw. das Zuordnen von Überschriften zu ausgewählten Absätzen sowie die Wiederherstellung der Reihenfolge einzelner Textpassagen zum Einsatz, weil TestkandidatInnen die Möglichkeit haben, mit dem Lesetext vor Augen zu arbeiten. Bei der Auswahl geeigneter Lesetexte sollte darauf geachtet werden, bekannte Texte, wie Lehrbuchtexte oder auch im Unterricht besprochene literarische Texte, zu vermeiden, wenn das Textverständnis und nicht das Memorieren eines vertrauten Inhalts und damit eher die Gedächtnis- als eine Sprachleistung überprüft werden soll.

Aufgabenformate zur Überprüfung der Fertigkeit Lesen: Angabe von ‚Richtig / Falsch / Begründung', Kurzantworten, *multiple choice-* / Einfachwahlaufgaben, Ergänzungsaufgaben, Zuordnungsaufgaben und die Wiederherstellung der Reihenfolge einzelner Textpassagen

Nur für das Testen des Hörverstehens eignen sich ‚Richtig / Falsch'-Aufgaben, wie sie auch häufig in Lehrbüchern zu finden sind. In der Testsituation ist allerdings zu bedenken, dass diese Aufgaben zwar schnell auswertbar sind, aber eine 50:50 Chance besteht, die richtige Antwort zu erraten. Geratene Ergebnisse stehen im Widerspruch zu einer reliablen Messung. Bei Hörtexten sollte pro Minute ein Maximum von drei bis vier Items eingehalten werden: „Speech takes place in real time, in the sense that the text is heard only once, and then it is gone" (Buck 2010, 6).

Aufgabenformate zur Überprüfung der Fertigkeit Hören: Angabe von ‚Richtig / Falsch', Kurzantworten, *multiple choice-* / Einfachwahl-, Ergänzungs- und Zuordnungsaufgaben

Mündliche und schriftliche Texte, die eine humoristische Note enthalten, könnten für SchülerInnen bis B2-Niveau nach GeR eine gewisse Schwierigkeit darstellen, die es zu bedenken gilt.

In Österreich werden bei der SRDP folgende Aufgabenformate eingesetzt, um das Hör- und Leseverständnis zu überprüfen (vgl. https://tinyurl.com/y94ducet [21. 09. 2017]):

Hören: vier Aufgabenstellungen zu vier unterschiedlichen Hörtexten; Formate wie *multiple choice-* / Einfachwahlaufgaben, Zuordnen und Kurzantworten (Dauer: 40 Minuten B1, 45 Minuten B2).

Rezeptive Aufgabenformate in der österreichischen SRDP

Lesen: vier Aufgabenstellungen zu vier unterschiedlichen Lesetexten mit Formaten wie ‚Richtig / Falsch / Begründung' (nur B2-Niveau), *multiple choice-* / Einfachwahlaufgaben, Zuordnen und Kurzantworten (Dauer: 60 Minuten).

23 Hinger (2016b, 130–133) beschreibt Aufgabenformate zur Überprüfung rezeptiver Fertigkeiten im schulischen Kontext und analysiert diese (ebd., 134–138).

Grabe & Jiang (2014, 1) bezeichnen manche der o. a. Formate wie *multiple choice*, ‚Richtig / Falsch', Zuordnung und Offene Fragen als limitiert und zu eng, um das Konstrukt Lesen zu testen, das sich in letzter Zeit wesentlich breiter als noch in der 1990er Jahren darstellt (ergänzt um längere Texte und die Fähigkeiten des „lernenden" und „bewertenden" Lesens). Dies hat dazu geführt, dass einerseits u. a. das Schreiben oder Ergänzen von Textzusammenfassungen (*cloze summary*) in *high stakes tests* wie TOEFL oder IELTS wieder aufgenommen und andererseits schnelles Lesen (*reading fluency, scanning, skimming*) aus dem Konstrukt mancher internationaler Tests wie Cambridge *English for Speakers of Other Languages* (ESOL) oder IELTS in jüngster Zeit entfernt wurde (vgl. Grabe & Jiang 2014, 5 f.).

Aufgaben, die rezeptive Fertigkeiten überprüfen, müssen sich auf das oben beschriebene Konstrukt (s. Abschnitt 6.1) bzw. auf repräsentative Teile davon, d. h. auf theoretische und auf ein konkretes Sprachmodell gerichtete Vorstellungen von Lese- und Hörverständnis beziehen. Die Ergebnisse, die ein Hör- oder Lesetest zu Tage fördert, sollen valide Interpretationen über die Fähigkeit der TestkandidatInnen ausschließlich im Bereich des Hörens und Lesens zulassen.

6.4 Integrierte Fertigkeiten überprüfen

Wenn integrierte Fertigkeiten in Testaufgaben Verwendung finden, so kann dies erst auf den GeR-Niveaustufen der selbstständigen oder kompetenten Sprachverwendung geschehen. Auch der seit 2005 eingesetzte (internetbasierte) iBT / *Next Generation* TOEFL Test, der überprüft, ob jemand in der Fremdsprache Englisch jenes Niveau aufweist, das ihm / ihr erlaubt, ein Studium in englischer Sprache an einer US-amerikanischen Universität zu absolvieren (analog zu GeR wäre dies Niveau B2), verwendet integrierte Testaufgaben:

> The purpose of the […] test will be to measure the communicative language ability of people whose first language is not English. […] The test will measure examinees' English-language proficiency in situations and tasks reflective of university life […] where instruction is conducted in English. (ETS 2010, 2)[24]

Als Basis für integrierte Sprech- und Schreibaufgaben dienen meist die rezeptiven Fertigkeiten Hören und Lesen. So werden auch im erwähnten TOEFL iBT Test von sechs Sprechaufgaben zwei unabhängige und vier integrierte *tasks* angeboten, für die Fertigkeit Schreiben zwei, von denen eine als unabhängige und die andere als integrierte Aufgabe konzipiert ist. Im zur Verfügung gestellten TOEFL-Framework (vgl. ebd., 4) wird der integrierte *writing task* wie folgt beschrieben:

Beispiel für eine integrierte Schreibaufgabe: Textpassage lesen + Vorlesung hören → Zusammenfassung schreiben

> On this task, test takers first read a passage; then they listen to a lecture that takes a position that is somehow different from the position presented in the reading passage. Test takers must then, in connected English prose, write a *summary* of the important points in the lecture and explain how these points relate to those in the reading passage.

24 Eine kurze kritische Beschreibung des Tests findet sich in Rupp, Vock, Harsch & Köller (2008, 48).

Der Grund, warum neben isolierten auch integrierte Tasks in den Test Eingang gefunden haben, wird folgendermaßen beschrieben: „[…] these types of tasks […] differ in the nature of discourse produced, thereby broadening representation of the domain of academic language on the test." (https://tinyurl.com/yb76ydfq [21.09.2017]) Es wird also argumentiert, dass integrierte Aufgaben das Diskursspektrum des akademischen Englisch in breiterer Form abbilden, als dies durch unabhängige Aufgaben allein möglich wäre.

Auf die besonderen Schwierigkeiten und Herausforderungen, die es jedoch zu beachten gilt, wenn man integrierte Testaufgaben entwickelt, pilotiert, feldtestet und auswertet, verweist z. B. Cumming (2014, 21 f.). So mögen die Anforderungen an Studierende in akademischen Institutionen unterschiedlicher Länder zwar ähnlich sein, dennoch können Textsorten und Ziele von Aufgabenstellungen, wie z. B. das Schreiben von Zusammenfassungen auf der Basis eines oder mehrerer gehörter bzw. gelesener Texte von Land zu Land bzw. von Situation zu Situation variieren. Folgende Fragen wären zu stellen, um z. B. die Kommunikationssituation einer solchen Aufgabe zu klären:

- Welche Funktion soll die schriftliche Zusammenfassung des Textes erfüllen?
- Handelt es sich bei der Zusammenfassung um das Abstract eines Buches, einer geplanten Abschlussarbeit, eines wissenschaftlichen Aufsatzes oder um die Zusammenfassung von Vorlesungsnotizen?
- Wer sind die AdressatInnen?
- Welche Erwartungen haben diese bzw. die BewerterInnen an das Ergebnis?

Chancen und Herausforderungen von integrierten Aufgabenformaten bei der Konstruktdefinition und der Bewertung

Integrierte Aufgaben werden im Vergleich zu isolierten Aufgaben, die die vier Fertigkeiten Hören, Lesen, Sprechen und Schreiben getrennt voneinander überprüfen, zwar als „more authentic", „interactive" und „challenging" (Cumming 2014, 20; vgl. auch Yu 2014, 10) empfunden, und es wird ihnen gelegentlich auch positiver *Washback* zugestanden (vgl. Wall & Horák 2008, 33), sie vermischen aber Rezeption und Produktion, was einerseits Probleme bei der Definition des Konstrukts und andererseits bei der Bewertung der Performanz nach sich zieht. Vor allem ist es schwierig, neben einer kriterienorientierten Bewertung der auf Lesen und Hören basierenden Schreibproduktion auch gezielt diagnostisches Feedback zu geben, um zu klären, wo die Stärken und Schwächen in der Performanz liegen bzw. wie der weitere Lernprozess verlaufen soll: Was muss z. B. noch geübt werden, um integrierte Testaufgaben erfolgreich lösen zu können?

So umfasst die sechsstufige holistische Skala (0–5), die zur Bewertung der integrierten TOEFL-Schreibaufgaben herangezogen wird (vgl. ETS 2004), auf Stufe 3 folgende Informationen, die Rückschlüsse über die erbrachte Leistung zulassen sollen: Der schriftliche Text bietet neben einigen wichtigen Informationen aus der Vorlesung auch den einen oder anderen relevanten Bezug zur gelesenen Textpassage, leidet aber unter einem oder mehreren der folgenden Mängel: Der Großteil der Antwort ist zwar *task*-bezogen, enthält aber nur ungenaue oder verallgemeinernde Querverbindungen zwischen Aussagen des Hör- und des Lesetexts; eine wichtige Schlüsselstelle aus der Vorlesung fehlt; einige Schlüsselstellen aus der Textpassage oder der Vorlesung sind unvollständig, fehlerhaft oder schwammig wiedergegeben bzw. haben nur einen vagen Bezug zueinander; es zeigen sich häufig Fehler in der Sprachverwendung und Grammatik sowie unklarer Ausdruck bzw. eine mangelhafte Wiedergabe der Bedeutung von Ideen oder Textbezügen (Übers. durch den Autor). Es fällt schwer, die Stufe 3 eindeutig einer noch negativen oder bereits positiven Bewertung zuzuordnen, da der Deskriptor keine Auskunft darüber gibt, ob ein Mangel als positiv, zwei oder mehrere Mängel bereits als negativ einzustufen sind.[25]

Eine weitere Schwierigkeit zeigt sich in der geforderten Textsorte „Zusammenfassung". Sucht man den Operator ‚zusammenfassen' z. B. im GeR, so finden sich Deskriptoren aus folgenden Skalen, die diesen Begriff enthalten:

Skala „Informationsaustausch" (Europarat 2001, 4.4.3.1, 84)	
C2	Wie B2
C1	Wie B2
B2	Kann Informationen und Argumente aus verschiedenen Quellen *zusammenfassen* und wiedergeben.
B1	Kann eine kurze Geschichte, einen Artikel, einen Vortrag, ein Interview oder eine Dokumentarsendung *zusammenfassen*, dazu Stellung nehmen und Informationsfragen dazu beantworten.
Skala „Kooperieren" (Europarat 2001, 4.4.3.5, 89)	
B1	Kann den Stand einer Diskussion *zusammenfassen* und so zur Fokussierung eines Gesprächs beitragen.
Skala „Texte verarbeiten" (Europarat 2001, 4.6.3, 98)	
C2	Kann Informationen aus verschiedenen Quellen *zusammenfassen* und die Argumente und berichteten Sachverhalte so wiedergeben, dass insgesamt eine kohärente Darstellung entsteht.
C1	Kann lange, anspruchsvolle Texte *zusammenfassen*.
B2	Kann ein breites Spektrum von Sachtexten und fiktiven Texten *zusammenfassen* und dabei die Hauptthemen und unterschiedliche Standpunkte kommentieren und diskutieren. Kann Auszüge aus Nachrichten, Interviews oder Reportagen, welche Stellungnahmen, Erörterungen und Diskussionen enthalten, *zusammenfassen*. Kann die Handlung und die Abfolge der Ereignisse in einem Film oder Theaterstück *zusammenfassen*.
B1+	Kann kurze Informationen aus mehreren Quellen zusammenführen und für jemand anderen *zusammenfassen*.
B1	Kann kurze Textpassagen auf einfache Weise *zusammenfassen*, indem er/sie dabei den Wortlaut und die Anordnung des Originals benutzt.
Skala „Rückmeldung zu Schreiben" (nach DIALANG; vgl. Europarat 2001, Anhang C)	
C2	Ihr Testergebnis zeigt, dass Sie sich im Bereich Schreiben auf oder oberhalb der Stufe C2 der Skala des Europarats befinden. Auf dieser Stufe kann man klar, flüssig und in einem angemessenen Stil schreiben. Man kann komplexe Briefe, Berichte oder Artikel auf eine Art und Weise schreiben, die dem Leser hilft, wichtige Punkte zu erfassen und sich später an diese zu erinnern. Man kann *Zusammenfassungen* und Besprechungen von Fachtexten oder literarischen Texten verfassen.

Tab. 2: Dimensionen von ‚Zusammenfassen' in unterschiedlichen GeR-Skalen

25 Genauere Auskunft gibt die Seite „Interpret Scores" der ETS TOEFL-Homepage (https://tinyurl.com/y9yzk5xq [21.09.2017]), aus der ersichtlich ist, dass die Stufen 0–5 in eine 0–30 Punkte umfassende Skala umgewandelt werden. Stufe 3 entspricht 18 Punkten, die als unterster Wert in der Beurteilung „fair" (18–25 Punkte) aufscheinen. Stufe 3 kann also als positiv eingestuft werden.

Bereits diese Übersicht macht deutlich, welche unterschiedlichen Funktionen Zusammenfassungen erfüllen können, und sie zeigt, dass diese Textsorte nicht klar umrissen ist: Neben der vagen Definition der Textsorte geht aus den o. a. Deskriptoren der einzelnen Skalen des Weiteren hervor, dass eine Abgrenzung der Leistung nach Niveaustufen (s. auch die mangelnde Abgrenzung zwischen den Stufen B2, C1 und C2 in der Skala „Informationsaustausch") in integrierten Testaufgaben sehr schwierig sein dürfte, wie auch Cumming (2014, 22) treffend festhält: „Integrated skills assessments [...] require threshold levels of abilities for competent performance, producing results for examinees that may not compare neatly across different ability levels". Wenn also ein Test – wie auch der iBT / *Next Generation* TOEFL Test – den akademischen Diskurs durch die Fertigkeiten Hören und Schreiben integriert überprüft, so ist genau festzulegen, dass In- und Output jener Kompetenzstufe entsprechen, die im Konstrukt festgelegt ist. Das stellt TestentwicklerInnen aber vor eine schwierige Aufgabe, da es in der Tat eine sehr komplexe Angelegenheit ist, integrierte Testaufgaben zu erstellen, und es noch schwieriger ist, sie zu bewerten. Dies mag mit ein Grund sein, warum z. B. IELTS keine *integrated tasks* aufweist (vgl. Cumming 2014, 22, mit Verweis auf Charge & Taylor 1997). Für die Arbeit im Fremdsprachenunterricht bieten sich *integrated skills tasks* auf jeden Fall an. Für deren Überprüfung in der Testsituation empfiehlt es sich jedoch, dem Rat von Cumming zu folgen: „[...] exclude integrated skills tasks to provide score reports that are meaningful and comparable across a full range of language proficiency and that do distinguish consistently between language comprehension and production abilities" (Cumming 2014, 7).

Die Vermengung von Rezeption und Produktion stellt BewerterInnen vor mehrere Herausforderungen: So ist das Problem zu lösen, wie Konstruktvalidität von integrierten Aufgaben zu definieren wäre. Des Weiteren stellt sich die Frage nach der *scoring validity* (nach Khalifa & Weir 2009) einzelner *rater* und nach der Generalisierbarkeit der Ergebnisse: In welcher Form lassen die Ergebnisse von integrierten Aufgaben eine Aussage über die Sprachkompetenz der KandidatInnen im realen Leben zu?

Selbstverständlich kann bei der integrierten Überprüfung von Fertigkeiten *strong* oder *weak assessment* (vgl. McNamara 1996) zum Einsatz kommen: Während ersteres hinsichtlich des Konstrukts auf *real-world tasks* und bei der Bewertung auf erfolgreiche Aufgabenerfüllung (nach *real-world criteria*) setzt, fasst letzteres vor allem die sprachliche Kompetenz ins Auge. Lassen sich aber Aufgabenerfüllung und sprachliche Kompetenz auf ein und derselben Niveaustufe ansiedeln? Bei einem integrierten Lese- / Hör- / Schreibtest wäre der Fokus in der Bewertung auf das Konstrukt der Schreibkompetenz, das finale Produkt, gerichtet, Lese- und Hörverständnis müssten sich in der schriftlichen Performanz deutlich auf derselben Niveaustufe widerspiegeln.

Die zunehmende und multiple Verwendung von digitalen Medien in der Bewertung fremdsprachlicher Kompetenzen wird es zweifellos notwendig machen, *integrated skills assessment* weiter zu verfolgen – sowohl in der Forschung als auch im möglichen Einsatz bei *large-scale tests* und bei Klausuren im Klassenzimmer. Um die Komplexität und die Herausforderungen von integrierten Aufgaben zu bewältigen, sollen abschließend die folgenden fünf Fragen von McPhun (2010, 3) in leicht modifizierter Form angeführt werden. Sie können hilfreich sein, um das Konstrukt für *reading / listening to write / speak*-Aufgaben einzugrenzen:

- Welche Fertigkeiten werden die SchülerInnen anwenden müssen?
- In welchen Kontexten werden die SchülerInnen die Fertigkeiten benötigen?
- Welche Kenntnisse werden die SchülerInnen unter Beweis stellen müssen?
- Wie werden die SchülerInnen diese Kenntnisse unter Beweis stellen müssen?
- Auf welche Qualitätsmerkmale werden z. B. ArbeitgeberInnen achten?

Neben dem Einsatz von ISA *tasks* wie in TOEFL, dessen Ergebnisse über die Aufnahme von Studierenden an Universitäten entscheiden, findet das Bewerten von integrierten Fertigkeiten auch Einsatz in Tests für Fachsprachen (*language for specific purpose;* LSP) oder in berufsbezogenen Fremdsprachenkursen. Beispiele dafür sind u. a. ISE (*Integrated Skills in English*) des *Trinity College* in London oder im Schulbereich der Ausbildungsschwerpunkt „Internationale Kommunikation in der Wirtschaft" (InKW) an humanberuflichen höheren Schulen in Österreich, bei denen Englisch mit einer weiteren (meist romanischen) Fremdsprache sowohl im Unterricht (es lehren zwei verschiedene Lehrpersonen) als auch in der Prüfungssituation kombiniert wird. Dieser Ausbildungsschwerpunkt wird in den neuen Lehrplänen der Berufsbildenden höheren Schulen (BHS) im Cluster „Sprache und Kommunikation" weitergeführt und verfolgt für SchülerInnen das Bildungsziel, „die Erstsprache und Erfahrungen mit anderen Sprachen zur Entwicklung ihrer Mehrsprachigkeit [zu] nutzen und […] über Strategien zum Spracherwerb [zu] verfügen" (vgl. BMB 2017). In dieser Form eines mehrsprachigen Unterrichts werden in Prüfungsformaten sowohl mehrere sprachliche Fertigkeiten als auch mehrere Sprachen miteinander kombiniert.

Beispiele für den Einsatz von integrierten Aufgabenformaten: ISA *tasks* in TOEFL, ISE des Trinity College London oder InKW an humanberuflichen Schulen in Österreich

Arbeitsaufträge und Diskussionsfragen

1. Betrachten Sie die Deskriptoren aus den ersten beiden GeR-Skalen „Leseverstehen allgemein" und „Hörverstehen allgemein" auf den Kompetenzniveaus von A1 bis B2 (Tab. 3) und bestimmen Sie, auf welchen einzelnen Ebenen sich die Progression dieser rezeptiven Aktivitäten im Kriterienkontinuum vollzieht.
   Beispiel: Für die Fertigkeit Lesen auf der Ebene der **Textlänge**: von ‚sehr kurzen Texten' auf A1-Niveau bis zu ‚keine Angaben' hinsichtlich Länge auf B2-Niveau.

2. Wählen Sie eine der unter nachstehenden Links verfügbaren Hör- oder Leseaufgaben aus. Überlegen und begründen Sie
   - ob bzw. wie diese Aufgabe dem o. a. Konstrukt für das Kompetenzniveau B1 entspricht,
   - welche Lesekomponenten mit dem Testformat überprüft werden,
   - welches andere Testformat sich für die Überprüfung des u. a. Lesetextes eignen würde,
   - ob bzw. welche Verbesserungen der Testitems vorzunehmen wären.

Leseverstehen allgemein	Niveau	Hörverstehen allgemein
Kann sehr selbstständig lesen, Lesestil und -tempo verschiedenen Texten und Zwecken anpassen und geeignete Nachschlagewerke selektiv benutzen. Verfügt über einen großen Lesewortschatz, hat aber möglicherweise Schwierigkeiten mit seltener gebrauchten Wendungen.	B2	Kann im direkten Kontakt und in den Medien gesprochene Standardsprache verstehen, wenn es um vertraute oder auch um weniger vertraute Themen geht, wie man ihnen normalerweise im privaten, gesellschaftlichen, beruflichen Leben oder in der Ausbildung begegnet. Nur extreme Hintergrundgeräusche, unangemessene Diskursstrukturen oder starke Idiomatik beeinträchtigen das Verständnis.
		Kann die Hauptaussagen von inhaltlich und sprachlich komplexen Redebeiträgen zu konkreten und abstrakten Themen verstehen, wenn Standardsprache gesprochen wird; versteht auch Fachdiskussionen im eigenen Spezialgebiet. Kann längeren Redebeiträgen und komplexer Argumentation folgen, sofern die Thematik einigermaßen vertraut ist und der Rede- oder Gesprächsverlauf durch explizite Signale gekennzeichnet ist.
Kann unkomplizierte Sachtexte über Themen, die mit den eigenen Interessen und Fachgebieten in Zusammenhang stehen, mit befriedigendem Verständnis lesen.	B1	Kann unkomplizierte Sachinformationen über gewöhnliche alltags- oder berufsbezogene Themen verstehen und dabei die Hauptaussagen und Einzelinformationen erkennen, sofern klar artikuliert und mit vertrautem Akzent gesprochen wird.
		Kann die Hauptpunkte verstehen, wenn in deutlich artikulierter Standardsprache über vertraute Dinge gesprochen wird, denen man normalerweise bei der Arbeit, in der Ausbildung oder in der Freizeit begegnet; kann auch kurze Erzählungen verstehen.
Kann kurze, einfache Texte zu vertrauten, konkreten Themen verstehen, in denen gängige alltags- oder berufsbezogene Sprache verwendet wird.	A2+	Versteht genug, um Bedürfnisse konkreter Art befriedigen zu können, sofern deutlich und langsam gesprochen wird.
Kann kurze, einfache Texte lesen und verstehen, die einen sehr frequenten Wortschatz und einen gewissen Anteil international bekannter Wörter enthalten.	A2	Kann Wendungen und Wörter verstehen, wenn es um Dinge von ganz unmittelbarer Bedeutung geht (z. B. ganz grundlegende Informationen zu Person, Familie, Einkaufen, Arbeit, nähere Umgebung), sofern deutlich und langsam gesprochen wird.
Kann sehr kurze, einfache Texte Satz für Satz lesen und verstehen, indem er/sie bekannte Namen, Wörter und einfachste Wendungen heraussucht und, wenn nötig, den Text mehrmals liest.	A1	Kann verstehen, wenn sehr langsam und sorgfältig gesprochen wird und wenn lange Pausen Zeit lassen, den Sinn zu erfassen.

Tab. 3: GeR-Skalen Lese- und Hörverstehen allgemein (4.4.2.1; 4.4.2.2)

Für Russisch finden Sie Aufgaben

- in Bauer & Kolesnik-Eigentler (2013)
- https://tinyurl.com/yc6tkdr4 (21.09.2017)
- https://tinyurl.com/y9cr8zqb (21.09.2017).

Für Englisch finden Sie Hör- und Leseaufgaben unter folgenden Links:

- https://tinyurl.com/y9cqwyrk (21.09.2017)
- https://tinyurl.com/y73gvqdv (21.09.2017)
- https://tinyurl.com/y7pormj3 (21.09.2017).

Für Französisch, Italienisch und Spanisch sowie Englisch finden Sie Beispiele der SRDP unter https://tinyurl.com/h522ykx (21.09.2017).

Weiterführende Literatur

Alderson, J. Ch. (52005): *Assessing Reading.* Cambridge: Cambridge University Press.

Buck, G. (92010): *Assessing Listening.* Cambridge: Cambridge University Press.
Nach wie vor zwei Standardwerke, die in das Bewerten der rezeptiven Fertigkeiten Lesen und Hören einführen.

Grabe, W. & Jiang, X. (2014): „Assessing Reading". In: Kunnan, A. J. (Hrsg.): *The Companion to Language Assessment* I:2:11. John Wiley & Sons, 185–200.

Wagner, E. (2014): „Assessing Listening". In: Kunnan, A. J. (Hrsg.): *The Companion to Language Assessment* I:2:3. John Wiley & Sons, 47–63.
*Zwei Beiträge, die sich sowohl früheren als auch aktuellen Konzeptionen der rezeptiven Fertigkeiten widmen und neben dem standardisierten Testen auch CBA (*classroom-based assessment*) in ihre Überlegungen einbeziehen sowie rezente Forschungsergebnisse präsentieren.*

Grotjahn, R. & Kleppin, K. (2015): *Prüfen, Testen, Evaluieren.* München: Klett-Langenscheidt.
Auf den Seiten 106–116 findet sich ein Teilkapitel „Prüfungsaufgaben selbst erstellen", in dem anhand von 16 Schritten erläutert wird, wie eine Leseverstehensaufgabe adäquat erstellt wird.

Harding, L., Alderson Ch. & Brunfaut, T. (2015): „Diagnostic Assessment of Reading and Listening in a Second or Foreign Language: Elaborating on Diagnostic Principles". In: *Language Testing* 32 (3), 317–336.
Die Autoren widmen sich der diagnostischen Bewertung, d. h. der Ermittlung von Stärken und Schwächen, die Lernende beim Erwerb einer Fremdsprache oder Zweitsprache im Bereich des Lese- und Hörverstehens haben. Sie zeigen auf, dass die Probleme immer auch sprachlicher Natur sind und nicht allein im Bereich des Lesens und Hörens zu verorten sind. Sie führen des Weiteren aus, wie jedes Konstrukt für diagnostische Zwecke zu definieren ist und derart operationalisiert werden kann.

Plakans, L. (2016): „Writing Integrated Items". In: Fulcher, G. & Davidson, F. (Hrsg.): *The Routledge Handbook of Language Testing.* London: Routledge, 249–261.
Plakans' Beitrag gibt zunächst einen knappen Überblick über die Entwicklung von integrated assessment *in früheren und aktuellen Untersuchungen. Sie vergleicht integrierte und isolierte Aufgaben und skizziert die wenigen Studien, die versucht haben, sich dem Konstrukt von* integrated assessment *zu nähern. Im Mittelpunkt ihrer Ausführungen stehen Fragen zur Eignung unterschiedlicher Aufgabentypen für die Integration aller Fertigkeiten.*

7. Produktive Fertigkeiten überprüfen und bewerten

Kathrin Eberharter, Benjamin Kremmel, Carmen Konzett-Firth

Kann-Beschreibungen

Ich kann
- Charakteristika des Überprüfens und Bewertens produktiver Fertigkeiten nennen.
- das Konstrukt der Fertigkeit Schreiben anhand des 6-Phasen-Modells von Shaw und Weir (2007) beschreiben.
- das Konstrukt der Fertigkeit Sprechen anhand von Levelts Sprachproduktionsmodell (1989) beschreiben.
- die GeR-Skalen für mündliche und schriftliche Produktion und Interaktion nennen und anwenden.
- Aufgabenformate für die Überprüfung produktiver Fertigkeiten beschreiben.
- Richtlinien für die Erstellung von Aufgaben zur Überprüfung der Fertigkeit Schreiben erläutern.
- Richtlinien für ein angemessenes InterlokutorInnenverhalten bei der Überprüfung der Fertigkeit Sprechen erläutern.

Die produktiven Fertigkeiten Sprechen und Schreiben scheinen zunächst einfacher zu überprüfen als die rezeptiven Fertigkeiten Lesen und Hören. In der Tat sind gesprochene und geschriebene Performanzen im Gegensatz zu den nur indirekt über Verständnisfragen erfassbaren Prozessen des Hör- und Leseverstehens direkt überprüfbar: Wenn wir wissen wollen, wie gut jemand schreiben oder sprechen kann, lassen wir diese Person schreiben oder sprechen. In der Sprachtestforschung wird diese Herangehensweise auch als *performance testing* bezeichnet. Die Krux liegt dabei jedoch genau in dieser direkten Überprüfbarkeit, denn sie impliziert eine Verwendung von offenen Aufgabenformaten, die für subjektive Bewertungen anfällig sind respektive lange Zeit auch subjektiv bewertet wurden. Die Bewertungssituation ist daher in den produktiven Fertigkeiten komplex und von mehreren Faktoren abhängig (s. Abb. 1): Die Interaktion findet nicht nur zwischen KandidatIn und Aufgabenstellung statt, vielmehr nimmt der / die BewerterIn und seine / ihre Verwendung eines Bewertungsrasters eine bedeutende Rolle im Zusammenspiel der Faktoren ein, die zu einer adäquaten Bewertung führen sollen. Beim Überprüfen der Fertigkeit Sprechen kann zudem ein / eine GesprächspartnerIn eine weitere Variable darstellen, welche die Bewertungssituation beeinflusst.

Performance testing: Überprüfen der Fähigkeit, eine bestimmte sprachliche Aufgabe / Performanz auszuführen

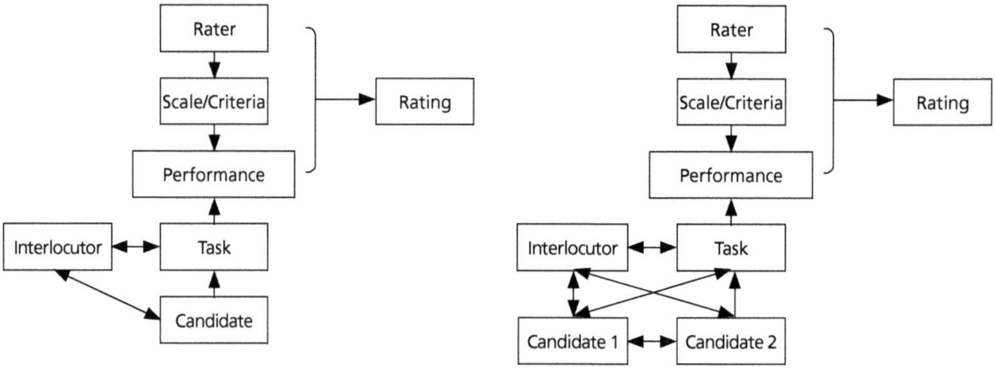

Abb. 1: Faktoren in der Bewertung von Sprechen mit einem/einer respektive zwei KandidatInnen (adaptiert nach McNamara 1996)

Sprechen und Schreiben sind sowohl produktive als auch interaktive Fertigkeiten. Neben ihrer direkten Beobachtbarkeit ist diesen beiden Fertigkeiten gemein, dass sie auf ähnliche sprachliche und strategische Kompetenzbereiche zurückgreifen. Der GeR (Europarat 2001, 4.4.1.3, 68) bezeichnet diese Produktionsstrategien als das

Die produktiven Fertigkeiten werden im Gegensatz zu den rezeptiven Fertigkeiten direkt überprüft.

> Mobilisieren von Ressourcen und das Ausbalancieren verschiedener Kompetenzen, d.h. das Ausnutzen der Stärken und Herunterspielen der Schwächen, um das vorhandene Potenzial im Sinne der jeweiligen Aufgabe einzusetzen.

Darunter subsumiert der GeR die Strategiebereiche Planung, Ausführung, Kontrolle und Reparatur. Planungsstrategien, die im Prozess des Sprechens oder Schreibens zum Tragen kommen, sind u.a. das Wiederholen und Einüben, das Lokalisieren von Ressourcen, das Mitbedenken der AdressatInnen, die Anpassung an die Aufgabe und das Anpassen der Äußerungsabsicht. In der Ausführung greifen SprachverwenderInnen mitunter auf die Strategien des Kompensierens, des Ausprobierens oder des Aufbauens auf vorhandenes Wissen zurück. Erfolgskontrolle und Reparatur im Sinne einer Selbstkorrektur sind weitere Strategiebereiche, die der GeR den produktiven Fertigkeiten zuschreibt. Für die Bereiche „Planen", „Kompensieren" und „Kontrolle und Reparaturen" finden sich zudem Beispielskalen im GeR (ebd. 2001, 4.4.1.3), die den Umgang mit diesen Strategien auf den unterschiedlichen Niveaustufen näher beschreiben. Auch wenn sich die Anwendung dieser Strategien in den beiden Fertigkeitsbereichen Sprechen und Schreiben leicht unterscheiden mag, greifen LernerInnen auf alle diese Strategien in der Realisierung beider Fertigkeiten zurück. Sowohl gesprochener wie geschriebener Output ist bis zu einem gewissen Grad geplant, letzterer in höherem Maße als ersterer. Auch wenn sich die Selbstkorrektur beim Sprechen anders manifestiert als beim Schreiben, so findet sie bei beiden Fertigkeiten statt. Während dies beim Sprechen in Form von Neuansetzen oder Umformulierungen, um Bestätigung bitten oder dem Erfassen von

Missverständnissen aus der Interpretation der Reaktion des Gegenübers in Echtzeit geschieht, ist es beim Schreiben Teil des Editierprozesses. In welcher Form oder Ausprägung auch immer, Produktionsstrategien sind zentraler Teil der Beherrschung der Fertigkeiten Sprechen und Schreiben und als solche auch Teil des zu überprüfenden Konstrukts, dem in der Testerstellung Rechnung zu tragen ist. Im Folgenden soll auf die beiden Fertigkeitsbereiche und deren Besonderheiten im Detail eingegangen werden.

7.1 Die Fertigkeit Schreiben

Der Fertigkeit Schreiben wurde im Fremdsprachenunterricht seit jeher großer Wert beigemessen. Nicht zuletzt durch die Übernahme der Grammatik-Übersetzungsmethode aus dem Sprachunterricht der klassischen Philologien konzentrierte sich auch die Überprüfung von modernen Sprachen bis zu den 1940er Jahren auf die Fertigkeit Schreiben. Korrekte Beherrschung der Grammatik beim Verfassen von Aufsätzen und in schriftlichen Übersetzungen von Texten aus der Zielsprache in die Erstsprache und vice versa waren charakteristisch für das Paradigma des vorwissenschaftlichen Sprachentestens. Kritisiert wurden in Folge jedoch die Subjektivität dieser Art von Leistungsmessung und die ihr zugrunde liegende Auffassung von Sprache.

Im aktuellen Paradigma des kommunikativen Sprachentestens gilt die Aufmerksamkeit hingegen der Frage, wie die Fertigkeit Schreiben in einem handlungsorientierten Fremdsprachenunterricht adäquat überprüft werden kann. Während sich in der psychometrisch-strukturalistischen Phase des Sprachentestens alles an der Reliabilität von Testaufgaben ausrichtete, steht im kommunikativen Paradigma die Validität im Fokus und sollte mit einer objektiven und transparenten Bewertung von fremdsprachlichen Leistungen Hand in Hand gehen. Sprachliche Handlungsfähigkeit soll anhand von spontan produzierten und nicht auswendig reproduzierten Performanzen überprüft werden. Um eine valide Aussage über die Schreibfertigkeit von Sprachlernenden im Sinne ihrer kommunikativen Kompetenz in der realen Zielsprachenwelt treffen zu können, sollen diese aufgefordert werden, in einen situativen und authentischen Kontext eingebettete Texte zu verfassen.

Trotz umfangreicher Forschungsliteratur zum Thema Schreiben wird diese Fertigkeit nach wie vor als einer der am problematischsten zu bewertenden Bereiche angesehen (vgl. Alderson & Bachman 2002). Diese Einschätzung beruht sowohl auf den zahlreichen unterschiedlichen Schreibabsichten, Schreibstilen und Textgenres als auch auf der Subjektivität, die der Bewertung von Schreibperformanzen innewohnt.

Schreiben unterscheidet sich von Sprechen in mehreren Aspekten, die sich entsprechend auf die Bewertung auswirken (vgl. Weigle 2002). Ein Schreibprodukt, einmal verfasst und aus der Hand gegeben, ist nicht weiter veränderbar. Für die VerfasserInnen bedeutet dies u. a., dass der Planungs- und Revisions-, aber auch der Editierphase beim Schreiben mehr Wert beigemessen werden muss als bei der spontanen mündlichen Produktion. Der / die RezipientIn ist in der Regel sowohl zeitlich als auch räumlich nicht unmittelbar verfügbar. Im Gegensatz dazu sind Emp-

Der geschriebene Text ist von Dauer und nach Abgabe nicht veränderbar.

fängerInnen von Sprechnachrichten oft in der Lage, durch *backchanneling* und ähnliche Mittel direkte Rückmeldung zum Kommunikationserfolg zu geben. Schreiben erlaubt außerdem keinen Gebrauch von paralinguistischen Mitteln wie Gestik, Mimik, Lautstärke, Rhythmus und Intonation. Geschriebene Sprache ist in Hinsicht auf die eingesetzte Lexik und Syntax komplexer und auch formeller. Während z. B. universitäre Vorträge oder beispielsweise Predigten meist in ihrer sprachlichen Komplexität trotz ihrer mündlichen Übermittlung überwiegend schriftlichen Texten entsprechen, muss gerade in Zeiten technologischer Neuerungen die Unterscheidung zwischen konzeptueller Schriftlichkeit und konzeptueller Mündlichkeit neu gedacht werden: So weisen z. B. Kurznachrichten (SMS) oft mehr Merkmale gesprochener Sprache auf, obwohl sie in schriftlicher Form verfasst werden. Nichtsdestotrotz sind bestimmte Unterschiede zwischen den Fertigkeiten Sprechen und Schreiben, gerade in Bezug auf die Angemessenheit bei einzelnen Textsorten, besonders für Prüfzwecke zu berücksichtigen.

Die Definition des Konstrukts ist auch bei der Fertigkeit Schreiben zentral für die Erstellung von Prüfungsaufgaben und ihrer Bewertung. In der Literatur finden sich mehrere Modelle zur Konzeptualisierung dieser komplexen Fertigkeit. Hayes (1996) beschreibt den Schreibprozess als Interaktion zwischen der Aufgabenstellung und dem / der Schreibenden. Grabe & Kaplan (1996) sehen Schreiben als sozialen Prozess, der stark von situativem Kontext, Aufgabenstellung, Text, Thema und den Teilnehmenden (VerfasserIn und RezipientInnen) beeinflusst wird. Ihr Modell erachtet die Diskurskompetenz und die soziolinguistische Komponente als wesentlich relevanter als z. B. der Ansatz von Hayes. Das Modell von Shaw & Weir (2007) stellt die derzeit wohl umfassendste und sprachtestrelevanteste theoretische Annäherung an das Schreibkonstrukt dar. Ihr soziokognitiver Ansatz enthält zahlreiche psycholinguistische Elemente und stellt sechs Phasen des Schreibprozesses in den Vordergrund: *macro-planning* (1), *organization* (2), *micro-planning* (3), *translation* (4), *monitoring* (5) und *revising* (6).

Sechs Phasen des Schreibprozesses nach Shaw & Weir (2007)

Macro-planning (1) wird als Ideensammlungsprozess und Identifizierung des Textgenres, der Schreibabsicht und der intendierten Leserschaft in Bezug auf den Schreibauftrag beschrieben. Die gesammelten Ideen werden dann in der nächsten Phase *organization* (2) strukturiert, organisiert, miteinander verbunden und priorisiert. Dieser grobe Plan wird daraufhin in der Phase *micro-planning* (3) verfeinert und auf den zu verfassenden Text bzw. dessen Absätze und einzelne Sätze abgestimmt. Im folgenden Schritt werden diese abstrakten Absichten dann in konkreten sprachlichen Formen realisiert (*translation* (4)). Der / die VerfasserIn bewegt sich in dieser Phase von der internen, persönlichen Repräsentation einer Idee zum sprachlichen Ausdruck und der Interaktion mit dem / der LeserIn (Shaw & Weir 2007, 39). Dieser Schritt involviert Entscheidungen über Stil, Lexik, Syntax, funktionale Angemessenheit und andere soziolinguistische Faktoren. Die fünfte Phase *monitoring* (5) beschreibt sowohl das kontinuierliche Überprüfen der mechanischen Aspekte des Schreibens (Orthografie, Satzzeichensetzung etc.) als auch das Gegenprüfen des produzierten Outputs hinsichtlich der Absichten, Pläne und der logischen Struktur durch den / die VerfasserIn. Die letzte Phase *revising* (6) folgt aus der Phase *monitoring* und bezeichnet das Korrigieren oder Editieren durch den / die

VerfasserIn. Obwohl hier linear dargestellt, laufen diese Prozesse großteils zyklisch und auch simultan ab, sodass sie sich ständig gegenseitig beeinflussen.

Scheinen diese Prozesse beim Schreiben eines Textes bereits für L1-SprecherInnen komplex, gestalten sie sich für FremdsprachenlernerInnen nochmals vielschichtiger (vgl. Weigle 2002). Obwohl die Prozessabläufe bei L1 und L2-Sprachverwendenden großteils ähnlich sind, stellen soziokulturelle, kognitive und sprachliche Unterschiede VerfasserInnen von fremdsprachlichen Texten vor zusätzliche Herausforderungen (vgl. Hyland 2003; Silva 2003). Hyland (2003) hebt hervor, dass besonders kulturelle Differenzen eine Hürde beim fremdsprachlichen Schreiben darstellen. Hintergrundwissen, rhetorische Konventionen, kulturell geprägte unterschiedliche Schemata und andersgeartete Auffassungen davon, was gutes, strukturiertes und ansprechendes Schreiben ist, können das Schreiben in der Fremdsprache erschweren. Hyland (2002) weist des Weiteren darauf hin, dass LernerInnen beim Verfassen fremdsprachlicher Texte Probleme mit der Zielsetzung und Textgenerierung haben. Beim Schreiben in der Fremdsprache wird meist weniger geplant, organisiert und überprüft als in der Erstsprache. Es wird angenommen, dass dies auf die höheren kognitiven Anforderungen zurückzuführen ist, denen L2-SchreiberInnen in der sprachlichen Realisierung ihres Textes begegnen. *Monitoring* ist bei L2-SchreiberInnen oft auf den mechanischen sprachlichen Bereich (Orthografie, Satzzeichensetzung, Syntax) beschränkt. Aufgrund der zusätzlichen kognitiven Anforderungen schreiben L2-SchreiberInnen auch weniger flüssig und korrekt oder sind weniger effektiv in ihrer Textkomposition (vgl. Shaw & Weir 2007). Weigle (2002, 36) hält fest, dass der Prozess der Texterstellung von längerem Suchen nach angemessener Lexik oder syntaktischen Optionen unterbrochen oder gestört werden kann.

Zahlreiche der in diesem Abschnitt beschriebenen Komponenten des Schreibkonstrukts (z. B. Textsortenwissen, Rechtschreibung, Organisation, Planung etc.) finden sich auch in den Skalen des GeR (Europarat 2001, 4.4.1.2) wieder. Der GeR konzentriert sich neben den bereits angesprochenen Produktionsstrategien und den relevanten Kompetenzbereichen (lexikalische Kompetenz, grammatische Kompetenz, orthografische Kompetenz, soziolinguistische Angemessenheit und pragmatische Kompetenzen wie Flexibilität, Themenentwicklung, Kohärenz und Kohäsion sowie Genauigkeit) hauptsächlich auf konkrete Handlungsbereiche der schriftlichen produktiven Sprachverwendung. Neben den beiden Skalen „Schriftliche Produktion allgemein“ und „Schriftliche Interaktion allgemein“ stellt der GeR Skalen für „Kreatives Schreiben“, „Berichte und Aufsätze schreiben“, „Korrespondenz“ und „Notizen, Mitteilungen und Formulare“ zur Verfügung, die beschreiben, was LernerInnen auf den unterschiedlichen Niveaustufen in diesen Handlungssituationen leisten können. Des Weiteren exemplifiziert der GeR konkrete Domänen des Schreibens und nennt Textsorten, die für kommunikative SprachverwenderInnen relevant sein sollen und die LernerInnen selbst verfassen können sollten.

Auszug für Textsorten im GeR (ebd. 2001, 4.6.3.2):

- Formulare und Fragebögen
- geschäftlicher und beruflicher Schriftverkehr, Faxe
- persönliche Briefe

- Aufsätze und Übungen
- Memoranden, Berichte und Dokumente
- Notizen und Mitteilungen

Wissen über diese Textsorten und deren Konventionen ist ebenfalls Teil des Konstrukts Schreiben. Harsch et al. (2007, 49 f.) fassen dieses für die DESI-Studie unter „textformbezogener Kompetenz“ zusammen. Neben der „pragmatischen Kompetenz“ und der „linguistischen Kompetenz“, respektive sprachliche Mittel, ist dies die dritte Komponente, die bei der Ausarbeitung einer Schreibaufgabe zum Tragen kommt.

7.1.1 Die Fertigkeit Schreiben überprüfen

Aufbauend auf dem Konstruktverständnis der Fertigkeit Schreiben werden im Folgenden einige Aspekte der theoretischen Konzeptualisierung beleuchtet, denen auch in der Bewertungssituation Rechnung zu tragen ist.

Hayes' Modell verweist u. a. auf die wichtige Rolle von Affekt und Motivation. Daher sollten Schreibaufgaben möglichst interessant, relevant und motivierend im Sinne eines *„biasing for the best“* (Fox 2004) gestaltet werden; d. h. sie sollen möglichst günstige Voraussetzungen schaffen, damit LernerInnen auch ihre Höchstleistung abrufen können. Aufgabenstellungen, die potentiell negative affektive Reaktionen bei LernerInnen auslösen könnten, sollten vermieden werden. Grabe & Kaplans (1996) Modell hebt die Rolle soziokultureller Faktoren hervor, die sowohl bei der Formulierung der Aufgabenstellung als auch bei der Bewertung bzw. den Bewertungskriterien mitzuberücksichtigen sind. Beim Schreiben in der Fremdsprache sollten LernerInnen nicht durch soziokulturelle Faktoren benachteiligt sein und über das entsprechende Hintergrundwissen verfügen müssen, um die Aufgabe erfüllen zu können (Weigle 2002). Um sicherzustellen, dass nicht inhaltsspezifisches Hintergrundwissen, sondern wirklich nur die ad hoc produzierte Schreibleistung bewertet wird, sollen Aufgabenstellungen in Qualifikationsprüfungen daher sehr allgemein gehalten werden oder, im Falle von Sprachstandstests wie z. B. Klassen- / Schularbeiten, auf im Unterricht behandelten Inhalten und / oder Situationen beruhen.

> *Biasing for the best*: möglichst günstige Voraussetzungen für LernerInnen schaffen, damit diese ihre Höchstleistung abrufen können

Im Sinne des Modells von Shaw & Weir (2007) ist zu berücksichtigen, dass Schreibaufgaben in einem Sprachtest möglichst alle Schreibprozesse aktivieren. Dies kann einerseits geschehen, indem den KandidatInnen in der Testsituation Zeit für die Planung oder Revision zur Verfügung gestellt wird, oder andererseits durch das Implementieren von formativen bzw. dynamischen Ansätzen der Leistungsbewertung (z. B. Portfolios, s. auch Kapitel 10). Den Prozessen des *macro planning* kann unter Umständen besser Rechnung getragen werden, indem Aufgabenstellung, Thema, intendierte Leserschaft, kommunikativer Kontext, Genre und Schreibabsicht klar spezifiziert werden. Dadurch können KandidatInnen entscheiden, welches Register, welchen Inhalt und welche Struktur sie ihrer Performanz zugrunde legen.

Ohne diese Vorgaben würde die Aufgabe dem Konstrukt nicht gerecht werden und es würde ihr auch an Authentizität mangeln.

Bei der Überprüfung der produktiven Fertigkeiten muss sich das Konstrukt nicht nur in den Aufgabenstellungen, sondern auch in den Bewertungskriterien widerspiegeln. Im Falle des Modells von Shaw & Weir (2007) würde dies bedeuten, dass die Kohärenz und Kohäsion, also der Aufbau eines produzierten Textes, erst ab einem gewissen Sprachniveau oder auch ab einer gewissen kognitiven Reife zu einem wichtigen Bewertungskriterium wird. Ähnliches trifft auf die Phase der *translation* zu. Aufgabenstellungen sollen auf dem angestrebten Niveau sprachlich realisierbar und bewältigbar sein. Die Angemessenheit der sprachlichen Realisierung sollte Teil der Bewertungskriterien sein, eventuell in Form von Deskriptoren zum Spektrum oder der Anwendung lexikalischer oder grammatischer Strukturen (s. dazu Kapitel 8). Solche Deskriptoren können KandidatInnen außerdem dazu motivieren, entsprechende *monitoring*-Prozesse zu aktivieren und ggf. ihre Arbeit zu editieren. Ein weiterer Aspekt, der im Sinne des *translation*-Prozesses und der sprachlichen Realisierung zu berücksichtigen wäre, ist, dass fremdsprachliche SchreiberInnen im Normalfall weniger akkurat und effektiv in der Formulierung und Kommunikation ihrer Ideen sind. Diesem Umstand kann auf der Grundlage des GeR gut Rechnung getragen werden, da der GeR dem Prinzip des Positivansatzes und nicht der Defizitorientierung folgt und Fehler auf niederen und auch auf höheren Niveaustufen erwartet und als natürlich erachtet werden (s. dazu Kapitel 3). Die Verwendung eines GeR-basierten Bewertungsrasters (s. dazu Abschnitt 7.3) bietet sich demnach für kommunikatives Überprüfen und Bewerten von Schreibperformanzen an, da die GeR-Skalen ihren Fokus auf den kommunikativen Erfolg einer Schreibleistung legen und darauf, was LernerInnen bereits können.

Das Konstrukt der produktiven Fertigkeiten wird sowohl in den Aufgabenstellungen als auch in den Bewertungskriterien operationalisiert.

Der GeR kann als Grundlage für Positivkorrektur herangezogen werden.

Des Weiteren wird vor allem in den kommenden Jahren dem technologischen Fortschritt stärkere Bedeutung im Sprachtesten zukommen, da dieser nicht nur das Schreiben, die Schreibgewohnheiten und Schreibkonventionen an sich verändert, sondern auch neue Möglichkeiten für das Überprüfen von Schreibperformanzen eröffnet (vgl. Hyland 2002; Weigle 2002). So werden sich Lehrpersonen und SprachtesterInnen früher oder später folgende Fragen stellen müssen: Werden digitale Textbearbeitungsprogramme das handschriftliche Schreiben als Standard ablösen? Sollen *instant messaging*, E-Mails oder Blogs als authentische Aufgabenformate in Sprachtests aufgenommen werden? Sollen Online-Wörterbücher oder Rechtschreibprogramme als authentische Hilfestellung in Schreibtests erlaubt sein? Wird die Verwendung von *Emojis* in bestimmten Genres als angemessen erachtet und bewertet werden? Werden schriftliche Performanzen irgendwann nicht mehr von menschlichen BewerterInnen, sondern von Computerprogrammen ausgewertet und beurteilt, wie es bei einzelnen großen Testanbietern bereits praktiziert wird (vgl. Enright & Quinlan 2010; Weigle 2002; Xi 2010)?

7.1.2 Aufgabenformate für das Überprüfen von Schreiben

Für das Überprüfen der Fertigkeit Schreiben stehen zahlreiche offene Aufgabenformate zur Verfügung, die sich u. a. auch nach dem zu produzierenden Textgenre benennen lassen: Essay (Aufsatz), Bericht, E-Mail / Brief, Artikel etc. Diese können mehr oder weniger bildgestützt sein. Laut Tankó (2005) kann grundsätzlich zwischen drei Arten von Schreibaufträgen unterschieden werden:

- einfach strukturierter (elementarer) Schreibauftrag
- kontextualisierter Schreibauftrag
- textbasierter Schreibauftrag

Elementarer Schreibauftrag: minimaler Schreibimpuls

Ein elementarer Schreibauftrag besteht oft nur aus einem Satz oder einem minimalen Schreibimpuls. Eine derartige Aufgabenstellung ist, wie im folgenden Beispiel deutlich wird, kaum gesteuert.

„Beschreibe zwei Dinge, die dir gefallen haben, als du ein Kind warst, und zwei, die du verabscheut hast."

Abb. 2: Elementarer Schreibauftrag (Halm & Ortiz-Blasco 1993, 121; Übersetzung Hinger)

Kontextualisierter Schreibauftrag: Einbettung des Schreibauftrags in kommunikativen, situativen Kontext

Operatoren geben erwartete sprachliche Funktionen an.

Ein kontextualisierter Schreibauftrag weist demgegenüber eine deutlich höhere Steuerung auf und unterscheidet sich vom elementaren Schreibauftrag durch die Einbettung in einen kommunikativen und situativen Kontext. Durch die Formulierung der Aufgabenstellung mithilfe von sprachlichen Funktionen respektive Operatoren, deren Umsetzung von den VerfasserInnen erwartet wird, ist diese Art der Aufgabenstellung handlungsorientiert ausgerichtet. Die Anordnung der Operatoren in Form von Aufzählungspunkten strukturiert die Aufgabenstellung zusätzlich (vgl. u. a. Hinger im Druck).

Estás participando en un intercambio escolar. Pronto te va a visitar tu compañero/a español/-a. Como él/ella no sabe nada de tu país ni de tu colegio, le escribes un e-mail. En tu e-mail tienes que:

1. **describir** tu ciudad/región
2. **recomendar** actividades en tu ciudad/región
3. **informarle** sobre tu colegio.

Escribe unas 200 palabras.

Abb. 3: Kontextualisierter Schreibauftrag mit Operatoren und Aufzählungspunkten (Amann Marín et al. 2015, 184)

Textbasierte Schreibaufträge sind ebenfalls durch hohe Steuerung geprägt. Diese ist dem Umstand geschuldet, dass die zu produzierende Schreibperformanz von einem vorliegenden Inputtext ausgehen und sich direkt auf diesen beziehen soll. Wenn ein Lese- oder Hörtext als Schreibimpuls verwendet wird, muss die Länge des Inputtexts beachtet werden. Außerdem ist darauf zu achten, dass das Einbeziehen der Lese- respektive Hörkompetenz bei der Beurteilung der Schreibkompetenz nicht einfließt, und daher der Inputtext günstigerweise auf einem sprachlichen Niveau unter dem zu elizitierenden Schreibniveau anzusiedeln ist. Des Weiteren soll Sprachinput vermieden werden, der von KandidatInnen im Text mitgenutzt werden kann, da kopierte Phrasen oder Passagen ein Problem für die anschließende Bewertung darstellen. Textbasierte Schreibaufträge können in ihrem Grad der Kontextualisierung deutlich variieren. Ein Beispiel für eine situativ eingebettete textbasierte Aufgabenstellung ist im Folgenden dargestellt (s. Abb. 4):

Textbasierte Schreibaufträge: Inputtext als Schreibimpuls

Vous venez de lire cette entrée postée sur un blog sur le bien-être et le sport.

Philippe (17 ans)
10 septembre, 21 h 30
Je me sens bien et en forme quand j'ai fait
du sport. À mon avis, tout le monde devrait
faire du sport ! Qu'en pensez-vous ?

Vous avez décidé de réagir. Dans votre commentaire, vous :
donnez votre opinion sur l'idée de Philippe,
précisez pourquoi c'est important d'être en forme,
présentez d'autres possibilités pour rester en forme.

Écrivez environ 200 mots.

Abb. 4: Textbasierte Schreibaufgabe im Rahmen der SRDP (https://tinyurl.com/y9k45f5l [21.09.2017])

Weitere Beispiele für kommunikative Schreibaufträge stehen unter https://tinyurl.com/yb73tzvc (21.09.2017) in den Aufgabenbeispielen der SRDP im Bereich „Schreiben“ zur Verfügung. Als Empfehlung für die Erstellung von kommunikativen Schreibaufträgen ist festzuhalten, dass diese

- den Schreibgrund oder die Schreibabsicht spezifizieren,
- den Kontext oder die Kommunikationssituation angeben,
- die intendierten AdressatInnen nennen,
- formal und inhaltlich möglichst authentisch gestaltet sind, d. h. starken Bezug zu schriftlichen Situationen in der realen Welt aufweisen.

Ein derart gestalteter Schreibauftrag gibt den KandidatInnen darüber Auskunft, wer / was / wie / an wen / warum / wann / wo schreibt. Damit wird den KandidatInnen nicht nur ermöglicht, die oben ausgeführten Prozesse leichter zu aktivieren, vielmehr erhöht die stärkere Steuerung des Schreibauftrags anhand dieser W-Fragen auch die Vergleichbarkeit der Textproduktionen.

Schreibaufträge durch W-Fragen spezifizieren: **Wer** schreibt **was, wie, an wen, warum, wann** und **wo**.

Arbeitsanweisungen für Schreibaufträge sollen auch folgende Informationen enthalten:

- allgemeine Informationen zur Aufgabenstellung
- zur Verfügung stehende Zeit
- geforderte Wortanzahl
- zu erreichende Punkteanzahl oder „Bandbreiten" (und ggf. wie diese erreicht werden können).

Die Nennung der geforderten Wortanzahl beabsichtigt eine bessere Vergleichbarkeit zwischen Schreibperformanzen und somit auch eine Erhöhung der Reliabilität und der Praktikabilität für die BewerterInnen. Der Input oder Hinführungstext soll außerdem folgende Faktoren spezifizieren:

- Schreibsituation
- Thema
- Schreibzweck
- Textsorte
- Teilnehmende an der Kommunikationshandlung.

Hughes (2003) führt vier weitere Richtlinien bei der Erstellung von Aufgaben zur Überprüfung der Fertigkeit Schreiben aus:

- Repräsentative Aufgabenstellung
  Dieser Grundsatz, der sich in erster Linie auf das Kriterium der Inhaltsvalidität stützt, empfiehlt, so viele verschiedene Schreibaufgaben wie möglich zu stellen, um die relevanten Domänen repräsentativ abzubilden und den KandidatInnen möglichst verschiedene Optionen zu geben, ihre Kompetenz entsprechend zu zeigen. Die Richtlinie bezieht sich jedoch auch darauf, möglichst viele und verschiedene Aspekte des oben beschriebenen Schreibkonstrukts zu überprüfen, sei dies im Sinne der aktivierten Schreibprozesse, der GeR-Skalen und Schreibsituationen oder der unterschiedlichen Textsorten. Diese Richtlinie steht jedoch in Kontrast mit dem Kriterium der Praktikabilität. In einstündigen Klassen- / Schularbeiten ist es beispielsweise unmöglich, mehrere verschiedene Schreibaufträge umzusetzen. Um der Forderung dennoch so gerecht wie möglich zu werden, könnten verschiedene Aspekte oder verschiedene Textsorten über mehrere Klassen- / Schularbeiten in einem Jahr verteilt werden und diese Verteilung in den Testspezifikationen bzw. der Jahresplanung festgesetzt werden (vgl. u. a. Hinger im Druck).

- Sicherstellen, dass nur die Fertigkeit Schreiben überprüft wird
  Dieser Grundsatz soll die Konstruktvalidität erhöhen. In die Bewertung sollen demnach weder spezifisches Hintergrundwissen, allgemeine Intelligenz oder mathematisches, logisches Denken noch andere sprachliche Fertigkeiten wie Lesen oder Hören einfließen. Dies muss sowohl in der Aufgabenerstellung als auch bei der Bewertung bzw. der Erstellung der Bewertungsraster berücksichtigt werden.
- TestkandidatInnen einschränken und lenken
  Je deutlicher Schreibaufträge lenken und je weniger Auswahlmöglichkeiten für KandidatInnen bestehen, umso höher ist die Vergleichbarkeit der Performanzen und damit potentiell die Reliabilität der Bewertungen. Je klarer vorgegeben ist, was von dem / der KandidatIn erwartet (und was nicht erwartet) wird, desto eher sind faire und vergleichbarere Konditionen in der Prüfsituation herstellbar.
- Valide und reliable Bewertung
  Diesen Kriterien kommt besonders bei der Überprüfung der produktiven Fertigkeiten hohe Bedeutung zu, da hier direkte, offene Aufgabenformate verwendet werden, die bislang[26] durch menschliche BewerterInnen beurteilt werden. Die oft angeführte Subjektivität der Bewertung ergibt sich dabei aus der Interpretation von Bewertungskriterien durch eine Person und steht im Kontrast zu einer objektiven Bewertung, bei der keine Interpretationsfreiheit gegeben ist (wie bei geschlossenen Aufgabenformaten, etwa bei Zuordnungsaufgaben). Subjektivität ist jedoch keinesfalls mit Beliebigkeit gleichzusetzen. Vielmehr ist zu betonen, dass persönliche Wahrnehmungen und Eindrücke die Bewertung von sprachlichen Performanzen bewusst, meist jedoch unbewusst prägen, was zu Inkonsistenzen bei der Bewertung führen kann. Die Erstellung und Schulung in der Anwendung von verbindlich genutzten, kalibrierten Bewertungsrastern kann diesem Umstand bis zu einem gewissen Grad entgegenwirken und eine valide und reliable Bewertung unterstützen (s. Abschnitt 7.3)[27].

Abschließend sei angemerkt, dass es bei der Erstellung von Schreibaufgaben hilfreich ist, sich zu überlegen, mit welchen sprachlichen Mitteln die Prüflinge die Aufgabe bewältigen können und welche Inhalte erforderlich sind. Eine erste Qualitätsüberprüfung kann z. B. die eigene Bearbeitung der Aufgabe sein. Daraus kann geschlossen werden, welche Vokabeln und Strukturen von den LernerInnen für diese Aufgabe benötigt werden. Bei einigen standardisierten Prüfungen werden zusätzlich zu tatsächlich bewerteten Performanzen (*benchmarks*) auch Beschreibungen von erwarteten Performanzen (Erwartungshorizont) samt Bewertungsskalen zur Verfügungen gestellt, um zu einer einheitlicheren Bewertung zu gelangen.

26 Bei Sprachtests mit sehr großen Populationen gibt es mittlerweile schon relativ hoch entwickelte automatische Bewertungssysteme, die auf Basis von tausenden Bewertungen und Performanzen selbstständig arbeiten.

27 Anschauliche Darstellungen zur Überprüfung der Fertigkeit Schreiben finden sich u. a. in Arras (2007) und Hinger (2016b, 138–141), die im Kontext schulischer Prüfungen eingesetzte Schreibaufgaben auch einer Analyse zuführt (ebd., 142–146; s. auch Hinger 2015, 218–222).

7.2 Die Fertigkeit Sprechen

Mündliche Prüfungen dienten ursprünglich meist der Überprüfung von gelernten Inhalten. Das fremdsprachliche Überprüfen der Fertigkeit Sprechen mit Schwerpunkt auf unterschiedlichen Aspekten wie z. B. Aussprache, Intonation oder Flüssigkeit gepaart mit inhaltlichen Aspekten fand erst allmählich weitere Akzeptanz. Die Tatsache, dass das reliable Überprüfen der Fertigkeit Sprechen aufwändig ist und immer einen gewissen Aspekt der Subjektivität in sich birgt, erklärt, warum auch in formellen Prüfungen die Fertigkeit Sprechen erst spät verpflichtend eingeführt wurde (z. B. in TOEFL-Prüfungen im Jahr 2005). Andere formelle Prüfungen hingegen nutzen bereits seit geraumer Zeit die Überprüfung der Fertigkeit Sprechen, meist in Form von Interviews oder Gesprächen (das *Certificate of Proficiency in English* etwa seit 1913) (vgl. Isaacs 2016; Taylor 2011).

Grundsätzlich gelten für das Überprüfen der Fertigkeit Sprechen dieselben Prinzipien wie für die anderen Fertigkeiten. Allerdings ergeben sich für kommunikativ ausgerichtete mündliche Prüfungen u. a. folgende Herausforderungen (vgl. McNamara 1996): Da die KandidatInnen gerade bei mündlichen Prüfungen schnell und ohne längere Planungsphasen spontan sprachlich reagieren müssen, sollen möglichst lebensnahe und kontextualisierte Aufgabenstellungen eingesetzt werden, deren Erstellung entsprechend anspruchsvoll ist. Entscheidungsprozedere und Bewertungshilfen zur Notenfindung (holistische oder analytische Bewertungsraster [s. unten]) müssen vorab klar geregelt sein, damit unter Zeitdruck eine faire Bewertung ermöglicht wird. Da immer nur eine oder wenige Personen gleichzeitig geprüft werden können, stellt die praktische Durchführung von mündlichen Prüfungen auch eine nicht zu unterschätzende organisatorische Hürde dar. All diese Aspekte tragen dazu bei, dass mündliche Prüfungen äußerst ressourcenintensiv und entsprechend teuer sind.

Wie bei der Fertigkeit Schreiben bereits erläutert, sind grundlegende Unterschiede zwischen den beiden produktiven Fertigkeiten Sprechen und Schreiben bei der Entwicklung der Aufgabenstellungen und Bewertung zu berücksichtigen. Bygate (1987) unterstreicht zwei zentrale Aspekte: (1) gesprochene Sprache findet häufig spontan unter Zeitdruck im Hier und Jetzt statt, und (2) jede Form von Gespräch ergibt sich aus gegenseitiger Teilnahme und Kooperation, mit Phasen des Sprechens und Phasen des Zuhörens. Für die Beurteilung der Fertigkeit Sprechen ist auch die Tatsache relevant, dass gesprochene Sprache flüchtig ist. Auf die spezifischen Eigenheiten, die das Konstruktverständnis von PrüferInnen besonders prägen sollten, wird nun anhand von drei Dimensionen – kognitiv, sozial und kulturell – näher eingegangen.

Levelt (1989) unterscheidet beim Sprechen drei Komponenten: Konzeptualisierung, Formulierung und Artikulierung.

Zur Beschreibung der kognitiven Dimension der Fertigkeit Sprechen liegt mit Levelt (1989) ein empirisch basiertes und weithin anerkanntes Modell für die mündliche Sprachproduktion von L1- und L2-SprecherInnen vor (s. auch Field 2011 für eine detaillierte Zusammenfassung). Das Modell unterscheidet drei Komponenten des Sprechens: Konzeptualisierung, Formulierung und Artikulierung. Während der Konzeptualisierung planen SprecherInnen sowohl das globale Ziel einer Äußerung (Makroebene) als auch die Inhalte der Äußerung (Mikroebene). Um dies erfolgreich durchzuführen, müssen SprecherInnen sowohl auf ihr Wissen als auch auf ihre Interpretation dessen, was bereits gesagt wurde, zurückgreifen. Die Formulierung besteht aus zwei Schritten, bei der zunächst eine abstrakte grammatische Oberflächenstruktur des zu Sagenden erzeugt wird (*grammatical encoding*), die dann durch das Abrufen der jeweiligen konkreten phonetischen Formen befüllt wird (*phonological encoding*). Während der Artikulierung wird der phonologische Plan schließlich motorisch umgesetzt und es kommt zur konkreten Artikulation der entsprechenden Phoneme und Silben. Das mentale Lexikon speist dabei sowohl die grammatische als auch die phonologische Enkodierung der Äußerung.

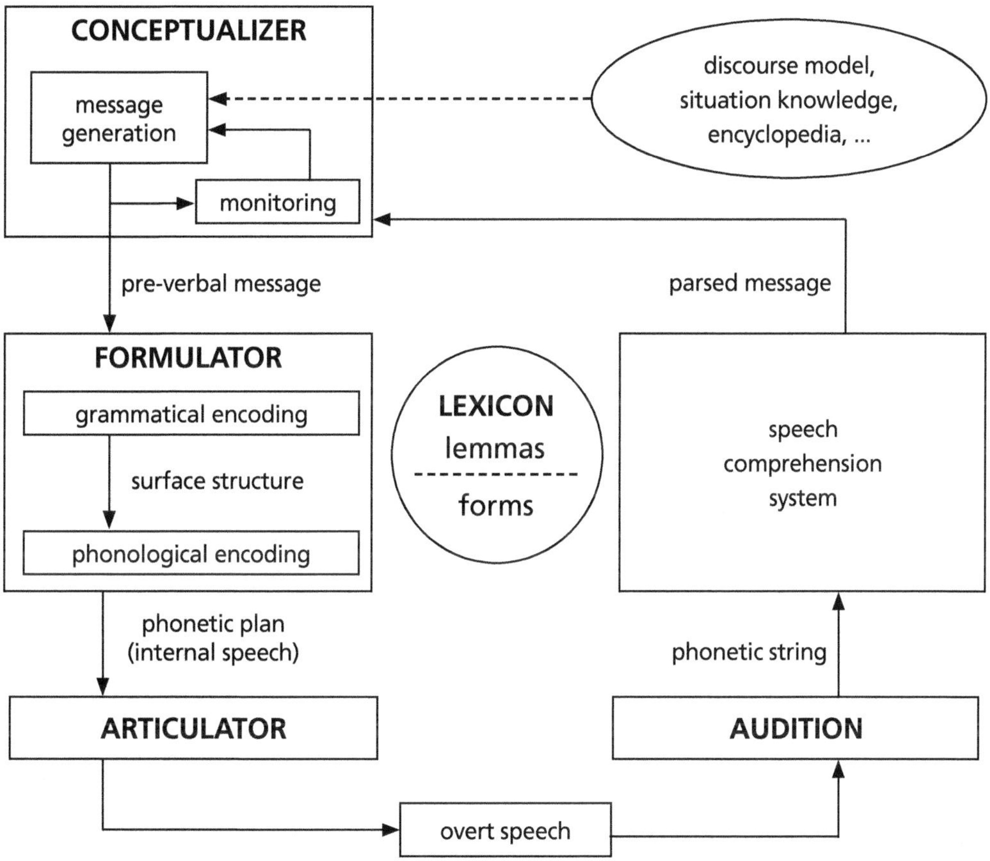

Abb. 5: Levelts Sprachproduktionsmodell (1989)

Anzumerken ist, dass sich Sprechen, insbesondere in alltäglichen Situationen, stets aus dem konkreten Moment heraus realisiert. Dies erfordert, dass die eben beschriebenen Komponenten parallel und damit inkrementell und automatisiert ablaufen.

Das erfolgreiche Kommunizieren in unterschiedlichen Sprechsituationen stellt für die LernerInnen einer Fremdsprache eine große Herausforderung dar. Gerade das schnelle Abrufen adäquater Formen, um die abstrakte Oberflächenstruktur der geplanten Äußerung auch umsetzen zu können, ist bei SprachlernerInnen für eine neue Sprache ja erst zu erwerben. In der L1 hingegen findet dieses Abrufen meist automatisch und entsprechend mühelos statt. Bei SprachenlernerInnen hingegen müssen diese unbewussten und automatisch ablaufenden Prozesse erst entwickelt werden. Aktuelle Forschungsergebnisse zeigen, dass die Sprache von LernerInnen, die vermehrt auf größere lexikalische Einheiten (z. B. Phrasen und Wortketten oder *chunks*) zugreifen, als flüssiger und natürlicher wahrgenommen wird (Wray 2002). Das Verwenden von *chunks* beschleunigt den Formulierungsprozess und spielt zugleich für die SprecherInnen kognitive Kapazitäten frei, die sie für die Planung einsetzen können. Dies führt dazu, dass die LernerInnen weniger Fehler machen, einen natürlicheren Sprachrhythmus mit kürzeren Pausen entwickeln und im Schnitt auch mehr Silben zwischen Pausen erfolgreich artikulieren können (s. auch Field 2011). Neben der kognitiven Dimension hat die mündliche Kommunikation auch eine soziale und kulturelle Seite, die PrüferInnen nicht außer Acht lassen dürfen. So sind wir beim Sprechen meist auch emotional beteiligt, weil wir unsere eigenen Gedanken und Bedürfnisse möglichst effektiv mitteilen wollen. Das Sprechen, egal ob in der Erst- oder Fremdsprache, ist immer in einen sozialen Kontext eingebettet und erfordert die Kooperation der beteiligten GesprächspartnerInnen. Um erfolgreich zu kommunizieren, müssen die GesprächspartnerInnen diverse Höflichkeitskonventionen, den sozialen Status des / der GesprächspartnerIn, Registerunterschiede und Aspekte kultureller Zugehörigkeit auf Basis von sprachlichen Ausprägungen wie Dialekt oder Akzent erkennen und in ihrem Verhalten und in ihren sprachlichen Äußerungen berücksichtigen.

Die kognitiven, sozialen und kulturellen Dimensionen des Sprechens wirken sich in vielerlei Hinsicht darauf aus, wie sich die gesprochene Sprache von der geschriebenen Sprache im Allgemeinen und für LernerInnen einer Fremdsprache im Besonderen unterscheidet. Manche SprachwissenschaftlerInnen argumentieren daher, basierend auf Erkenntnissen der Korpuslinguistik, dass die gesprochene Sprache von eigenen Grammatikregeln bestimmt wird (Carter & McCarthy 2006, auch Du Bois 2003). So weist die gesprochene Sprache beispielsweise eine geringere Informationsdichte auf. Um genug Kapazität für das Konzeptualisieren weiterer Inhalte zur Verfügung zu haben, müssen SprecherInnen häufig bereits Gesagtes wiederholen, umformulieren oder korrigieren, wodurch es auch immer wieder zu kurzen Pausen kommt. Die gesprochene Sprache weist entsprechend kürzere und einfachere Syntagmen auf und ist durch Ellipsen und unvollständige Strukturen gekennzeichnet. Um den soziokulturellen Anforderungen gerecht zu werden, nutzen SprecherInnen Floskeln, Redewendungen und Abschwächungspartikeln. Pausenfüller und Diskursmarker sowie spezielle Konventionen der Deixis sind weitere typische Phänomene der gesprochenen Sprache (s. auch Fulcher 2003; Luoma 2004). Da beim Überprüfen und Bewerten der Fertigkeit Sprechen auf möglichst authentischen Sprachgebrauch abgezielt werden soll, sind diese Merkmale bei der Aufgabenerstellung und in den Bewertungskriterien zu berücksichtigen.

Gerade im direkten Gespräch nimmt die non-verbale Kommunikation zwischen GesprächspartnerInnen einen besonderen Stellenwert ein: Wir können auf Gegenstände zeigen oder durch Gesten eine Erklärung ergänzen. Unsere Körpersprache (Mimik, Körperhaltung, Augenkontakt, Nähe oder Distanz zum Gegenüber und physischer Kontakt) begleitet zumeist unsere impliziten oder expliziten Kommunikationsziele. Wir verwenden paralinguistische Merkmale, um jemanden z. B. durch ein „Sch!" aufzufordern zu schweigen. Darüber hinaus können auch prosodische Elemente paralinguistisch verwendet werden, indem wir unsere Haltung oder Emotion bewusst oder unbewusst mit unserer Stimme ausdrücken (Qualität, Höhe, Lautstärke oder Länge von Lauten). Auch wenn die non-verbale Kommunikation meist nicht in Bewertungskriterien integriert oder beschrieben wird, ist es dennoch sinnvoll, LernerInnen darauf aufmerksam zu machen, da non-verbale Signale gerade bei Prüfungsgesprächen den ersten Eindruck der PrüferInnen auch unbewusst beeinflussen können.

Bei näherer Betrachtung des GeR stellt man fest, dass für die Fertigkeit Sprechen die höchste Zahl an Skalen und Deskriptoren zur Verfügung steht: Der GeR unterscheidet zwischen der mündlichen Produktion, z. B. „Erfahrungen beschreiben", „Argumentieren", „Durchsagen machen" und „vor Publikum sprechen" (s. Europarat 2001, 4.4.1.1), und der mündlichen Interaktion, wie etwa „Konversation", „Interviewgespräche", „Formelle Diskussion" oder „Informelle Diskussion" (ebd. 2001, 4.4.3.1). Diese beiden Modi werden durch spezifische Produktions- und Interaktionsstrategien ergänzt. Als Produktionsstrategien werden „Planen", „Kompensieren" und „Kontrolle und Reparaturen" in Skalen näher beschrieben und bei den Interaktionsstrategien finden sich mit den drei Skalen „Sprecherwechsel", „Kooperieren" und „Um Klärung bitten" spezifisch auf die mündliche Prüfung anwendbare Deskriptoren. Eine linguistische Kompetenz, die ausschließlich für die Fertigkeit Sprechen beschrieben wird, ist die „Beherrschung der Aussprache und Intonation" (s. ebd. 2001, 5.2.1.4). Darüber hinaus findet man im GeR mit den Skalen zur soziolinguistischen Kompetenz („Soziolinguistische Angemessenheit") und pragmatischen Kompetenz („Flexibilität", „Sprecherwechsel", „Flüssigkeit (mündlich)", „Themenentwicklung", „Kohärenz und Kohäsion" und „Genauigkeit") weitere Indikatoren für die Fertigkeit Sprechen.

7.2.1 Die Fertigkeit Sprechen überprüfen

Die gesprochene Sprache und die involvierten Prozesse unterscheiden sich, wie erläutert, von der geschriebenen Sprache und von Schreibprozessen. Diese Unterschiede müssen daher in der Gestaltung von mündlichen Prüfungen und in der Aufgabenerstellung sowie in den Bewertungskriterien berücksichtigt werden. Um jedem / jeder TestkandidatIn die bestmögliche Ausgangssituation in einer Prüfung zu ermöglichen, muss bei der Überprüfung der Fertigkeit Sprechen auch beachtet werden, dass zusätzlich zur Sprachkompetenz Faktoren wie persönliche und psychologische Eigenschaften, Allgemeinwissen, Emotionen wie Ängstlichkeit und strategische Kompetenzen in die Leistung miteinfließen können (vgl. Csépes & Együd 2005): O'Sullivan (2000) unterscheidet in seiner Kate-

> Berücksichtigung von physiologischen und psychologischen Eigenschaften sowie Erfahrung der TestkandidatInnen

gorisierung von TestkandidatInneneigenschaften zwischen physisch / physiologischen Eigenschaften (Alter, Geschlecht und kurzfristige / längerfristige Einschränkungen durch schwere Heiserkeit oder Zahnspangen), psychologischen Eigenschaften (Persönlichkeit, Gedächtnis, Denkstil, affektive Schemata, Konzentration, Motivation und emotionale Verfassung) und Erfahrung (Bildung, Vorbereitung, Prüfungserfahrung, Kommunikationserfahrung, Vertrautheit mit dem Thema, Allgemeinwissen). All diese Aspekte können auf unterschiedliche Art von AufgabenerstellerInnen berücksichtigt werden (vgl. Csépes & Együd 2005; O'Sullivan 2000; O'Sullivan & Green 2011). So sollten Themenbereich und Kontext der Aufgabenstellung beispielsweise weder männliche noch weibliche KandidatInnen bevorzugen. Themen, die nicht motivieren oder möglicherweise negative affektive Schemata aktivieren, sollen vermieden werden. Faktoren wie Gedächtnis, Intellekt oder Allgemeinwissen sollten ebensowenig durch die Prüfung erfasst werden. Darüber hinaus ist es sinnvoll, unterschiedliche Aufgabenformate zu kombinieren, da die Persönlichkeit der TestteilnehmerInnen vor allem bei unterschiedlichen Gesprächs- oder Interaktionsformen (Sprechen allein vs. Sprechen zu zweit vs. Sprechen in einer Gruppe) zum Tragen kommen kann. Csépes & Együd (2005) empfehlen, sich mit der Erfahrungswelt der KandidatInnen und ihren kommunikativen Bedürfnissen auseinanderzusetzen, um einige dieser potentiellen Problembereiche so gut wie möglich zu vermeiden.

Über die persönlichen Charakteristika der TestteilnehmerInnen hinaus muss beim Überprüfen der Fertigkeit Sprechen auch berücksichtigt werden, wie viel Zeit den KandidatInnen zur Vorbereitung ihrer Äußerungen gegeben werden kann, welche Gesprächs- oder Interaktionsformen (KandidatInnen allein, KandidatInnen mit KandidatInnen, LehrerInnen mit KandidatInnen) für die Prüfung sinnvoll erscheinen und ob mehrere unterschiedliche Aufgabenstellungen kombiniert werden sollen.

Bezüglich der Vorbereitungszeit ist festzuhalten, dass es zumindest zwei Perspektiven gibt: Wenn ein / eine TestteilnehmerIn nach Erhalt der Aufgabenstellung etwas Zeit hat, seine / ihre Äußerungen vorzubereiten und Ideen zu sammeln, so entlastet dies sowohl die Konzeptualisierung als auch die Formulierung, da mehr Ressourcen für das Planen sprachlicher Aspekte und das Abrufen lexikalischer Einheiten zur Verfügung stehen. Dies kann sich auf die Flüssigkeit und die Komplexität der Äußerungen in der Prüfung positiv auswirken. Im Sinne der Authentizität muss jedoch darauf hingewiesen werden, dass die meisten Gespräche außerhalb einer Prüfsituation wenig bis keine Planungszeit erlauben. Mit Ausnahme von Präsentationen, Ansprachen oder Situationen, in denen SprecherInnen im Vorhinein zur Abgabe eines Statements oder einer Wortmeldung eingeladen werden, finden die meisten Äußerungen und Gespräche spontan und ungeplant statt. Planungszeit kann sich insofern auf das Testkonstrukt auswirken, als die Interaktion zwischen GesprächspartnerInnen weniger natürlich verläuft und so weniger Rückschlüsse auf das Verhalten in Nicht-Prüfsituationen zulässt (vgl. Nitta & Nakatsuhara 2014). Darüber hinaus sind Planungsphasen auch Teil der wertvollen Prüfungszeit. In diesem Sinne bedarf es einer genauen Definition, ob und ggf. wie viel Zeit den KandidatInnen für die Planung zur Verfügung gestellt wird.

Der GeR unterscheidet, wie bereits erwähnt, zwischen produktiven und interaktiven Sprachaktivitäten. Dementsprechend muss bei der Leistungsüberprüfung sichergestellt sein, dass unterschiedliche Formen des Sprechens sowohl im Rahmen einer Prüfung als auch über das Schuljahr verteilt zum Einsatz kommen. Field (2011) stellt fest, dass jede Interaktionsform unterschiedliche kognitive Ansprüche an die KandidatInnen stellt. Das zusammenhängende monologische Sprechen wird von vielen als besonders schwierig wahrgenommen, da die SchülerInnen eine Vielzahl an Ideen zu einer Aufgabenstellung ordnen und formulieren müssen. Das LehrerIn-SchülerIn-Gespräch hingegen verlangt von SchülerInnen ein verhältnismäßig schnelles sprachliches Reaktionsvermögen, vor allem wenn die Sätze oder Fragen der Lehrperson gezielt und kurz sind. Beim SchülerIn-SchülerIn-Gespräch muss beachtet werden, dass der Gesprächsverlauf überwiegend in den Händen der KandidatInnen liegt und diese flexibel aufeinander eingehen können.

Jede Gesprächs- und Interaktionsform stellt spezielle kognitive Ansprüche an die KandidatInnen.

Genauso wie bei der Überprüfung der Fertigkeit Schreiben ist es für die Validität von mündlichen Prüfungen in der Fremdsprache essentiell, dass die Bewertungskriterien den kommunikativen Zielen des Unterrichts entsprechen. Das Formulieren von Gedanken und Ausdrücken von Bedürfnissen in der Fremdsprache ist ein komplexer Prozess. Damit LernerInnen sprachliches Selbstvertrauen aufbauen können und gern in der Fremdsprache sprechen, ist es empfehlenswert, von einem reinen Fokus auf Aufgabenerfüllung und Korrektheit des sprachlichen Ausdrucks Abstand zu nehmen. Fehler unterschiedlicher Art kommen ja auf ganz natürliche Weise ebenso in den Äußerungen von bereits sehr kompetenten L2-SprecherInnen oder von L1-SprecherInnen vor. Wie Bewertungskriterien gestaltet werden können, um einem handlungsorientierten und kommunikativen Ansatz gerecht zu werden, wird unten näher beschrieben.

7.2.2 Aufgabenformate für das Überprüfen von Sprechen

Um eine Aussage über die mündliche Sprachkompetenz von SchülerInnen treffen zu können, müssen diese beim Erfüllen einer Aufgabenstellung beobachtet werden. Die Entwicklung von Aufgabenstellungen, die den KandidatInnen eine bestmögliche und repräsentative Leistung ermöglichen, stellt dabei eine nicht zu unterschätzende Herausforderung dar:

> This is one of the key challenges in testing speaking: designing tasks that elicit spoken language of the type and quantity that will allow meaningful inferences to be drawn from scores to the learner's ability on the construct the test is designed to measure. (Fulcher 2003, 47)

Im Folgenden werden unterschiedliche Aufgabenformate vorgestellt. Aufgabenstellungen für einen handlungsorientierten Ansatz werden dabei ausführlicher beschrieben. Aber auch Aufgabenformate, die in standardisierten und / oder computerbasierten Prüfungsszenarien zum Einsatz gelangen, werden kurz angesprochen.

Mündliche Aufgabenformate werden häufig danach kategorisiert, wie sehr die Äußerungen der KandidatInnen vorhersehbar sind und durch die Aufgabenstellung und Verhaltensweisen des Interlokutors / der Interlokutorin gesteuert werden (vgl. Fulcher 2003; Galaczi & ffrench 2011; Luoma 2004; Underhill 1987). Hier folgt eine Auswahl von häufig genutzten Aufgabenformaten, geordnet von stark gesteuert und nicht kommunikativ zu offen und kommunikativ:

InterlokutorIn: GesprächspartnerIn in der Prüfungssituation (kann andere / andere KandidatIn sein, oft jedoch Lehrperson bzw. PrüferIn)

- Vorlesen
- Sätze wiederholen
- Sätze vervollständigen
- Anleitungen, Beschreibungen oder Erklärungen geben
- Ein Bild / eine Bildgeschichte oder eine Grafik beschreiben
- Präsentation / mündlicher Bericht
- Interview
- Rollenspiel / Simulation
- Entscheidungen als Paar oder im Team treffen
- Diskussion.

Aufgaben, bei denen die Äußerungen der KandidatInnen stark gesteuert werden (z. B. **Vorlesen, Sätze wiederholen, Sätze vervollständigen**), kommen hauptsächlich bei computerbasierten Prüfungen zum Einsatz. Diese Aufgabenstellungen fokussieren vor allem auf mechanische Aspekte des Sprechens. Allerdings können beim Vorlesen neben einer korrekten Aussprache der Wörter auch Aspekte wie Intonation, Rhythmus und Betonung gut und mithilfe eines Bewertungsrasters auch reliabel beobachtet werden. Die Textpassagen können hinsichtlich Stil, Komplexität und Thema dem Niveau der KandidatInnen angepasst werden. Kommen stets die gleichen Lesepassagen zum Einsatz, sind die Leistungen der KandidatInnen vergleichbar. Es ist jedoch zu bedenken, dass dieses Aufgabenformat keine kommunikative Ausrichtung hat und dass Prüflinge mit speziellem Training auch innerhalb eines kurzen Zeitraumes ihre Leistungen erheblich steigern können.

Stark gesteuerte und wenig kommunikative Aufgabenformate zur Überprüfung der Fertigkeit Sprechen

Anleitungen und Impulsfragen sind Aufgabenformate, bei denen die mündliche Produktion durch die gewählten Fragen oder Bilder gesteuert wird. Je nach Anleitung oder Frage erfordern diese Aufgaben die Produktion einer zusammenhängenden Äußerung vom / von der KandidatIn. Diese Aufgaben sind für die Überprüfung des produktiven Sprechens gut geeignet und bedürfen im Gegensatz zur Präsentation auch keiner längeren Vorbereitung. Underhill (1987) beschreibt eine ganze Reihe an Möglichkeiten, wie diese Aufgabenstellungen variiert werden können: Die Ausgangsfragen können unterschiedlichen Lernerniveaus angepasst werden und sehr elementar („Beschreibe, wie man deine Lieblingsspeise zubereitet", „Beschreibe dein Zimmer") oder auch zunehmend komplex („Was würdest du jemandem raten, der gerade auf Jobsuche ist?", „Bist du für oder gegen Atomstrom?") gestaltet sein. Underhill (1987, 69) schlägt zwar vor, dass man den KandidatInnen eine Auswahl an vergleichbaren Fragen geben sollte, was jedoch eine reliable Bewertung der SchülerInnen erschwert. **Bilder und Grafiken** lassen sich ebenfalls gut den jeweiligen Bedürfnissen und Kompetenzstufen anpassen. Der Vorteil ist, dass selbst sehr abstrakte und komplexe Themenbereiche angesprochen werden können, ohne dass das Leseverstehen der KandidatInnen ihre mündliche Performanz beeinflusst. So eignen sich bspw. Bildgeschichten besonders dazu, das Nacherzählen von Ereignissen und die Anwendung von Vergangenheitsformen zu überprüfen. Ein Nachteil von Bildern und Grafiken als Impuls ist jedoch, dass diese von Prüflingen auch missverstanden oder falsch interpretiert werden können und es nicht immer einfach ist, gut geeignete Bilder oder Bildgeschichten zu finden.

In den Richtlinien zur Erstellung von monologischen Prüfungsaufgaben für die SRDP in Österreich wird der Einsatz von einem oder zwei Bildern / Grafiken und drei leitenden Unterpunkten samt Operatoren empfohlen (s. Abb. 6): Während der Bildimpuls als Einstieg in den Themenbereich dient, steuern die Folgefragen den sprachlichen Output der KandidatInnen. Im Beispiel werden mehrere kürzere Aufgaben – Bilder beschreiben, vergleichen und die eigene Meinung äußern – miteinander kombiniert. Den Operatoren *compare, argue, suggest* kommt dabei eine besondere Rolle zu, da sie die Schwierigkeit der Aufgabenstellung und das Niveau der erwarteten Antwort steuern helfen.

You attend an international conference where teenagers from all over Europe discuss ways to improve the quality of life in their communities. During a workshop on public space, each participant can present their point of view. Prepare to talk at this workshop for 5 minutes. Include the points below.

- **Compare** the ideas of using public space in the two pictures.
- **Argue** why (or why not) recreational areas are needed.
- **Suggest** how the use of public space could be improved in your area.

Public domain (https://tinyurl.com/ycfre6lx [21.09.2017])

By Cbl62 at English Wikipedia, CC BY-SA 3.0, (https:// tinyurl.com/ybpsmgoy [21.09.2017])

Abb. 6: Sprechaufgabe mit Bildimpuls (vgl. https://tinyurl.com/ya4afdvs [21.09.2017])

Offene und kommunikative Aufgabenformate zur Überprüfung der Fertigkeit Sprechen

Im Schulkontext ist als weiteres Aufgabenformat die vorbereitete **Präsentation**, vor allem als Teil der kontinuierlichen Bewertung, verbreitet. Die SchülerInnen halten einen Kurzvortrag zu einem – oft von ihnen selbst gewählten – Thema und präsentieren mithilfe von Notizen, Postern oder einer digitalen Präsentationssoftware (z. B. Prezi oder Microsoft Powerpoint). Anschließend an den vorbereiteten Monolog können Fragen der MitschülerInnen oder der Lehrperson beantwortet werden und es kann zwischen monologischem und dialogischem Sprechen gewechselt werden. Dieses Aufgabenformat zeichnet sich durch seine hohe Flexibilität und Authentizität aus. Darüber hinaus können gerade introvertierte SchülerInnen von der Möglichkeit der Vorbereitung profitieren und hier bessere Leistungen erbringen als beim spontanen Sprechen. Zu beachten ist jedoch, dass die selbst gewählten Themen nicht als gleich schwierig einzustufen sind und dass die SchülerInnen eventuell Themen wählen, die für ihren derzeitigen Sprachstand zu anspruchsvoll oder zu einfach sind. Die Lehrperson sollte diesen Aspekt berücksichtigen und die SchülerInnen ggf. bei der Themenwahl beratend unterstützen.

Das **Interview**, also ein direktes Gespräch zwischen dem / der PrüferIn und dem / der TestkandidatIn, ist international gesehen die verbreitetste Prüfungsform für die Fertigkeit Sprechen. Das Interview folgt generell einer vorgegebenen Struktur, bietet den Beteiligten aber auch die Möglichkeit, ihre eigenen Gedanken einzubringen. Die PrüferInnen nehmen eine zentrale Rolle ein, da sie mit ihren Fragen ein bestimmtes Ziel verfolgen und die Kontrolle über den Gesprächsverlauf haben. Das Genre Interview wurde gerade aufgrund seiner Beliebtheit und weiten Verbreitung ausführlich erforscht; dementsprechend sind auch zahlreiche Problembereiche bekannt. Einerseits ist das Interview aufgrund der Ungleichheit der GesprächspartnerInnen nicht sehr authentisch, da nur der / die PrüferIn den Gesprächsverlauf vorgibt und Informationen vom / von der KandidatIn erfragt. Daraus ergibt sich eine geringere Repräsentation des Konstrukts für das interaktive Sprechen in Interviews, da die GesprächspartnerInnen nicht auf Augenhöhe sprachlich kooperieren und sich die KandidatInnen dem / der GesprächspartnerIn gegenüber nicht kritisch äußern oder keine bzw. selten Fragen an den / die PrüferIn richten. Csépes und Együd (2005) empfehlen daher, das Interview nicht als einziges Aufgabenformat einzusetzen, sondern mit anderen Formaten zu kombinieren.

Das **Rollenspiel** ist ein interaktives Aufgabenformat, bei dem sowohl die TestkandidatInnen als auch die InterlokutorInnen eine vom Kontext vorgegebene Rolle spielen. Der / die InterlokutorIn nimmt z. B. die Rolle eines / einer interessierten KundIn oder Bekannten ein, während die KandidatInnen Auskunft über Informationen geben, die sie in der Aufgabenstellung erhalten haben, oder die Teil ihrer berufsspezifischen Bildung sind. So findet das Rollenspiel gerade in Sprachlernkontexten, die eine berufsbildende Ausrichtung haben, besonders häufig Anwendung. Luoma (2004) hebt bei diesem Format hervor, dass sozial anspruchsvollere und weniger vorhersehbare Situationen zum Einsatz kommen sollten. So könnte eine Aufgabe verlangen, sich angemessen beim / bei der NachbarIn über den Lärm auf dessen / deren Party zu beschweren, weil man sich gerade auf eine Prüfung vorbereiten muss, dabei aber weiß, dass man selbst am folgenden Wochenende eine Party organisieren möchte.

Da mittels Rollenspielen ein sehr breites Spektrum an unterschiedlichen Situationen abgedeckt werden kann, wirken sie auf den ersten Blick geradezu ideal. Es muss allerdings auch auf die zahlreichen Schwächen dieses Aufgabenformats verwiesen werden: Wenn die Aufgabe kein klares Ziel vorgibt oder die SchülerInnen die Aufgabe nicht adäquat erfüllen, kann der / die InterlokutorIn kaum eingreifen. Darüber hinaus kann die Aufgabe unterschiedlich schwer für die teilnehmenden KandidatInnen sein, wenn die GesprächspartnerInnen bspw. unterschiedliche sprachliche Funktionen erfüllen müssen. Beim Rollenspiel gilt es auch zu bedenken, dass es manchen Persönlichkeitstypen mehr entspricht als anderen (Csépes & Együd 2005). Von den KandidatInnen wird schließlich in einer Prüfungssituation verlangt, sich in eine andere Person zu versetzen, ein Aspekt, der auch in die Bewertung einfließt. Wenn man sich angesichts dieser Nachteile dennoch entschließt, das Rollenspiel in einer Prüfungssituation einzusetzen, dann muss überlegt werden, wie die Rollen möglichst neutral und als Teil der Erlebenswelt der KandidatInnen definiert werden können.

Als letztes Aufgabenformat wird die **Diskussion** vorgestellt. Diskussionen sind kommunikativ ausgerichtet, offen und authentisch (Underhill 1987) und daher besonders zur Beobachtung der interaktiven Sprechfertigkeit der KandidatInnen geeignet. Im Gegensatz zum Interview, bei dem der Informationsfluss tendenziell nur in einer Richtung verläuft, tauschen die GesprächspartnerInnen in einer Diskussion ihre Meinungen und Einstellungen zu gleichen Teilen aus. Laut Csépes & Együd (2005) können die TestkandidatInnen im Rahmen von Diskussionen unterschiedliche Aufgaben wie Planen, Auswählen, Gegenüberstellen, Sortieren, Umgestalten oder Problemlösen erfüllen. Auch wenn Aufgabenstellungen für die Diskussion einen gewissen kontextuellen Rahmen vorgeben (s. dialogischer Sprechauftrag), müssen die TestteilnehmerInnen im Unterschied zum Rollenspiel dabei nicht die Position oder Meinung einer anderen Person vertreten, sondern können ihre Vorschläge und Meinungen selbst zur Lösung der Aufgabe einbringen. Abb. 7 zeigt ein entsprechendes Beispiel.

You have been invited to an International Youth Conference dealing with health issues. On your sheet, there are issues that the organizers are interested in. Discuss which of these issues are relevant for young Austrians' health:

- sleep
- exercise
- road safety
- smoking
- loud music and noise
- alcohol.

Discuss your ideas with your partner and agree on the three most important ones.

Abb. 7: Dialogischer Sprechauftrag entsprechend der Richtlinien des Österreichischen Bundesministeriums für die Mündliche Reifeprüfung (BMBF 2013)

Um eine Vergleichbarkeit zwischen den Leistungen der TestteilnehmerInnen und eine reliable Bewertung zu gewährleisten, müssen Sprechaufträge ähnlich anspruchsvoll gestaltet sein. Die Frage, ob die Aufgabenschwierigkeit anhand von Faktoren wie Steuerung, Anzahl der Arbeitsschritte innerhalb der Aufgabenstellung oder Vertrautheit mit dem Thema vorhergesagt werden kann, wurde in zahlreichen empirischen Studien untersucht. Wie Fulcher (2003) eingehend darstellt, können sich unterschiedliche Aufgabenstellungen systematisch auf die Prüfungsergebnisse auswirken; allerdings ist dieser Effekt meist sehr gering. Fulcher zieht daher u. a. den Schluss, dass der entscheidendste Faktor bei gut entwickelten Aufgaben stets die Kompetenz der KandidatInnen bleibt. Die Vertrautheit mit den Themen, die Operatoren (Makrofunktionen) und auch der Kontext der jeweiligen Sprechaufträge können bei der Aufgabenerstellung gezielt genutzt werden, um zu gewährleisten, dass die TestteilnehmerInnen die Sprache auf dem gewünschten Niveau verwenden und die Aufgabe erfolgreich und adäquat erfüllen. Allerdings zeigt sich jedoch nur bei der Erprobung von Aufgaben, ob dies auch tatsächlich der Fall ist. Aus diesem Grund ist es besonders bei Prüfungen, die nachhaltige Auswirkungen auf LernerInnen haben, ratsam, die Aufgaben an einer ähnlichen Lerngruppe vorab zu erproben oder zumindest Erkenntnisse aus dem Prüfungsverlauf für eine weitere Überarbeitung zu nutzen. Hier einige Fragen, die eine Evaluierung von Sprechaufträgen leiten können:

1. Haben die TestkandidatInnen die Aufgabenstellung richtig verstanden oder gab es Unklarheiten?
2. Haben die TestkandidatInnen die vorgegebene Sprechzeit tatsächlich genutzt? Hatten sie genügend Informationen / Ideen, um weiter zu sprechen?
3. Verwendeten die TestkandidatInnen eine dem Prüfungsniveau entsprechende Sprache, um die Aufgabe adäquat zu erfüllen?

7.2.3 InterlokutorInnenverhalten

Im Folgenden soll ein Aspekt mündlicher Prüfungen thematisiert werden, der im Gegensatz zur Aufgabenschwierigkeit einen nachweislich feststellbaren und systematischen Effekt auf den Prüfungsdiskurs und die Prüfungsergebnisse haben kann. Als „InterlokutorIn" wird der / die GesprächspartnerIn in Prüfungsgesprächen bezeichnet. Diese Funktion kann sowohl von dem / der PrüferIn, als auch von einem / einer weiteren KandidatIn eingenommen werden. Die / der PrüferIn kann dabei sowohl die Doppelrolle BewerterIn / InterlokutorIn ausfüllen, oder, bei ausreichend vorhandenen Ressourcen, sich auf die Gesprächsführung konzentrieren, während eine weitere Person die Rolle des / der BewerterIn übernimmt. Der Effekt der InterlokutorInnen auf den Gesprächsverlauf wurde sowohl für den / die InterlokutorIn als PrüferIn als auch für KandidatInnenpaare ausführlich erforscht. Gezeigt werden konnte, dass Aspekte wie Kommunikationsstil, Vertrautheit zwischen den GesprächspartnerInnen, kultureller Hintergrund, Persönlichkeit, Geschlecht und Alter Auswirkungen auf die mündliche Sprachproduktion haben können (vgl. u. a. Brown 2003; Carey et al. 2011; McNamara

1997; O'Sullivan 2002; Zhang & Elder 2011). Daraus lässt sich schließen, dass PrüferInnen Überlegungen anstellen müssen, um den InterlokutorInneneffekt zu minimieren.

Maßnahmen zur Reduktion eines möglichen InterlokutorInneneffekts

Wenn der/die InterlokutorIn zugleich auch der/die einzige GesprächspartnerIn und PrüferIn ist, kommt ihm/ihr die Aufgabe zu, die Prüfungsaufgaben vorzustellen und den/die TestteilnehmerIn durch die Prüfung zu führen. Dazu gehören z. B. das Begrüßen und Verabschieden, eine Erklärung zum Ablauf der Prüfung, das Vorlesen der Aufgabenstellung und die zeitliche Koordinierung der Prüfung. Dabei gibt es eine Reihe von Verhaltensweisen, die zu einem reliablen und fairen Prüfungsverlauf beitragen. In erster Linie kann das InterlokutorInnenverhalten durch den Einsatz eines Leitfadens geregelt werden. Leitfäden standardisieren einerseits den Ablauf, die Zeitvorgaben und die Anleitungen und bieten andererseits Anweisungen, wie mit gewissen Situationen (wenn der/die TestteilnehmerIn z. B. zu leise spricht) umzugehen ist. Über den Leitfaden hinaus gibt es aber auch eine Reihe von Verhaltensweisen, die zu einem standardisierten Prüfungsverlauf beitragen können. Hier ein Auszug einiger *Dos* und *Don'ts* aus Csépes & Együd (2005):

Dos	Don'ts
▸ Augenkontakt halten ▸ höfliche, angenehme und ermutigende Gesprächsführung ▸ Zeitrahmen und Ablauf genau einhalten ▸ klare, deutliche Aussprache ▸ Fehler und Schwächen nicht kommentieren ▸ ermutigende Signale geben („mhm", „ja", „okay") ▸ beim Aufschreiben von Notizen diskret verhalten	▸ Humor, Ironie oder Ablehnung zeigen ▸ unnötige Kommentare abgeben ▸ TestteilnehmerInnen verbessern oder „Vorträge halten" ▸ starke positive oder negative Emotionen zeigen ▸ TestteilnehmerInnen unterbrechen

Tab. 1: *Dos* und *Don'ts* im InterlokutorInnenverhalten (Csépes & Együd 2005)

In Anbetracht der Bemühungen, das InterlokutorInnenverhalten bei Prüfungen zu standardisieren, erscheint es auf den ersten Blick widersprüchlich, bei einer Prüfung zwei KandidatInnen miteinander sprechen zu lassen. Bei dieser Prüfungskonstellation hängt der Gesprächsverlauf von der Interaktion der beiden KandidatInnen ab und kann kaum gesteuert werden. Nichtsdestotrotz gibt es gerade im Schulkontext, in dem die TestteilnehmerInnen einander kennen und auch von eher homogenen Lerngruppen ausgegangen werden kann, ausreichend Gründe, die für eine interaktive Aufgabe zwischen zwei KandidatInnen sprechen (u. a. Fulcher 2003; Galaczi 2008; Luoma 2005; Taylor 2000): Zum einen nehmen die SchülerInnen selbst diese Prüfungsform als natürlicher wahr und sind deutlich weniger nervös. Das Prüfen von zwei KandidatInnen anhand einer Aufgabe erleichtert auch das Beobachten und Bewerten, da man als PrüferIn und/oder InterlokutorIn kaum ins Gespräch eingebunden ist. Es ist zudem ökonomischer, da weniger Aufgaben erstellt werden müssen und in weniger Zeit mehr Personen geprüft werden können. Darüber hinaus wird, wie bereits erwähnt, ein breiteres Konstrukt überprüft, da die KandidatInnen einander auf Augenhöhe begegnen und mehr Fragen stellen oder einander auch widersprechen. Letztlich hat das Prüfen in Paaren auch positive Auswirkungen auf den Unterricht, da infolge eines Rückkopplungseffekts verstärktes Augenmerk auf die Interaktion zwischen SchülerInnen gelegt wird.

7.3 Bewerten von produktiven Fertigkeiten

Die Bewertung der produktiven Fertigkeiten ist deutlich komplexer als die Bewertung rezeptiver Fertigkeiten, denn diese werden meist anhand geschlossener Aufgabenformate überprüft, was eine dichotome Bewertung (‚Richtig / Falsch') ermöglicht (vgl. u. a. Tankó 2005). Wird ein entsprechender Bewertungs- oder Korrekturschlüssel herangezogen, ist auch eine konsistente und objektive Bewertung gewährleistet. Bei der Überprüfung der produktiven Fertigkeiten gilt es jedoch, eine Performanz einzuschätzen und zu bewerten. Dies wiederum öffnet Möglichkeiten für subjektive Urteile von BewerterInnen (vgl. Arras 2009). Um die Subjektivität in der Bewertung produktiver Fertigkeiten zu verringern und die Bewertung so konsistent wie möglich zu gestalten, können BewerterInnen Beurteilungsschemata respektive Bewertungsraster oder -skalen nutzen, die den Bewertungsprozess leiten und unterstützen.

Messskalen oder Raster ermöglichen es im Allgemeinen durch ihre Anordnung spezifischer Einheiten, Werte von Messinstrumenten abzulesen. Skalen finden sich auf Thermometern, Waagen, Maßbändern und vielen anderen Messinstrumenten. Sprachliche Leistungen zu bewerten und einzustufen ist jedoch deutlich komplexer und schwieriger als genormte physikalische Größen zu messen. Daher sind Bewertungsskalen in der Sprachtestung auch selten als absolute Vorgaben zu verstehen, sondern eher als Rahmen, die eine gewisse Flexibilität bei der Bewertung erlauben. Sie geben BewerterInnen eine Richtlinie, anhand derer sie ihr Bewertungsverhalten rechtfertigen und auch stabilisieren können (McNamara 2000). Bewertungsskalen für Sprachtests haben jedoch nicht ausschließlich den Zweck, BewerterInnen zu unterstützen, sondern können auch berichtend oder beschreibend eine Hilfe für VerwenderInnen von Testresultaten (LernerInnen, Eltern oder ArbeitgeberInnen) sein, indem sie die Interpretation einer Einstufung erleichtern (Alderson 1991). In diesem Sinn erfüllen Bewertungsskalen auch für LernerInnen die Funktion, die Bewertung nachvollziehbar und transparent zu machen.

Bewertungsraster / Bewertungsskalen sollen den Bewertungsprozess leiten, unterstützen und Transparenz gewährleisten.

Anders als bei rein numerischen Skalen wie Gewichts- oder Temperaturangaben, benötigen Sprachtestskalen Deskriptoren, die Performanzen meist auf verschiedenen Stufen beschreiben und von der spezifischen sprachlichen Aktivität abstrahieren, um sie für möglichst viele unterschiedliche Aufgabenstellungen anwendbar zu machen. Dabei spricht man im Allgemeinen eher von *„bands“*, „Bandbreiten“ oder auch „Stufen“ als von Punkten, die ein / eine TestkandidatIn erreicht (Alderson 1991). In nicht-diagnostischen Testszenarien findet sich in Bewertungsskalen zudem oft ein Schwellenwert (*cut-off-point*), der als minimale Anforderung für eine positive Bewertung definiert wird. Bei Sprachtests, die die fremdsprachliche Kompetenz auf unterschiedlichen Niveaustufen einer Skala

cut-off-point: Schwellenwert, kritischer Punkt oder Minimum, das für eine positive Bewertung zu erreichen ist.

(z. B. GeR oder ACTFL) bewerten, wie z. B. *Oral Proficiency Interview* oder *Elicited Imitation Test* (Drackert 2015), werden jeweils die *cut-off-points* zwischen benachbarten Stufen ermittelt.

Deskriptoren sollen gewährleisten, dass die Stufen einer Bewertungsskala von verschiedenen BewerterInnen möglichst ähnlich interpretiert werden. Skalen können dabei beliebig viele Stufen aufweisen, wobei es ratsam ist, nicht mit mehr als zehn Stufen zu arbeiten, da sich die Skala sonst als unübersichtlich und wenig praktikabel erweist. Dies ist besonders bei Skalen für die Bewertung mündlicher Performanzen zu berücksichtigen, bei denen BewerterInnen durch den Echtzeitfaktor einer hohen kognitiven Belastung ausgesetzt sind.

Die meisten Skalen, die in der Sprachtestung Anwendung finden, haben daher zwischen drei und neun Stufen (McNamara 2000). Da Sprachtestskalen sehr oft mit komparativen sprachlichen Mitteln in Bezug auf die einzelnen Deskriptoren arbeiten, steigt auch die Schwierigkeit, zwischen den Stufen verlässlich und präzise zu unterscheiden, mit der Zahl der Stufen an. Während man also meinen könnte, dass eine größere Anzahl an Stufen zwingend eine genauere und differenziertere Unterscheidung von Nuancen in Performanzen erlaubt, wären zu viele Stufen kontraproduktiv, da sie wenig benutzerfreundlich sind und BewerterInnen auch kognitiv überfordern können. Ferner erhöht eine große Anzahl von Stufen die Wahrscheinlichkeit unterschiedlicher Bewertungen und würde damit eine niedrigere Interrater-Reliabilität nach sich ziehen. Zu wenige Stufen hingegen erscheinen nicht angemessen, da die Bandbreite an Performanzen nicht adäquat abgebildet und so auch der Fortschritt von SchülerInnen nicht ausreichend detailliert nachgezeichnet werden kann. Wie die Darstellung der Schwächen einer höheren oder geringeren Anzahl an Stufen zeigt, sind Überlegungen zur Zusammensetzung einer Skala unerlässlich und hängen auch von deren Verwendungszweck ab. Auf Beispiele unterschiedlicher Skalen wird im Laufe des Kapitels verwiesen.

Neben der Anzahl an *Bands* kann auch die Art der Bewertungsskala je nach Bewertungsszenario variieren. Im Allgemeinen werden zwei Typen von Bewertungsskalen für produktive Fertigkeiten unterschieden: holistische und analytische. Holistische Skalen ermöglichen eine ganzheitliche Beurteilung einer Performanz aufgrund eines globalen Gesamteindrucks. Analytische Bewertungsskalen erfordern hingegen, dass BewerterInnen zu einem oder mehreren einzelnen Aspekten einer Performanz eine Bewertung vornehmen. Bei mündlichen Performanzen können beispielsweise Interaktion, Flüssigkeit, Aufgabenbewältigung, Sprachrichtigkeit, Spektrum sprachlicher Mittel, Aussprache etc. anhand entsprechender Kriterien bewertet werden.

Zwei Typen von Bewertungsskalen: holistisch (global) und analytisch

Holistische oder globale Skalen haben den Vorteil, in ihrer Anwendung zeitsparend zu sein (vgl. Hughes 2003). Sie stellen geringere kognitive Anforderungen an BewerterInnen, da diese sich auch auf ihre Intuition verlassen können. Eine holistische Bewertung beinhaltet jedoch nur selten diagnostische Informationen für LernerInnen, da sie meist knapp, eher oberflächlich und daher schwer zu inter-

Vorteile holistischer Skalen sind
- die impressionistische Bewertung einer Performanz in ihrer Gesamtheit
- die zeitsparende Anwendung
- die relativ hohe Authentizität.

pretieren ist. Die Benutzung holistischer Skalen geht oft mit der Ansicht einher, Sprachfähigkeit als eindimensionale Fähigkeit zu betrachten (vgl. Bachman & Palmer 2010). Hamp-Lyons (1991) und Weigle (2002) heben demgegenüber hervor, dass sich der Erwerb einer produktiven Fertigkeit unterschiedlich schnell gestaltet und beispielsweise der Wortschatz rascher wächst als die Interaktionsfähigkeit. Dies kann in holistischen Bewertungsskalen nicht adäquat abgebildet werden. Holistische Bewertungen korrelieren zudem nachweislich mit formalen Charakteristiken einer Performanz, wie Lesbarkeit des Schriftbilds oder Textlänge (vgl. Charney 1984; Tedick & Mathison, 1995). Eine potentiell hohe Interrater-Reliabilität wird daher durch die Verwendung einer holistischen Skala möglicherweise auf Kosten der Validität erwirkt (vgl. Weigle 2002). Bachman & Palmer (2010) fassen drei grundlegende Probleme globaler Skalen zusammen: vage Interpretation, daraus folgend Schwierigkeiten, eine Performanz einer Stufe zuzuordnen, und die ggf. unterschiedliche Gewichtung der einzelnen Skalenkomponenten. Holistische Skalen werden dennoch als authentisch angesehen, da sie der persönlichen Reaktion von LeserInnen / HörerInnen auf eine Performanz eher entsprechen, für die meist der Gesamteindruck entscheidend ist.

Unter folgenden Links stehen holistische Skalen zur Bewertung der Fertigkeit Sprechen zur Verfügung:

- BMUKK & CEBS 2013, 36–37, https://tinyurl.com/nhhmjrs (21.09.2017)
- BMBF & UIBK 2012, 10–13, https://tinyurl.com/y74s84ee (21.09.2017)

Band 6 aus einer holistischen Skala zur Bewertung der Fertigkeit Sprechen auf Niveau B1 und damit jenes Band, das eine minimal positive Leistung beschreibt, soll im Anschluss exemplarisch dargestellt werden:

6	Erfüllung der Aufgabenstellung	Die meisten Teile der Aufgabenstellung werden angesprochen und ausreichend ausgeführt.
	Flüssigkeit & Interaktion	Drückt sich – wenn auch manchmal zögerlich – trotz einiger Formulierungsprobleme verständlich aus, Gesprächsführung hängt stark vom Gegenüber ab.
	Spektrum gesprochener Sprache	Verfügt über genügend sprachliche Mittel und einen ausreichend großen Wortschatz, um mit der Aufgabenstellung zurechtzukommen; behandelt die Thematik mit einigen Umschreibungen.
	Richtigkeit gesprochener Sprache	Verwendet den Grundwortschatz und ein Repertoire häufiger Wendungen ausreichend korrekt.

Tab. 2: Band 6 der holistischen Skala zur Bewertung der Fertigkeit Sprechen, B1 (BMBF & UIBK 2012, 11)

Analytische Bewertungsskalen bringen eine vergleichsweise zeitintensive Durchführung des Bewertungsprozesses mit sich. Sie erfordern mehr Training und ein stärkeres Vertrautwerden der BewerterInnen, da diese Skalen aus einer höheren Anzahl an Kriterien und Deskriptoren bestehen. In ihrer Detailliertheit liegt aber zugleich auch der große Vorteil von analytischen

Vorteile analytischer Skalen sind
– die separate Bewertung verschiedener Aspekte einer Performanz
– die differenzierten und diagnostisch wertvollen Rückmeldungen.

Skalen. Durch die einzelne Betrachtung verschiedener Aspekte erlauben sie eine differenzierte Bewertung der Lernenden und ermöglichen die Beschreibung eines Lernerprofils, das durch ein detailliertes diagnostisches Feedback unterrichtlich besser genutzt werden kann (vgl. Luoma 2004). Ein weiterer positiver Aspekt von analytischen Bewertungsskalen ist, dass sie BewerterInnen anhalten, Aspekte einer Performanz zu beachten und zu beurteilen, die sie ansonsten möglicherweise ignorieren oder übersehen würden (vgl. Hughes 2003).

Hughes (ebd.) verweist darüber hinaus auch darauf, dass durch die Bewertung mehrerer Aspekte einer Performanz eine höhere Reliabilität gegeben ist. Die Anzahl beobachtbarer Kriterien beschränkt sich jedoch meist auf fünf bis sechs, eine höhere Anzahl wäre nur schwer handhabbar (vgl. Europarat 2001). Während die Gewichtung von Teilaspekten in holistischen Bewertungen intuitiv erfolgt (vgl. ebd. 2001), erlauben analytische Raster aufgrund ihrer Differenziertheit eine systematische Gewichtung: Es kann z. B. entschieden werden, dass einem sprachlichen Bewertungskriterium wie der Sprachrichtigkeit mehr Gewicht zugeschrieben wird als anderen Kriterien. Dies kann sich in zusätzlichen Skalenstufen für dieses Kriterium ausdrücken oder sich in der stärkeren Gewichtung ebendieser im Gesamturteil widerspiegeln.

Ein nicht unproblematischer Aspekt analytischer Raster ist die Unabhängigkeit der Kriterien. Weir (2005) betont, dass die erforderliche Unabhängigkeit der Bewertungen für die einzelnen Kriterien nicht immer gegeben ist, sondern es auch zu einem Halo-Effekt kommen kann, bei dem die Bewertung einer Kategorie die Bewertung einer anderen Kategorie positiv oder negativ beeinflussen kann. So kann es bei der Verwendung von analytischen Skalen manchmal erforderlich sein, am Ende ein zusätzliches globales Urteil über die Performanz zu fällen. Ein „Blick auf das Ganze" (Tschirner 2001, 107) kann einerseits die Validität stärken, „da ja auch die ZuhörerInnen mündliche Texte als Ganzes wahrnehmen" und andererseits einem möglichen Halo-Effekt entgegengewirken (ebd.).

Halo-Effekt: Beeinflussung einer Bewertung durch eine andere, eigentlich davon unabhängige Bewertung

Unter folgenden Links stehen Beispiele für analytische Skalen zur Bewertung der Fertigkeit Schreiben und Sprechen zur Verfügung:

- BIFI & UIBK 2014, https://tinyurl.com/zcd8qes (21.09.2017)
- BMUKK & CEBS 2013, 33–34, https://tinyurl.com/nhhmjrs (21.09.2017)
- ÖSZ o. J., https://tinyurl.com/ydfm7yky (21.09.2017).

Die Wahl der Art des Bewertungsrasters wird von den Umständen und Absichten, in bzw. mit denen die Performanz beurteilt wird, beeinflusst. Wenn eine große Anzahl an Performanzen in kurzer Zeit zu bewerten ist und personelle Ressourcen knapp sind, liegt die Verwendung einer holistischen Skala nahe. Je nach Status des Tests oder der Prüfung bzw. nach Schulungsgrad und Größe der BewerterInnengruppe muss jedoch überlegt werden, ob aufgrund ihrer höheren Validität eine analytische Skala besser geeignet wäre (vgl. Weir 2005).

Die Globalskalen bzw. auch die allgemeinen Skalen zu den Fertigkeiten im GeR könnten als Grundlagen oder ggf. auch als Beispiele für holistische Skalen herangezogen werden, während eine Kombination der GeR-Subskalen ein analytisches Bewertungsraster ergeben könnte. Da die GeR-Skalen aber nicht als Bewertungsskalen für Testszenarien entwickelt wurden, entnehmen Bewertungsskalen üblicherweise lediglich Elemente der GeR-Skalen und integrieren diese mit Kriterien, die für die Bewertung einer Performanz wichtig sind. Ein Beispiel hierfür wären die oben angeführten Skalen.

Unabhängig von der Art der Bewertungsskala ist es jedenfalls wesentlich, dass die Skala und die Aufgabenstellung, die zur Elizitierung der sprachlichen Performanz herangezogen wird, gut aufeinander abgestimmt sind. Nicht nur eine Testaufgabe, sondern auch die Beurteilungsskala muss Konstruktvalidität aufweisen, da beide voneinander abhängig sind respektive sich aufeinander beziehen müssen. Eine Skala, die beispielsweise ein Kriterium zur Gesprächsinteraktion enthält, ist nur bedingt brauchbar, wenn die Aufgabenstellung ausschließlich einen Monolog von den KandidatInnen fordert. In diesem Sinn können oder sollen Bewertungsskalen auch die Konstruktion der Aufgabenstellung selbst mitsteuern (Alderson 1991).

Arbeitsaufträge und Diskussionsfragen

1. Beschreiben Sie die Eigenschaften einer Ihnen bekannten SchülerInnengruppe und überlegen Sie, welche dieser Charakteristika Sie bei der Aufgabenerstellung für die Überprüfung der produktiven Fertigkeiten (Schreiben oder Sprechen) berücksichtigen müssen.
2. Mit welchen Phrasen könnte bei einem SchülerIn-SchülerIn-Gespräch der / die InterlokutorIn adäquat eingreifen, um folgende Situationen zu lösen? Schreiben Sie diese Phrasen auf:
   - Ein / eine SchülerIn spricht deutlich mehr als der / die andere.
   - Die SchülerInnen sind von der Aufgabenstellung zu sehr abgewichen und es bleibt nicht mehr viel Zeit, die Aufgabe zu erfüllen.
   - Einer / eine der SchülerInnen spricht zu leise.
3. Unter dem unten angegebenen Link finden Sie mehrere mündliche Schülerperformanzen auf Englisch auf GeR-Niveau B2, die damit verbundenen Aufgabenstellungen und einen weiterführenden Link zu den Bewertungsunterlagen veröffentlicht vom BMB: https://tinyurl.com/y7nudhbq (21. 09. 2017).
   Bitten Sie zwei (Studien- / Berufs-)KollegInnen, eine dieser Performanzen zunächst mit der holistischen Skala und anschließend mit der analytischen Skala zu bewerten. Sprechen Sie sich im Vorfeld nicht ab und bewerten Sie selbst ebenfalls die Performanz mit beiden Skalen. Stimmen die Bewertungen überein? Welche Skala war einfacher anzuwenden? Wo gibt es die größte Übereinstimmung zwischen den einzelnen Bewertungen? In welchen Bereichen liegen die Bewertungen weit auseinander und wie erklären Sie sich diese Unterschiede?

Weiterführende Literatur

Weigle, S. (2002): *Assessing Writing.* Cambridge: Cambridge University Press.

Obwohl vor bereits 15 Jahren publiziert, immer noch die umfassendste Einführung zum Testen und

Bewerten der Fertigkeit Schreiben, inklusive Kapiteln zu Aufgabenerstellung und Bewertungsskalen. Enthält zahlreiche illustrative Schreibaufgaben sowie Abschnitte zur Rolle von Schreiben in Portfolios und classroom-based assessment.

Tankó, G. (2005): *Into Europe: The Writing Handbook.* Budapest: Teleki Lazlo Foundation. Online: https://tinyurl.com/jdvcvfm (21.09.2017).
Praktische Handreichung zur Erstellung von Schreibaufgaben mit vielen Beispielaufgaben.

Luoma, S. (2004): *Assessing Speaking.* Cambridge: Cambridge University Press.
Wie Weigles Buch ein Standardwerk aus der Cambridge Language Assessment Series. Ähnlich zugänglich und strukturiert wie Assessing Writing, *jedoch mit noch stärkerem Fokus auf Aufgabenerstellung.*

Fulcher, G. (2003): *Testing Second Language Speaking.* London: Pearson.
Fulcher legt in seiner Einführung besonderes Augenmerk auf das Sprechkonstrukt sowie die Erstellung und angemessene Verwendung von Bewertungsrastern.

McNamara, T. (1996): *Measuring Second Language Performance.* New York: Longman.
Dieses Werk ist nach wie vor eine Pflichtreferenz im Bereich der Sprachtestforschung bei den produktiven Fertigkeiten. Mittlerweile vom Autor selbst online zum Gratisdownload zur Verfügung gestellt, bietet das Buch eine umfassende und gut leserliche Darstellung aller Fragestellungen, die mit dem Testen der produktiven Fertigkeiten in Zusammenhang stehen.

8. Sprachliche Mittel überprüfen und bewerten

Barbara Hinger, Wolfgang Stadler

Kann-Beschreibungen

Ich kann
- die Grammatikkompetenz als (Teil-)Kompetenz funktional kommunikativer Sprachkompetenzen beschreiben.
- die Skala zur Grammatik im GeR auf dem Hintergrund neuerer Erkenntnisse der Spracherwerbsforschung kritisch diskutieren.
- Aufgabenformate zur Überprüfung von Grammatik im sprachlichen Kontext nennen und die Vor- und Nachteile ihres Einsatzes erklären.
- die lexikalische Kompetenz beschreiben und ihre beiden grundlegenden Bereiche nennen.
- Aufgabenformate zur Überprüfung des Wortschatzes nennen, beschreiben und ihre Einsatzmöglichkeiten angeben.
- das Konstrukt (sozio-)pragmatischer Kompetenz beschreiben.
- GeR-Skalen zur pragmatischen und soziolinguistischen Kompetenz anwenden.
- die Rolle der interkulturellen Kompetenz im GeR sowie Möglichkeiten für deren Überprüfung bewerten.
- Aufgabenformate zur Überprüfung (sozio-)pragmatischer Kompetenz beschreiben.

Der Begriff Sprachliche Mittel wird im Folgenden als Sammelterminus verwendet, der sowohl sprachliche Mittel im engeren Sinne – Grammatik und Wortschatz – als auch soziolinguistische und pragmatische Sprachphänomene umfasst. Angemerkt sei, dass in der deutschen Übersetzung des GeR der Begriff Linguistische Kompetenzen genutzt wird, die Grammatik und Wortschatz umfassen. Während diese Bezeichnung im englischen Original durchaus Sinn ergeben mag, ist sie im Deutschen wenig adäquat, bedeutet doch „linguistisch" im Deutschen „sprachwissenschaftlich" und nicht „sprachlich"[28]. Abb. 1 zeigt, wie im GeR Bereiche der „Kommunikativen Sprachkompetenz" differenziert werden, wobei darauf zu verweisen ist, dass auch eine Skala für das „Spektrum sprachlicher Mittel (allgemein)" zur Verfügung gestellt wird.

Sprachliche Mittel: Sammelbegriff für Grammatik, Wortschatz, soziolinguistische und pragmatische Besonderheiten

28 „Kompetenz" verweist auf die von Chomsky geprägte Begriffsdichotomie „Kompetenz-Performanz", innerhalb derer „Kompetenz" als internes Sprachwissen verstanden wird und „Performanz" für tatsächliche sprachliche Äußerungen, seien sie schriftlich, seien sie mündlich, steht (vgl. auch Kapitel 1, 2, 3).

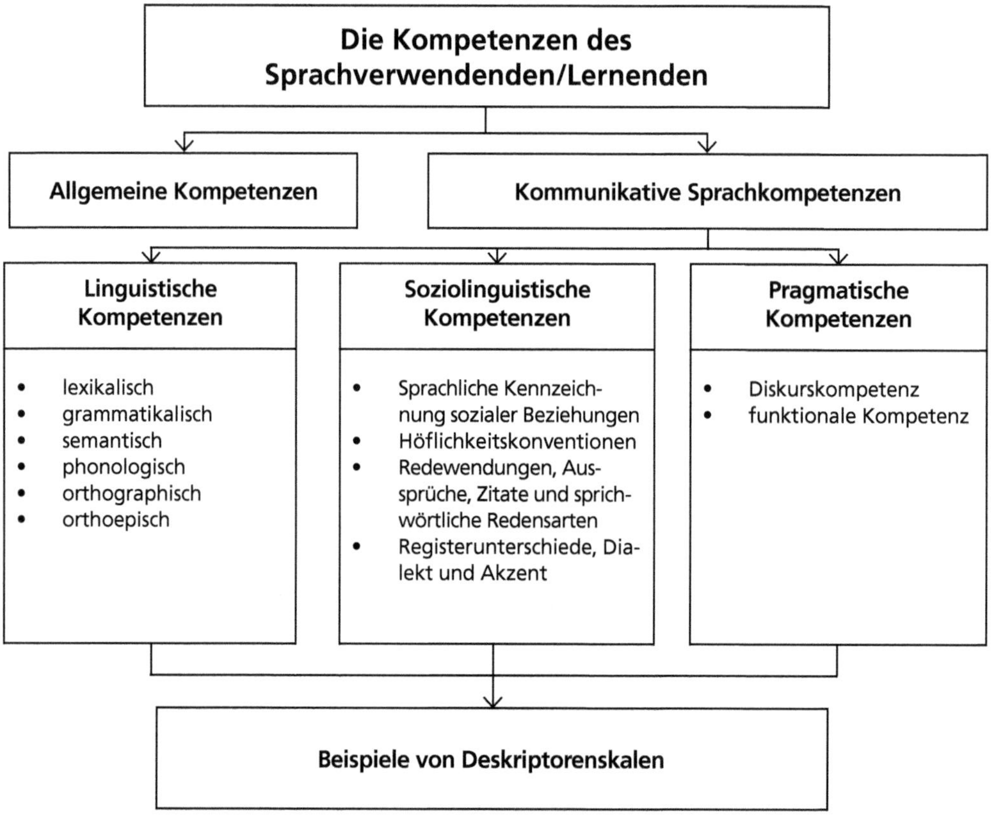

Abb. 1: Eine Teildarstellung des GeR, Kapitel 5: Die Kompetenzen des Sprachverwendenden/Lernenden

Im Folgenden wird nun auf das Überprüfen von Grammatik und Wortschatz Bezug genommen, daran anschließend widmet sich das Kapitel der Überprüfung pragmatischer und soziolinguistischer Kompetenz.

8.1 Grammatik und Wortschatz

Das Überprüfen von Grammatik im Fremdsprachenunterricht kann auf eine lange Tradition zurückblicken, wohl auch, weil die Vermittlung von Grammatik lange Zeit eine zentrale Rolle im Unterricht spielte und, wie Unterrichtsanalysen zeigen, diese weiterhin einnimmt (vgl. Diehl et al. 2000; s. auch Hinger 2016b; López Rama & Luque Argulló 2012). Auch der Wortschatz wird seit langem als zentral für den Erwerb einer Sprache erachtet, erfährt in der Vermittlung meist jedoch weniger Beachtung als die Grammatik und ist in der Überprüfung eher Gegenstand mündlicher Wiederholungen denn schriftlicher Tests. Für den Unterricht pocht Lewis (2008) in seinem *Lexical Approach* auf eine Trendwende, die dem Wortschatz Vorrang einräumt und von ‚grammaticalised lexis' anstelle von ‚lexicalised grammar' spricht.

8.1.1 Konstrukt von Grammatik

Sowohl für die Vermittlung von Grammatik als auch für das Überprüfen von Grammatik gilt es, analog zu den sprachlichen Fertigkeiten, zunächst ein Konstrukt zu definieren. Wird nun die Frage gestellt, was Grammatik denn eigentlich ist, sind unterschiedliche Antworten möglich. Funk & König (2011, 11) bringen dazu u. a. die folgenden Beispiele: „Im nächsten Test geht es um die Grammatik von Lektion 4." oder „Du sprichst schon ganz gut, aber deine Grammatik ist noch sehr fehlerhaft!" und „Ich benutze immer diese blaue Grammatik, wie heißt sie doch gleich?" sowie „Na, hast du heute deine Grammatik besser im Kopf als beim letzten Test?". Gemeint sind hier Grammatikregeln, die im Unterricht behandelt wurden, die – mangelhaften – impliziten Grammatikkenntnisse eines / einer Lernenden, ein Nachschlagewerk und vermutlich explizite Grammatikkenntnisse eines / einer Lernenden (Funk & König 2011, 11). Verwiesen wird damit auf Definitionen von Grammatik, wie Helbig (1981) sie beschreibt: Er spricht zum einen von der „Grammatik im Kopf", also dem sprachlichen Regelsystem, das sich Lernende im gesteuerten Kontext des Unterrichts systematisch aneignen oder im ungesteuerten Kontext ohne Unterricht erwerben. Im chomskyschen Sinne wäre damit „Kompetenz" gemeint. Zum anderen verweist Helbig auf das Regelsystem einer Sprache, das auch unabhängig von seiner sprachwissenschaftlichen Beschreibung existiert (etwa „Die deutsche Grammatik kommt mir komplizierter vor als die englische."), und schließlich kann Grammatik eine Beschreibung dieses Regelsystems meinen, die aus sprachwissenschaftlichen Gründen oder für Unterrichtszwecke erfolgen kann (vgl. Funk & König 2011, 12 f.). Sprachwissenschaftliche Perspektiven unterteilen Grammatik weiter in u. a. Morphologie (Formenlehre von Wörtern) und Syntax (Lehre vom Satzbau) und bieten unterschiedlichste theoretische Modelle für diese Bereiche. Auch im Fremdsprachenunterricht kann Grammatik aus verschiedenen Perspektiven betrachtet werden: Als ein für Lernende verfasstes pädagogisches Grammatikwerk, als methodisch-didaktischer Lehrgegenstand, bei dem es um die Vermittlung von Grammatikbereichen geht, und als sprachliche (Teil-) Kompetenz funktional kommunikativer Sprachkompetenzen eines handlungs- und kompetenzorientierten Unterrichts, in dem die Grammatik als sprachliches Mittel eine dienende Funktion einnimmt (vgl. u. a. Grotjahn & Kleppin 2015, 100; Summer 2016, 127). In diesem Sinne sollte dann Grammatik – wie auch Wortschatz – in zahlreichen standardisierten Sprachtests nicht explizit überprüft, sondern als eines von mehreren Kriterien bei der Bewertung mündlicher oder schriftlicher Äußerungen herangezogen werden (vgl. Abschnitt 7.3). Sprachtests wie das *Diploma de Español Lengua Extranjera-DELE* für die GeR-Niveaus A1 bis B2 widmen Grammatik und Wortschatz daher beispielsweise auch keine Prüfungsteile. Vielmehr überprüfen sie Grammatik im Rahmen der produktiven Fertigkeiten Schreiben und Sprechen durch die Berücksichtigung von Bewertungskriterien wie „Spektrum sprachlicher Mittel" oder „sprachliche Korrektheit" (Grotjahn & Kleppin 2015, 100). Andere standardisierte Tests, wie

> implizite vs. explizite Grammatikkenntnisse

> Grammatikkompetenz als Teilkompetenz funktional kommunikativer Kompetenzen

diverse Versionen der telc Tests, aber auch die schriftlichen Sprachtests im Rahmen der teilzentralen SRDP in Österreich, überprüfen sprachliche Mittel in explizit dafür erstellten Aufgabenformaten, die Prüfitems allerdings stets kontextualisiert und nicht isoliert darbieten[29].

Was nun das Konstrukt von Grammatik anbelangt, so ist dieses, im Gegensatz zu Konstrukten, die sich auf die sprachlichen Fertigkeiten Hören, Sprechen, Lesen und Schreiben beziehen, trotz oder gerade wegen der Fülle sprachwissenschaftlicher Theorien und Modelle höchst umstritten. Im GeR drückt sich dies zumindest auf zweifache Weise aus: Zum einen stellt der GeR lediglich eine Skala bereit, nämlich jene der „Grammatischen Korrektheit" (s. unten), zum anderen verweist er explizit auf die große Zahl „konkurrierender Theorien und Modelle" (Europarat 2001, 5.2.1.2, 113). Einigkeit herrscht lediglich dahingehend, dass Grammatik Elemente und Regeln einer Sprache bereitstellt, die es erlauben, aus Wörtern wohlgeformte Sätze zu bilden. Zuzustimmen ist dem GeR darin, dass „[d]ie Grammatik einer jeden Sprache [...] hochkomplex [ist] und sich einer definitiven oder erschöpfenden Beschreibung [widersetzt]" (ebd.). Da vorliegende Erklärungsmodelle miteinander im Theorienstreit liegen, ist der folgenden, vorsichtigen Definition des GeR wohl zuzustimmen: „Grammatische Kompetenz kann man definieren als Kenntnis der grammatischen Mittel einer Sprache und die Fähigkeit, diese zu verwenden" (ebd.). Der angesprochene Theorienstreit (s. Kapitel 2 und 3) bezieht sich u. a. auf das Verhältnis zwischen „Kenntnis der grammatischen Mittel einer Sprache" und der Fähigkeit ihrer Verwendung, oder, unter Verweis auf oben Gesagtes, auf die Frage „Wie kommt die Grammatik denn in unseren Kopf?".

Grammatikkompetenz im GeR: Der GeR zeigt sich offen gegenüber konkurrierenden Theorien und Modellen. Er präsentiert nur eine Skala zur „Grammatischen Korrektheit".

Über diese Überlegungen theoretischer Natur hinaus ist auch darauf zu verweisen, dass die Skala zur „Grammatischen Korrektheit", wie sie der GeR bereitstellt, nicht als adäquate Grundlage für die Definition des Konstrukts angesehen werden kann, denn dazu wäre es zumindest erforderlich, die Skala auf Basis von empirischen Daten zu erstellen, um eine lernersprachliche Entwicklung morphosyntaktischer Elemente begründbar nachzuzeichnen (s. Kapitel 2 und 3). Demgegenüber beruht die Skala auf Einschätzungen und Erfahrungswissen von Lehrpersonen, was zwar eine adäquate Ergänzung empirischer Daten darstellen kann, aber nicht alleiniger Bezugspunkt für eine Skala sein sollte. Allerdings ist an dieser Stelle, wie bereits in Kapitel 2 erwähnt, darauf zu verweisen, dass im Entstehungszeitraum des GeR empirisch gesicherte Daten zur morphosyntaktischen Lernersprachenentwicklung nicht in ausreichendem Maße vorlagen (s. unten).

Kritisch anzumerken bleibt, dass der GeR sich in Bezug auf Grammatik gewissermaßen selbst widerspricht, wenn er festhält: „Eine Skala zur Progression in Bezug auf die grammatische Struktur zu erstellen, die auf alle Sprachen anwendbar wäre, halten wir für unmöglich" (Europarat 2001, 5.2.1.2, 114). Konsequenterweise hätte wohl entweder keine Skala zur „Grammatischen Korrektheit" bereitgestellt werden sollen – denn, wie jede Skala, so verleitet auch diese dazu, die in sechs Niveaustufen beschriebenen grammatischen Elemente im Zeitverlauf, und damit aus einer Progressionsperspektive, zu interpretieren – oder die Skala hätte keine

29 In der SRDP erfolgt dies in Aufgaben zur „Sprachverwendung im Kontext".

spezifischen Grammatikelemente (wie für A2) nennen sollen, sondern die weniger gute bis komplexe(re) Beherrschung der Grammatik für alle sechs Niveaustufen beinhalten sollen. Trotz dieser Kritik sei die Skala hier vorgestellt:

Grammatische Korrektheit	
C2	Zeigt auch bei der Verwendung komplexer Sprachmittel eine durchgehende Beherrschung der Grammatik, selbst wenn die Aufmerksamkeit anderweitig beansprucht wird (z. B. durch vorausblickendes Planen oder Konzentration auf die Reaktionen anderer).
C1	Kann beständig ein hohes Maß an grammatischer Korrektheit beibehalten; Fehler sind selten und fallen kaum auf.
B2	Gute Beherrschung der Grammatik; gelegentliche Ausrutscher oder nichtsystematische Fehler und kleinere Mängel im Satzbau können vorkommen, sind aber selten und können oft rückblickend korrigiert werden.
	Gute Beherrschung der Grammatik; macht keine Fehler, die zu Missverständnissen führen.
B1	Kann sich in vertrauten Situationen ausreichend korrekt verständigen; im Allgemeinen gute Beherrschung der grammatischen Strukturen trotz deutlicher Einflüsse der Muttersprache. Zwar kommen Fehler vor, aber es bleibt klar, was ausgedrückt werden soll.
	Kann ein Repertoire von häufig verwendeten Redefloskeln und von Wendungen, die an eher vorhersehbare Situationen gebunden sind, ausreichend korrekt verwenden.
A2	Kann einige einfache Strukturen korrekt verwenden, macht aber noch systematisch elementare Fehler, hat z. B. die Tendenz, Zeitformen zu vermischen oder zu vergessen, die Subjekt-Verb-Kongruenz zu markieren; trotzdem wird in der Regel klar, was er/sie ausdrücken möchte.
A1	Zeigt nur eine begrenzte Beherrschung einiger weniger einfacher grammatischer Strukturen und Satzmuster in einem auswendig gelernten Repertoire.

Tab. 1: Grammatische Korrektheit (Europarat 2001, 5.2.1.2)

Unter Bezugnahme auf Ergebnisse der Spracherwerbsforschung (Pienemann 1998, 2005; Schlyter 2003; Bartning & Schlyter 2004) sei hier angemerkt, dass die für Niveau A2 angegebenen Strukturen (Zeitformen vermischen, Subjekt-Verb-Kongruenz) bezogen auf die lernersprachliche Entwicklung deutlich zu früh angeführt scheinen. Es verwundert auch, dass derart konkrete Strukturen überhaupt genannt werden bzw. dass dies ausschließlich für das Niveau A2 erfolgt. Wiederholt werden soll an dieser Stelle, dass zur Zeit des Erscheinens des GeR mit Pienemanns *Processability Theory* nur ein theoriebasiertes L2- respektive fremdsprachenbezogenes Spracherwerbsmodell vorlag, das zudem auf einer eher geringen empirischen Basis beruhte, und bspw. Schlyters Modell (2003) erst nach Veröffentlichung des GeR publiziert wurde. Heute existiert mit den umfangreichen Arbeiten zu *English Grammar Profile* (Harrison 2015) eine gut gesicherte empirische Basis für Englisch als Fremdsprache, die aber klarer nachvollziehbar dargestellt sein sollte, um eine praktikable Handhabung zu erlauben. Auch das Team um Pienemann hat robuste Daten für die lernersprachliche Entwicklung des Englisches vorgelegt (s. Kapitel 3). Für Französisch als Fremdsprache hat Granfeldt (2005), basierend auf Schlyters Forschungen zum gesteuerten und ungesteuerten Spracherwerb das digitale Tool *Direkt Profil* konzipiert, das gratis im Netz zur Verfügung steht, auch für den schulischen Unterricht von Nutzen sein und beispielsweise als Diagnoseinstrument

Arbeiten, die im Gegensatz zum GeR über eine empirisch gesicherte Basis verfügen: *English Grammar Profile* sowie *Direkt Profil* für Französisch auf Basis von Schlyters Modell.

wertvolle Dienste leisten kann (Granfeldt & Ågren 2014). Für Deutsch als Fremdsprache liegen Ergebnisse der beeindruckenden Longitudinalstudie von Diehl et al. (2000) vor, die den Erwerbsverlauf für die Bereiche Verbalstrukturen, Satzstrukturen und Nominalstrukturen nachzeichnen. Diese Ergebnisse aufgreifend, könnte ein lernersprachensensibles Überprüfen von Grammatik sowohl in *high stakes* Sprachtests als auch im unterrichtlichen Prüfkontext von Klassen- / Schularbeiten für Englisch, Französisch und Deutsch als Fremdsprache zumindest in Ansätzen erprobt werden (s. auch Kapitel 3).

Über diese kritischen Anmerkungen hinaus ist für den schulischen Kontext auf Grotjahn & Kleppin (2015, 100) zu verweisen, die meinen:

> Im unterrichtlichen Kontext kommen Prüfungen, die spezifisches grammatikalisches und lexikalisches Wissen fokussieren, häufig vor und können durchaus sinnvoll sein, vor allem dann, wenn in bestimmten Unterrichtsabschnitten grammatikalisches oder lexikalisches Wissen im Mittelpunkt gestanden hat.

Ist Letzteres der Fall, wäre das einer Prüfung zugrunde liegende Konstrukt das im Unterricht vermittelte grammatikalische und / oder lexikalische Wissen, wie es beispielsweise das Wissen darüber ist, „welche Verben im Perfekt mit „haben", welche mit „sein" gebildet werden" (ebd.). Ob dieses vermittelte und überprüfte explizite Sprachwissen auch zur Verfügung steht, „um Texte adäquat zu rezipieren" oder „um Texte adäquat zu produzieren" (ebd.), ob dieses Wissen also in der und für die Sprachverwendung genutzt werden kann, verweist auf die Frage der Beziehung zwischen implizitem Sprachkönnen und explizitem Sprachwissen. Diese Frage wird in der Fachwelt kontroversiell diskutiert (s. u. a. Goo et al. 2015; Hinger 2016b; Norris & Ortega 2000; Schlak 2003, 2004; Spada & Tomita 2010) und kann hier nicht weiter erörtert werden. Im Folgenden werden konkrete Aufgabenformate, die eine Überprüfung grammatischer Bereiche in kontextualisierter Form erlauben, vorgestellt, beschrieben und anhand von Beispielen illustriert. Es sei darauf verwiesen, dass Sprachenlernende für die Lösung dieser Aufgaben stets – wenn auch in unterschiedlichem Ausmaß – auf Wortschatzkenntnisse und Leseverstehen rekurrieren müssen.

8.1.2 Aufgabenformate zur Überprüfung von Grammatik im sprachlichen Kontext

Die hier vorgestellten Aufgabenformate zur kontextualisierten Überprüfung von grammatischen Bereichen umfassen klassische Lückentests, *Cloze*-Formate, C-Tests und Bemerke-den-Fehler-Aufgaben (geschlossene Aufgabenformate). Lückentests sind eine häufig genutzte Form, um Grammatikbereiche zu überprüfen. TestteilnehmerInnen sind bei dieser Aufgabenstellung aufgefordert, aus einem Ganztext getilgte Wörter form- und sinnadäquat einzusetzen und damit die durch die Tilgung entstandenen Lücken zu füllen. Die Tilgung kann auf zweierlei Weise erfolgen: Werden die Lücken mechanisch gesetzt, handelt es sich um einen sog. *Cloze*-Test, werden die Lücken gezielt gewählt und beispielsweise bestimmte Wortarten oder Wörter getilgt, spricht man von einem klassischen Lückentest. Mit der bewussten Tilgung will der / die TesterstellerIn von ihm / ihr

Zwei Arten von Lückentests: klassische Lückentests (bewusste Worttilgung) und *Cloze*-Tests (mechanische Worttilgung)

definierte sprachliche Elemente überprüfen und überlässt diese nicht dem Zufall. Lückentests mit bewusst gesetzten Lücken sind, wie alle Lückenformate, leicht zu erstellen, einfach zu korrigieren und rasch zu bewerten, da bei den meisten Lücken nur eine richtige Antwort möglich ist (vgl. u. a. Grotjahn & Kleppin 2015, 101; Klauer 2001, 107; Salaberry & Cohen 2006, 152). Dieses Aufgabenformat unterliegt damit einer dichotomen Bewertung, womit die Auswertungsobjektivität als gewährleistet gilt (vgl. u. a. Hinger 2016b, 114; Purpura 2004, 135).

In einem herkömmlichen Lückentest werden Wörter also in unregelmäßigen Abständen getilgt und die Lücken von dem / der TesterstellerIn bewusst gewählt. Spezifische Grammatikbereiche können so kontextuell und nicht auf bloßer Wort- oder Einzelsatzebene überprüft werden, wobei sowohl grammatische Formen als auch deren Bedeutung für die Lösung der Aufgabe erforderlich sein können. Die TestteilnehmerInnen werden aufgefordert, die Lücken mit passenden Wörtern zu ergänzen. Dies kann ohne weitere Unterstützung für die Schließung der Lücke erfolgen. Der Lückentest wird dann als offener Lückentest (*open gap fill*) bezeichnet. Die einzusetzenden Wörter können aber auch in ihrer Grundform, bei Verben bspw. im Infinitiv, in Klammer nach der Lücke angegeben werden. Purpura (2004, 135) spricht in diesem Fall von einer *cued gap filling*-Aufgabe, in der „lexical items, or cues, which must be transformed in order to fill the gap correctly" für die Lösung vorgegeben sind. Kritisch anzumerken ist, dass damit im Grunde lediglich morphosyntaktische Formen überprüft werden. Auch wenn die einzusetzenden Wörter in einem Kontext erscheinen, ist deren Bedeutung für die TestteilnehmerInnen nicht von Belang, da es ja nur der Umwandlung einer Grundform in die korrekte Form des Worts bedarf. Daher wird bei diesem Aufgabenformat auch von einem traditionellen Format gesprochen, bei dem die TestteilnehmerInnen lediglich die Anleitung der Aufgabe verstehen müssen, um sie lösen zu können (vgl. u. a. Alderson & Cseresznyés 2003, 25). Allerdings ist dies sprachspezifisch zu interpretieren und hängt von der überprüften Sprache ab: So ist im Englischen der die Lücke umgebende Kontext dann irrelevant, wenn es gilt, die in Klammern angeführten Verben in die *past tense* zu setzen. Gefragt ist hier tatsächlich nur die korrekte Verbform, die mittels expliziten Sprachwissens abgerufen werden kann. Wird jedoch dieselbe Aufgabe in einer romanischen Sprache wie dem Spanischen oder einer slawischen Sprache wie dem Russischen gestellt, muss der sprachliche Kontext insofern beachtet werden, als nur aus ihm auch die erforderliche Person und der adäquate Numerus für die Verbendung abgeleitet werden kann. Die Nennung der Grundform des Verbs ohne Beachtung des umgebenden Kontextes wäre also für Sprachen, deren Verbendungen Bedeutung tragen, nicht ausreichend. Insgesamt überprüfen *cued gap-filling*-Aufgaben die Wortbedeutung aber nicht unbedingt und können damit als reine Überprüfung grammatischer Formen ausgeführt werden, womit sie den Prinzipien kontextgebundener Grammatiküberprüfungen widersprechen (vgl. u. a. Hinger 2016b, 114 ff.). Mit Purpura (2004) sind Lückentests *limited production*-Aufgaben zuzurechnen und erweisen sich von dem / der ErstellerIn als maximal gesteuertes Prüfformat.

Gegenüber dem bisher Beschriebenen überprüfen Lückentests mit mechanisch und nicht bewusst gesetzten Lücken Sprachelemente im Kontext. Sie werden als *Cloze*-Formate bezeichnet und basieren auf dem Prinzip der Redundanzreduktion von Sprache (vgl. Hughes 2003, 187). Die Worttilgung wird hier in regelmäßigen Abständen durch die Auslassung jedes x-ten Wortes durchgeführt. TestteilnehmerInnen erhalten bei offenen *Cloze*-Aufgaben keine wie auch immer geartete Hilfestellung für das Füllen der Lücken und sind somit auf Informationen aus dem die Lücke umgebenden Text angewiesen. Auch offene *Cloze*-Formate sind *limited production*-Aufgaben zuzurechnen.

Richtwerte zur mechanischen Worttilgung sind unterschiedlich und variieren u. a. hinsichtlich des Sprachniveaus der TestteilnehmerInnen. Empfohlen wird, jedes siebte bis zwölfte Wort zu tilgen oder auch jedes fünfte, sechste oder siebte Wort. In jedem Fall gestaltet sich die Schließung der Lücken umso einfacher, je größer der Abstand zwischen diesen ist. Zu achten ist bei der Setzung der Lücken darauf, dass Wörter, ohne die ein Satz auch vollständig wäre, wie Adjektive oder Adverbien, nicht getilgt werden sollen. Man spricht in diesen Fällen von einer sog. pseudo-mechanischen Tilgung, die es des Weiteren auch erlaubt, bspw. Jahreszahlen oder Eigennamen, die von den TestteilnehmerInnen nicht aufgrund des Kontextes erschlossen werden können, im Text zu belassen (vgl. u. a. Hinger 2016b, 121 ff.).

Aufgrund der Redundanz von Sprache wird davon ausgegangen, dass beim Lesen eines Textes bereits antizipiert wird, wie dieser fortgeführt werden könnte. Es wird angenommen, dass die „Erwartungsgrammatik" eines / einer LeserIn mit seiner / ihrer Sprachkompetenz korreliert (vgl. Klauer 2001, 107 unter Verweis auf Raatz, Voss & Klein-Braley 1991). TestteilnehmerInnen wird geraten, vor dem Schließen der Lücken zunächst den gesamten Text zu lesen. Sie sollten auch darüber informiert werden, dass nicht jede Lücke durch das exakt idente Wort im Originaltext gefüllt werden muss, sondern dass auch alternative Lösungen möglich sein können (vgl. u. a. Hughes 2003, 193). Darüber hinaus soll ihnen der Hinweis gegeben werden, den Text vor und nach einer Lücke besonders genau zu beachten, auch wenn dies dazu führen kann, dass der weitere Text nicht oder in nicht ausreichendem Maß gelesen wird (vgl. Hughes 2003, 289; auch Salaberry & Cohen 2006). Formal gesehen, sollen folgende Anforderungen erfüllt sein (vgl. Alderson & Cseresznyés 2003, 145):

Formale Hinweise für die Erstellung von *Cloze*-Tests: *lead-in*- und *lead-out*-Sequenzen, Beispielitems

- Der erste Satz des Textes soll keine Lücke enthalten. Er dient als *lead in*-Satz, der zum Text hinführt, da oft die ersten Sätze Informationen enthalten, die für das weitere Verstehen des Textes wesentlich sind (vgl. Hughes 2003, 187).
- Die erste oder die ersten beiden Lücken sollten als Beispiele für das weitere Vorgehen bereits gelöst sein. Damit wird auch die Art des Ausfüllens der Lücken angezeigt, was wiederum Vorteile für den Bewertungsvorgang birgt und diesen auch beschleunigt.
- Das Beispielitem sollte durch Kursivsetzung deutlich gemacht und als (0) markiert werden (vgl. Alderson & Cseresznyés 2003, 287). Auch der letzte Satz eines Textes soll als *lead-out*-Sequenz keine Lücken enthalten.

Wie der traditionelle Lückentest ist auch der *Cloze*-Test leicht zu erstellen und rasch, weil dichotom (‚Richtig / Falsch'), zu bewerten. Entsprechende Korrekturschlüssel, die während der Bewertung um adäquate, jedoch vom Originaltext abweichende Lösungen zu ergänzen und zu erweitern sind, sollen bereits während der Worttilgungen erstellt werden. Dieses Korrekturvorgehen erhöht die Auswertungsobjektivität. Abb. 2 zeigt ein Beispiel für einen offenen *Cloze*, dessen Lösung ebenfalls präsentiert wird.

Lee el texto siguiente. Llena los huecos con palabras adecuadas. El primer ejemplo (0) ya está hecho.

Es raro el día en que no oímos hablar de vida sana. Parece ser que todos debemos y queremos llevar una vida sana ... pero ¿sabemos cómo conseguirlo? ¿Sabemos a qué se (0) *refieren* los médicos cuando hablan de una vida (1)__________? Ahora parece que si los alimentos no (2)__________ orgánicos o ecológicos, o tienen componentes (3)__________ para la salud, no se deben comer. (4)__________ embargo, el alto precio de estos (5)__________ los hace en muchos casos inaccesibles (6)__________ una familia de sueldo medio. Es (7)__________ esperar que dada la demanda y (8)__________ consiguente aumento de preducción, sus precios (9)__________ en un futuro próximo.
Otro de los (10)__________ claves de la vida sana es (11)__________ dieta y lo que ésta debe (12)__________. Las dietas, según los expertos, se tienen que seguir desde niños, ya que así se disminuyen los problemas de obesidad en la infancia y adolescencia.

...

Abb. 2: Beispiel offener *Cloze*-Test, modifiziert nach: Barriga Rubio (2006)

Lösung:

Lee el texto siguiente. Llena los huecos con palabras adecuadas. El primer ejemplo (0) ya está hecho.

Es raro el día en que no oímos hablar de vida sana. Parece ser que todos debemos y queremos llevar una vida sana ... pero ¿sabemos cómo conseguirlo? ¿Sabemos a qué se **(0) refieren** los médicos cuando hablan de una vida **(1) sana?** Ahora parece que si los alimentos no **(2) son** orgánicos o ecológicos, o tienen componentes **(3) negativos** para la salud, no se deben comer. **(4) Sin** embargo, el alto precio de estos **(5) productos** los hace en muchos casos inaccesibles **(6) para** una familia de sueldo medio. Es **(7) de** esperar que dada la demanda y **(8) el** consiguente aumento de preducción, sus precios **(9) bajen** en un futuro próximo.
Otro de los **(10) puntos** claves de la vida sana es **(11) la** dieta y lo que ésta debe **(12) incluir**. Las dietas, según los expertos, se tienen que seguir desde niños, ya que así se disminuyen los problemas de obesidad en la infancia y adolescencia.

...

Abb. 3: Lösung Beispiel offener *Cloze*-Test

Eine modifizierte Version des *Cloze*-Tests ist eine sog. *Cloze*-Aufgabe mit Schüttelkasten (*banked cloze* im Englischen). Bei diesem Format erfolgt die Tilgung der Lücken wie beim offenen *Cloze*-Format mechanisch. Die für das Schließen der Lücken erforderlichen Lösungswörter werden jedoch am Ende des Textes in einem Rahmen (Schüttelkasten) angegeben und um weitere Wörter ergänzt, die in keine Lücke passen. Sie dienen als Distraktoren und verhindern zudem das automatische Schließen der letzten Lücke, das ansonsten durch das einzige noch übrige Wort erfolgen könnte. Die Antwortmöglichkeiten im Schüttelkasten werden üblicherweise alphabetisch geordnet. Den TestteilnehmerInnen wird empfohlen, ein bereits benutztes Wort entsprechend zu kennzeichnen und bspw. durchzustreichen. Diese Vorgehensweise sollte durch ein bereits gelöstes Beispiel sichtbar und damit gut nachvollziehbar dargestellt werden. Geraten werden sollte den TestteilnehmerInnen auch, zunächst den gesamten Text zu lesen und für die Lösungen die Textbereiche vor und nach der Lücke besonders genau zu lesen. Adäquate Anweisungen, ein bereits gelöstes Beispiel und die Angabe der zu erreichenden Punktzahl sollten auch hier zum formalen Standard gehören und Transparenz für die TestteilnehmerInnen schaffen. Anfangs- und Endsätze im Text sollten wiederum keine Worttilgungen enthalten. Da die TestteilnehmerInnen bei diesem Format Sprache nicht selbst produzieren, sondern Lösungen aus vorgegebenen Wörtern wählen, handelt es sich um sog. *selected response*-Aufgaben (vgl. Purpura 2004). Die Auswertung erfolgt wiederum dichotom unter Zuhilfenahme eines Korrekturschlüssels, um die Auswertungsobjektivität zu gewährleisten. Abb. 4 zeigt ein Beispiel. Genutzt wird der bereits für den offenen *Cloze* gezeigte Text.

Modifizierte Versionen und Weiterentwicklungen des *Cloze*-Tests: *Cloze*-Test mit Schüttelkasten, C-Test, modifizierter C-Test

Lee el texto siguiente. Llena los huecos con la palabra más adecuada del cuadro. Hay palabras que sobran. El primer ejemplo (0) ya está hecho.

Es raro el día en que no oímos hablar de vida sana. Parece ser que todos debemos y queremos llevar una vida sana ... pero ¿sabemos cómo conseguirlo? ¿Sabemos a qué se (0) *refieren* los médicos cuando hablan de una vida (1)__________? Ahora parece que si los alimentos no (2)__________ orgánicos o ecológicos, o tienen componentes (3)__________ para la salud, no se deben comer. (4)__________ embargo, el alto precio de estos (5)__________ los hace en muchos casos inaccesibles (6)__________ una familia de sueldo medio. Es (7)__________ esperar que dada la demanda y (8)__________ consiguente aumento de preducción, sus precios (9)__________ en un futuro próximo.
Otro de los (10)__________ claves de la vida sana es (11)__________ dieta y lo que ésta debe (12)__________. Las dietas, según los expertos, se tienen que seguir desde niños, ya que así se disminuyen los problemas de obesidad en la infancia y adolescencia.

...

bajen – de – el – es – incluir – la – negativos – para – por – positivos – productos – puntos – ~~refieren~~ – sana – sin –son

Abb. 4: Beispiel *Cloze*-Test mit Schüttelkasten

Eine Weiterentwicklung hat der *Cloze*-Test im sog. C-Test erfahren (vgl. Baur & Mashkovskaya 2015). Auch dieser nutzt das Prinzip der reduzierten Redundanz von Sprache, die sich auf Buchstaben-, Wort- und Satzebene zeigt und es SprachnutzerInnen ermöglicht, nicht intakte Bereiche eines Textes zu rekonstruieren. Je höher die allgemeine Sprachkompetenz ausgebildet ist, desto leichter fällt die Rekonstruktion. Zur Überprüfung werden, unter Bedachtnahme auf die jeweilige Zielgruppe und das Sprachniveau, vier bis fünf Texte ausgewählt. In den Texten wird in jedem zweiten Wort die Hälfte des Wortes getilgt (sog. 2er-Regel) wobei jeder gelöschte Buchstabe durch einen Punkt oder Unterstrich markiert sein kann (vgl. Raatz & Klein-Braley 1981; Studer 2016). Üblicherweise sollen sich in jedem Text 20 bis 25 Lücken befinden, um eine Gesamtitem- und damit -punkteanzahl von 80 bis 100 zu erreichen. Bei der Tilgung kann auch eine 3er-Regel grundgelegt werden, bei der die zweite Hälfte jedes dritten Wortes gelöscht wird, was das Lösen deutlich erleichtert und für den schulischen Kontext auch geeigneter erscheint (vgl. Studer 2016, 39). Wie bei den bisher besprochenen Aufgabenformaten ist es auch bei den Texten des C-Tests wesentlich, dass sie zum besseren Verständnis von ein bis zwei Einleitungssätzen und einem Schlusssatz umrahmt sind (u.a. ebd.). Als Anschauungsbeispiel dient ein Auszug eines italienischen C-Tests, im Anschluss wird dessen Lösung präsentiert:

Beim folgenden Text fehlt bei einer Reihe von Wörtern deren zweite Hälfte. Ergänzen Sie diese passend.

In quale locale andiamo?

Gino Café: un ambiente elegante e giovanile con ampio parcheggio. La matt_____ si serv_____ ottime colaz______ con uns vas_____ assortimento di trame______. Il simpa_____ Gino prep_____ ottimi cocktails ed aperi_____ con stuzzi_____ veramente partic_____. Al pomer_____ c'è la possib_____ di pren_____ un tè nella sa_____ da tè e servizio di ott_____ gelati in coppe deco______ con fantasia. È un luogo ide_____ per chi ama stare in compagnia e degustare prodotti di qualità.

Abb. 5: Beispiel C-Test, modifiziert nach: https://tinyurl.com/y95w84ve (21.09.2017)

Lösung:

In quale locale andiamo?

Gino Café: un ambiente elegante e giovanile con ampio parcheggio. La matt**ina** si ser**vono** ottime cola**zioni** con uns vas**to** assortimento di trame**zzini**. Il simpa**tico** Gino prep**ara** ottimi cocktails ed aperi**tivi** con stuzzi**chini** veramente partic**olari**. Al pomer**iggio** c'è la possibi**lità** di pren**dere** un tè nella sa**la** da tè e servizio di ott**imi** gelati in coppe deco**rate** con fantasia. È un luogo ide**ale** per chi ama stare in compagnia e degustare prodotti di qualità.

Abb. 6: Lösung Beispiel C-Test

Zur Überprüfung bestimmter grammatischer Elemente können C-Tests auch modifiziert werden. Nach der Auswahl der Texte (s. oben) wird das Sprachphänomen, das überprüft werden soll, festgelegt und entsprechend getilgt. Studer zeigt dies am Beispiel von Endungen in Nominal- und Präpositionalphrasen des Deutschen (Studer 2016, 39): Die Lücken sind im Text an jenen Stellen zu setzen, an denen die zu überprüfenden Phänomene realisiert sind, wie im Folgenden auszugsweise gezeigt (ebd. 38):

Lies den folgenden Text und ergänze die fehlenden Wortteile adäquat.

Die Fernbedienung

Ich bin komplett durcheinander. Ich habe bei mir i____ mei_____ Zimmer ferngeschaut und wollte v_____ d____ ers_______ Programm vom Tennis, auf das Zweite schalten. ...

Abb. 7: Beispiel Modifizierter C-Test

Lösung:

Die Fernbedienung

Ich bin komplett durcheinander. Ich habe bei mir i**n** mei**nem** Zimmer ferngeschaut und wollte v**on** d**em** ers**ten** Programm vom Tennis, auf das Zweite schalten. ...

Abb. 8: Lösung Beispiel Modifizierter C-Test

Studer zufolge reichen hier zehn Lücken pro Text aus, da mehr Lücken eine zu starke Bearbeitung des Textes, möglicherweise bis zu seiner Unkenntlichkeit, erfordern würden. Wie im klassischen C-Test bleibt es bei vier bis fünf Texten, die hier insgesamt jedoch nur 40 bis 50 Items ergeben. Die Bewertung erfolgt dichotom nach dem Schema ‚Richtig / Falsch'. Für jede richtige Lösung wird ein Punkt vergeben. Als korrekt gewertet wird die vollständig richtige Schließung der Lücke (ebd., 39 f.).

Sowohl klassische C-Tests als auch deren modifizierte Versionen zur Überprüfung festgelegter Grammatikphänomene sind leicht zu erstellen und von Auswertungsobjektivität gekennzeichnet. Zudem gilt der C-Test als eines der am besten erforschten Testformate (vgl. Baur & Mashkovskaya 2015).

Das Testformat ‚Finde den Fehler', ‚Bemerke den Fehler' (Hinger 2009b, 304 f. sowie 2016b, 117 ff.), ‚Identifikation von Fehlern' (Grotjahn & Kleppin 2015, 102) oder ‚Korrektur lesen / Fehler korrigieren' (ALTE 2005, Modul 3) ist im deutschsprachigen Kontext weniger bekannt. Im Englischen werden auch mehrere Bezeichnungen für dieses Aufgabenformat verwendet, u. a. *Editing, Spot the Error-, Spot and Correct-* oder auch *Error Identification*-Aufgabe (vgl. u. a. Alderson & Cseresznyés 2003). Es geht dabei darum, in einem vorgegebenen Text fehlerhafte Wörter zu entdecken und durch ein passendes Wort zu ersetzen. Das Erkennen der Fehler respektive der korrekten Elemente erfordert ein Verstehen des Gesamttextes. Die Aufgaben erweisen sich damit als kontextualisierte Überprüfung von sprachlichen Formen und deren Bedeutungen. Formal gesehen werden hier zwei Spalten benötigt: In die eine wird der fehlerhafte Text geschrieben, die andere dient den TestteilnehmerInnen zur Niederschrift ihrer Lösungen. Dargestellt wird der Text zeilenweise, wobei jede Zeile in der Lösungsspalte eine Nummer erhält. Die TestteilnehmerInnen

Spot the Error-Aufgaben dienen der kontextualisierten Überprüfung von sprachlichen Formen und deren Bedeutungen.

müssen zudem das nicht korrekte Wort in der jeweiligen Zeile durch Unterstreichung kenntlich machen. Eine Korrektur kann dabei sowohl bezogen auf Form- als auch auf Bedeutungsfehler erforderlich sein. Neben Zeilen mit falschen Wörtern soll es auch Zeilen geben, die zur Gänze korrekt sind und durch ein Häkchen in der zweiten Spalte zu kennzeichnen sind. Das Format zeichnet sich durch eine durchaus authentische Aufgabenstellung aus, ist diese doch dem Korrekturvorgang eines Textes nachempfunden, wie von schreibenden Berufen (SchriftstellerInnen, JournalistInnen, LektorInnen) gefordert, aber auch von Sprachlernenden nach erfolgter schriftlicher Produktion in der Fremdsprache etwa bei Klassen- / Schularbeiten (vgl. Alderson & Cseresznyés 2003, 232; ALTE 2005, Modul 3, 21; Hinger 2016b, 117 f.). Als Nachteil kann sich erweisen, dass es schwierig ist, Items zu finden – also nicht korrekte Wörter an Stelle der korrekten im Originaltext –, die einigermaßen plausibel und nicht sofort auf den ersten Blick als unpassend erkennbar sind. Das Aufgabenformat soll zwischen 13 und 15 Zeilen umfassen und formal adäquat gestaltet sein. Die Aufgabenstellung muss gut nachvollziehbar in den Anweisungen beschrieben sein. Auch sollten die ersten beiden Zeilen bereits gelöste Beispiele zeigen, von denen sich eines auf ein zu korrigierendes Wort bezieht und das andere auf eine korrekte Zeile, markiert durch ein Häkchen in der für die Korrektur zur Verfügung stehenden Spalte. Die Bewertung erfolgt dichotom, es gibt also entweder eine korrekte oder eine nicht korrekte Lösung. Damit ist die Auswertungsobjektivität auch bei diesem Aufgabenformat gegeben. Ein Korrekturschlüssel ist im Laufe der Erstellung der Aufgabe festzulegen und während der Korrektur ggf. zu ergänzen. Durch die beiden Antwortmöglichkeiten (korrektes Wort selbst schreiben und damit eigenständig produzieren, Zeile als korrekt markieren und damit die Korrektheit erkennen) handelt es sich bei diesem Format sowohl um eine *limited response*- als auch um eine *selected response*-Aufgabe (Hinger 2016b, 119). Im Folgenden wird ein Beispiel einer spanischen ‚Bemerke den Fehler'-Aufgabe gezeigt. Beispiele für Französisch, Italienisch und Spanisch sind unter https://tinyurl.com/yajk6jy4, für Russisch unter https://tinyurl.com/yc6tkdr4 (21. 09. 2017) abrufbar.

Alle hier präsentierten Aufgabenformate überprüfen Grammatikaspekte nicht isoliert, sondern kontextualisiert, eingebettet in einen Gesamttext (vgl. u. a. Stadler 2014, 300). Um die gestellten Aufgaben lösen zu können, müssen TestteilnehmerInnen daher bereits über Grundkenntnisse im Lesen wie auch im Schreiben verfügen (vgl. u. a. Grotjahn & Kleppin 2015, 103; Studer 2016, 38). Für absolute AnfängerInnen sind die Formate daher nicht geeignet, wobei anzumerken ist, dass die Überprüfung von Grammatikbereichen in einem an Kommunikation und Handlungsorientierung ausgerichteten Anfangsunterricht ohnehin nicht erfolgen sollte (s. 9.1.1 *DELE*-Prüfungen). Die Bewertung aller vorgestellten Aufgabenformate erfolgt dichotom, anhand der Kriterien „korrekt / nicht korrekt". Dies gewährleistet Auswertungsobjektivität, die durch die Anwendung eines Korrekturschlüssels insbesondere dann unterstützt wird, wenn dieser um Lösungen, die von den vorgegebenen Texten abweichen können, aber durchaus adäquat sind, erweitert wird. Die Angabe eines bereits gelösten Beispiels am Beginn der Aufgabe soll den TestteilnehmerInnen das Einfügen ihrer eigenen Lösungen erleichtern. Eine gut verständliche Anleitung und das Nennen der erreichbaren Punktezahl erhöhen zudem die Transparenz einer Aufgabenstellung.

Lee el texto singuiente. Marca los errores y corrígelos. Cómo máximo hay un error por línea. Marca también las líneas correctas. Los ejemplos (0) y (1) ya están hechos.

Querido tía:	(0)	Querida
Espero que tú y tu familia se encuentren	(1)	✓
bien de salud y que todo lo demás marche	(2)	
bueno. Te escribo para agradecerte	(3)	
de todo corazón el dinero	(4)	
que has enviado. Es importante	(5)	
saber que exista gente	(6)	
tan generosa. Muchas gracias	(7)	
para todo.	(8)	
¡Ojalá podemos vernos pronto!	(9)	
Dale recuerdos de mi parte	(10)	
a mis primos.	(11)	
Recibe un fuerto abrazo	(12)	
y cariñosos saludo.	(13)	
Tu sobrina María	(14)	

Abb. 9: Spanisches Beispiel für das Format ‚Bemerke-den-Fehler'

Lösung:

Querido tía:	(0)	Querida
Espero que tú y tu familia se encuentren	(1)	✓
bien de salud y que todo lo demás marche	(2)	✓
bueno. Te escribo para agradecerte	(3)	bien
de todo corazón el dinero	(4)	✓
que has enviado. Es importante	(5)	✓
saber que exista gente	(6)	existe
tan generosa. Muchas gracias	(7)	✓
para todo.	(8)	por
¡Ojalá podemos vernos pronto!	(9)	podamos
Dale recuerdos de mi parte	(10)	✓
a mis primos.	(11)	✓
Recibe un fuerto abrazo	(12)	fuerte
y cariñosos saludo.	(13)	cariñoso
Tu sobrina María	(14)	✓

Abb. 10: Lösung spanisches Beispiel für das Format ‚Bemerke-den-Fehler'

8.1.3 Konstrukt von Wortschatz

Der Wortschatz bildet die Grundlage für die Aneignung jedweder Sprache. Auch im Zweit- und Fremdsprachenerwerb ist sich die Forschung grosso modo einig, dass der Zugang zu Wörtern die Basis für Sprachverarbeitungsprozesse schafft. Der Wortschatzauf- und -ausbau bleibt bei der Aneignung einer Sprache auch in weiteren Lernjahren eine große Herausforderung, u. a. deswegen, weil der Wortschatz einer Sprache – im Gegensatz zu grammatischen Strukturen – sich ständig erweitert, verändert und damit eine offene Klasse darstellt.

Wie wird nun aber Wortschatz definiert und welches Konstrukt kann der lexikalischen Kompetenz zugrunde gelegt werden? Für die Beantwortung dieser Fragen muss zunächst auf die kognitiven Repräsentationsformen von Wörtern und Wortstrukturen im mentalen Lexikon verwiesen werden (Aitchison 2012), die für Erst-, Zweit- und Fremdsprachen als ident angenommen werden. Das mentale Lexikon gilt generell als „dynamisch … erweiterbar, ökonomisch geordnet und in vernetzter Weise verknüpft" (Neveling 2016, 117). Die Sprachtestforschung kann sich diese Erkenntnisse für die Erstellung von Prüfaufgaben allerdings noch nicht wirklich zu Nutze machen, weil es an Konkretisierung und damit möglichen Operationalisierungen mangelt. Unter Bezugnahme auf die Sprachwissenschaft verweist die Sprachtestforschung darauf, dass sich der Wortschatz aus Einzelwörtern, Komposita, idiomatischen Wendungen, Kollokationen sowie dem benachbarten Auftreten von Wörtern und deren jeweiligen Bedeutungen zusammensetzt (vgl. u. a. Read 2012, 257). Darüber hinaus und trotz zahlreicher, vor allem in den letzten 20 bis 30 Jahren durchgeführten Forschungen zur lexikalischen Kompetenz liegen noch keine übereinstimmenden Ergebnisse vor, die eine angemessene Konstruktdefinition über das eben Gesagte hinaus erlauben (vgl. insbesondere Read 2004, 2012). Die kommunikative Wende und der handlungsorientierte Ansatz im Fremdsprachenunterricht hinterfragen die lange vorherrschende Überprüfung von isolierten Einzelwörtern und schreiben dem Wortschatz eine ebenso dienende Funktion für die Sprachverwendung zu wie der Grammatik. Wortschatzkenntnisse erlangen damit als sprachliche Mittel Bedeutung für die kommunikative Kompetenz in einer Fremdsprache (vgl. u. a. Neveling 2016, 116). Der Wortschatz ist in diesem Sinne integraler Bestandteil von Verstehens- und Produktionsaktivitäten und damit verbundener mentaler Prozesse (Read 2012, 258).

> Im kommunikativ ausgerichteten Fremdsprachenunterricht ist der Wortschatz Teil von Verstehens- und Produktionsaktivitäten.

Für das Überprüfen der lexikalischen Kompetenz bedeutet dies, dass sie, analog zur Überprüfung grammatischer Bereiche, anhand schriftlicher und mündlicher Performanzen erfolgen kann und soll. Ausgewiesen wird dies in entsprechend definierten Bewertungsskalen für schriftliche und mündliche Lernerproduktionen (s. Abschnitt 7.3). Bei der Überprüfung der lexikalischen Kompetenz einer / eines Lernenden sollen jedenfalls drei Bereiche berücksichtigt werden, nämlich der Umfang respektive das Spektrum des rezeptiven sowie des produktiven Wortschatzes und die Tiefe der Wortschatzkenntnis (vgl. u. a. Beglar & Nation 2014, 1).

> Lexikalische Kompetenz umfasst das Spektrum des rezeptiven und des produktiven Wortschatzes und die Tiefe der Wortschatzkenntnis.

Dabei ist vor allem für LernerInnen in den ersten Lernjahren der Umfang des Wortschatzes von Bedeutung (ebd., 9). Der Wortschatzumfang wird auf der Basis von Frequenzlisten definiert, die auch als Grundlage für das Erlernen und Überprüfen von Wortschatz herangezogen werden (vgl. u. a. Read 2012, 258). Dabei kann davon ausgegangen werden, dass beispielsweise im Englischen die zweitausend häufigsten Wörter ca. 80 Prozent eines Textes ausmachen (vgl. ebd.). Forschungen zur Wortschatzfrequenz werden bereits seit dem Ende des 19. Jahrhunderts durchgeführt und haben im Laufe des 20. Jahrhunderts in unterschiedlichem Ausmaß auch als Grundlage für die Erstellung von Lehrwerken (z. B. Halm & Moll Marqués 1965) gedient. Für den Unterricht wurden darüber hinaus auf Frequenzlisten basierende Zuteilungen der eintausend häufigsten Wörter, der zweitausend häufigsten Wörter etc. ebenfalls sehr früh von Palmer & Hornby (1937) und West (1953) zur Verfügung gestellt[30]. Die computerbasierte Ermittlung von Wortschatzhäufigkeiten hat die Frequenzforschung in den letzten Jahrzehnten deutlich weiterentwickelt. Mittlerweile sind Frequenzwörterbücher für viele Sprachen erhältlich und richten sich zum Teil direkt an Fremdsprachenlernende (vgl. u. a. für Französisch: Lonsdale & Le Bras 2009; für Italienisch: De Mauro 2016; für Russisch: Ljaševskaja & Šarov 2009; Sharoff, Umanskaya & Wilson 2013; für Spanisch: Davies 2006). Auch online zur Verfügung stehende Sprachkorpora sind eine wertvolle Unterstützung für den Fremdsprachenunterricht und können neben Frequenzwörterbüchern die Erstellung von Wortschatztests erleichtern. Die Webseite www.lextutor.ca[31] bietet vor allem für Englisch und Französisch entsprechende Informationen, für Russisch kann das *Russian National Corpus* (https://tinyurl.com/296b4wb)[32] oder das Lernerkorpus DALeKo (Russisch-Klausuren aus Abiturjahrgängen, https://tinyurl.com/yc88mqkn) herangezogen werden. Wertvolle Online-Korpora für Italienisch sind COLFIS (*Corpus e Lessico di Frequenza dell'Italiano*, https://tinyurl.com/873p6bw) und BADIP (*Banca Dati dell'Italiano Parlato*, https://tinyurl.com/yamay6nn) sowie CREA (*Corpus de Referencia del Español Actual*, https://tinyurl.com/2dzowbz [21.09.2017]) für Spanisch.

Frequenzlisten sind die Basis internationaler Wortschatztests.

Auf Frequenzlisten basieren international übliche *Vocabulary Level Tests* (vgl. u. a. Read 2012, 259). Der bekannteste ist jener von Nation, der in den 1980er Jahren entwickelt wurde (vgl. Nation & Beglar 2007, s. auch Beispiel unten; eine kritische Sicht nehmen Webb & Sasao (2013) ein, die u. a. auf eine neue Version dieses Tests verweisen). *Vocabulary Level Tests* werden meist als Sprachstandstests verwendet, auch wenn ihre ursprüngliche Intention zur diagnostischen Überprüfung von Wortschatz gedacht war. Für diagnostische Zwecke ist u. a. der Online-Wortschatztest von DIALANG (https://tinyurl.com/ycc7ql2f [21.09.2017]) geeignet. Dieser Test überprüft 50 Wörter und zeigt an, auf welchem der sechs GeR-Niveaus eine / ein Lernende / r einzuordnen ist (Alderson 2005b).

Der GeR unterscheidet Wortschatzspektrum und Wortschatzbeherrschung.

Der GeR beschreibt lexikalische Kompetenz als „Kenntnis des Vokabulars einer Sprache, das aus lexikalischen und aus grammatischen Elementen besteht, sowie die Fähigkeit, es zu verwenden" (Europarat

30 Nation (2011, 531) weist darauf hin, dass diese Listen auch für *graded reader schemes* in Form vereinfachter Lektürehefte genutzt wurden.

31 Die Website www.lextutor.ca erstellt auf Basis von willkürlichen Texteingaben u. a. automatisch *Cloze*-Tests (vgl. dazu auch Abschnitt 8.1.2).

32 Mithilfe der Website http://lestcor.com (21.09.2017) besteht die Möglichkeit, den Schwierigkeitsgrad (*text complexity*) russischer Texte zu überprüfen.

2001, 5.2.1.1, 111). Lexikalische Elemente werden hier als feste Wendungen, etwa Satzformeln wie *Nett, Sie kennenzulernen*, idiomatische Wendungen, z. B. *jemandem einen Bären aufbinden*, feststehende Muster, *Könnte ich bitte*, oder feste Kollokationen, *einen Vortrag halten*, sowie Einzelwörter definiert (vgl. oben), während grammatische Elemente als geschlossene Wortklassen wie Artikel, Präpositionen etc. angeführt werden (ebd., 111 f.). Der GeR bietet in zwei Skalen Deskriptoren für die lexikalische Kompetenz, wobei neben dem Wortschatzspektrum, das sich auf den Umfang des Wortschatzes bezieht, auch die Wortschatzbeherrschung, die die Wortschatztiefe angibt, beschrieben wird. Allerdings gilt es auch hier wieder kritisch anzumerken, dass die Beschreibungen der Skalen nicht auf empirischen Befunden beruhen. Ebenso ist anzuführen, dass die Forschung bislang auf keine zufriedenstellenden Definitionen und Erkenntnisse zur Wortschatztiefe verweisen kann (Read 2012, 259).

Wortschatzspektrum	
C2	Beherrscht einen sehr reichen Wortschatz einschließlich umgangssprachliche und idiomatische Wendungen und ist sich der jeweiligen Konnotationen bewusst.
C1	Beherrscht einen großen Wortschatz und kann bei Wortschatzlücken problemlos Umschreibungen gebrauchen; offensichtliches Suchen nach Worten oder der Rückgriff auf Vermeidungsstrategien sind selten. Gute Beherrschung idiomatischer Ausdrücke und umgangssprachlicher Wendungen.
B2	Verfügt über einen großen Wortschatz in seinem Sachgebiet und in den meisten allgemeinen Themenbereichen. Kann Formulierungen variieren, um häufige Wiederholungen zu vermeiden; Lücken im Wortschatz können dennoch zu Zögern und Umschreibungen führen.
B1	Verfügt über einen ausreichend großen Wortschatz, um sich mithilfe von einigen Umschreibungen über die meisten Themen des eigenen Alltagslebens äußern zu können wie beispielsweise Familie, Hobbys, Interessen, Arbeit, Reisen, aktuelle Ereignisse.
A2	Verfügt über einen ausreichenden Wortschatz, um in vertrauten Situationen und in Bezug auf vertraute Themen routinemäßige alltägliche Angelegenheiten zu erledigen.
	Verfügt über genügend Wortschatz, um elementaren Kommunikationsbedürfnissen gerecht werden zu können. Verfügt über genügend Wortschatz, um einfache Grundbedürfnisse befriedigen zu können.
A1	Verfügt über einen elementaren Vorrat an einzelnen Wörtern und Wendungen, die sich auf bestimmte konkrete Situationen beziehen.

Tab. 2: GeR-Skala zu Wortschatzspektrum (Europarat 2001, 5.2.1.1)

Wortschatzbeherrschung	
C2	Durchgängig korrekte und angemessene Verwendung des Wortschatzes.
C1	Gelegentliche kleinere Schnitzer, aber keine größeren Fehler im Wortgebrauch.
B2	Die Genauigkeit in der Verwendung des Wortschatzes ist im Allgemeinen groß, obgleich einige Verwechslungen und falsche Wortwahl vorkommen, ohne jedoch die Kommunikation zu behindern.
B1	Zeigt eine gute Beherrschung des Grundwortschatzes, macht aber noch elementare Fehler, wenn es darum geht, komplexere Sachverhalte auszudrücken oder wenig vertraute Themen und Situationen zu bewältigen.
A2	Beherrscht einen begrenzten Wortschatz in Zusammenhang mit konkreten Alltagsbedürfnissen.
A1	keine Deskriptoren vorhanden

Tab. 3: GeR-Skala zu Wortschatzspektrum (Europarat 2001, 5.2.1.1)

Festzuhalten ist des Weiteren, dass die Frage nach der Entwicklung des fremdsprachlichen Wortschatzes im Laufe der Aneignung der Zielsprache ein Desiderat darstellt (Beglar & Nation 2014, 10) und Ergebnisse wie etwa für die lernersprachliche Entwicklung von Grammatikbereichen nicht vorliegen. Weiterführende und vertiefte Analysen der im *English Vocabulary Profile* (Capel 2015) vorliegenden Datensätze können zumindest für das Englische als zukunftsweisend betrachtet werden. Als gesichert gilt jedoch, dass die Wortschatzkenntnis der beste Prädiktor für Lesekompetenz ist, und zwar sowohl für FremdsprachenlernerInnen als auch für L1-SprecherInnen (Read 2012, 261).

Im Folgenden werden Aufgabenformate für die Überprüfung von Wortschatz vorgestellt und beschrieben. Einige konkrete Beispiele sollen als Veranschaulichung dienen.

8.1.4 Aufgabenformate zur Überprüfung von Wortschatz

Wortschatz kann in einsprachigen oder zweisprachigen Aufgabenformaten, kontextlos oder kontextgebunden überprüft werden.

Die Sprachtestforschung unterscheidet zunächst einsprachige und zweisprachige Aufgabenformate zur Überprüfung der lexikalischen Kompetenz. Beide können Wortschatz kontextlos und isoliert oder kontextgebunden überprüfen (vgl. u. a. Read 2004, 167 f.). Im Folgenden werden Formate wie Übersetzungs-, Wortbildungs- und Wortdefinitionsaufgaben ebenso beschrieben und erläutert wie die Verwendung einer Selbsteinschätzungsskala.

Als bilinguale kontextlose Aufgabenstellungen werden Übersetzungen bezeichnet, die, auch wenn sie nach wie vor zum Einsatz kommen, als traditionelle Prüfformate gelten. Sie können sowohl produktive als auch rezeptive Wortschatzkenntnisse überprüfen und zählen zu den sog. *limited production*-Aufgaben: Gilt es, in die Zielsprache zu übersetzen, werden produktive zielsprachliche Kenntnisse überprüft, ist aus der Zielsprache in eine L1 zu übersetzen, handelt es sich um die Überprüfung rezeptiver zielsprachlicher Kenntnisse (Read 2004, 167). Read (2004) verweist u. a. auf die Kulturabhängigkeit bilingualer Übersetzungsaufgaben, was auch bedeutet, dass solche Aufgaben vor allem im europäischen Kontext verwendet werden können, weil hier SchülerInnen meist Zugang zur Landes- respektive Bildungssprache haben. In Sprachkursen, die im Zielland durchgeführt werden, nehmen jedoch LernerInnen unterschiedlicher Bezugssprachen teil (vgl. u. a. Hinger 2016b, 106). Die Vorgangsweise wird von Alderson (2007, 662; s. dazu auch Tsagari 2011, 180 f.) sehr kritisch betrachtet; er verweist dabei ebenfalls vor allem auf Europa, da hier Übersetzungen nach wie vor zu oft eingesetzt werden. Für Übersetzungsaufgaben spricht sich Read (2004, 169 f.) hingegen etwa im Anfangsunterricht aus, wenn Lernende noch nicht in der Lage sind, zielsprachliche Wortdefinitionen zu nennen. Auch für die Überprüfung von Funktionswörtern oder von hochfrequenten Wörtern würde Read (2004, 169) durchaus auf Übersetzungen zurückgreifen. Zu bedenken ist, dass die dabei genutzte Paar-Assoziationsmethode meist die Übersetzung von Einzelwörtern oder Phrasen ohne weitere Einbettung in einen sprachlichen Kontext erfordert. Wortschatzkenntnisse werden also isoliert überprüft, womit die Bedeutung von Wörtern und ihr Gebrauch im Kontext eines Satzes oder Textes nicht erfasst werden können.

Diese Art der Überprüfung hat aber auch negative Auswirkungen auf das Erlernen von Wortschatz und erzielt meist einen negativen Rückkoppelungseffekt (vgl. u. a. Hinger 2016b, 105). In diesem Sinn kann Kieweg (2006, 6) zugestimmt werden: „Ebenso wenig wie man Wörter isoliert lernt, sollte man sie isoliert abprüfen." Darauf weisen u. a. auch Beglar & Nation (2014, 9) sowie Grünewald & Roviró (2009, 28 f.) hin. Letztere bezeichnen die Paar-Assoziationsmethode als „klassischen Vokabeltest" (ebd. 29), der verhindert, dass SchülerInnen das Erlernen von Wortschatz im Kontext beherzigen, denn: „Am besten lernt man für einen Vokabeltest, [...] indem man die Testmethode simuliert." (ebd.). Auch zahlreiche empirische Untersuchungen zeigen, dass SchülerInnen tatsächlich überwiegend das Paar-Assoziationslernen für die Aneignung von Wortschatz nutzen und damit die eingesetzten Vokabeltests imitieren (vgl. u. a. Hirzinger-Unterrainer 2016, 304 f.; Neveling 2004). Dem kann und soll, so Grünewald & Roviró (2009, 28 f.), durch eine entsprechend geänderte Überprüfung des Wortschatzes im Kontext entgegengewirkt werden.

Die isolierte Überprüfung von Wortschatz hat negative Auswirkungen auf das Wortschatzlernen.

Neben den bisher angesprochenen bilingualen Übersetzungsaufgaben können aber auch monolinguale Prüfformate kontextlos und an isolierten Wörtern orientiert vorgehen sowie Wörter nicht in ihre Bedeutungszusammenhänge stellen (vgl. Read & Chapelle 2001, 9); so klammern Aufgabenformate, die Wortdefinitionen in der Zielsprache anhand von *multiple choice*- oder Einfachwahlaufgaben oder Zuordnungsaufgaben abfragen, den Kontext ebenso aus (vgl. ebd., 2; Read 2004, 171 f.). Als kontextbezogene Formate werden insbesondere C-Tests (vgl. Read & Chapelle 2001, 2 f.) und *banked gap filling*-Formate (vgl. Alderson & Cseresznyés 2003, 179) angeführt, in denen das Einsetzen von Wörtern oder Wortteilen auf der Textebene erforderlich ist. Diese Aufgabenformate überprüfen jedoch nicht nur Wortschatz- sondern auch Grammatikkenntnisse (s. Abschnitt 8.1.1 und 8.1.2), weshalb sie als Prüfformate gesehen werden, die diese beiden Komponenten integriert überprüfen.

Insgesamt überwiegt die Auffassung, dass Übersetzungsaufgaben in Zeiten eines kommunikativ und handlungsorientierten Fremdsprachenunterrichts als Relikt der überholten Grammatik-Übersetzungsmethode anzusehen sind und durch adäquatere, kommunikativ ausgerichtete Formate ersetzt werden sollten.

Integrierte Überprüfung von Wortschatz und Grammatik in kontextbezogenen Formaten wie C-Tests und *banked-gap-filling*-Formaten

Als Prüfformat, das produktive Wortschatzkenntnisse im Kontext elizitiert, wird die Wortbildungsaufgabe verstanden. Dabei werden bestimmte Wörter aus einem Ganztext getilgt; deren Grundform wird nach der entstandenen Lücke in Klammern angeführt. Die TestteilnehmerInnen sind angehalten, auf Basis der Grundform jene Wortart zu bilden, die in die Lücke passt. Das neu gebildete Wort muss die Lücke grammatisch und semantisch adäquat schließen. Die Grundform des zu bildenden Wortes kann ein Verb sein, das entsprechend in ein Adjektiv oder Nomen umgewandelt werden muss, ein Nomen, das es in ein Adjektiv zu transformieren gilt oder auch ein Adjektiv, das in ein Adverb umgewandelt wird (vgl. Alderson & Cseresznyés 2003,

Formale Kriterien sind bei der Erstellung von Wortbildungsaufgaben in gleicher Weise zu berücksichtigen wie bei Lückenformaten.

263 ff.). Meist werden 10 bis 12 Wörter eines Textes getilgt. Formal gilt es auch hier, die in 8.1.2 angeführten Kriterien für Lückenformate (wie *lead in*-Satz, *lead out*-Satz etc.) zu beachten. Der Auszug eines Beispiels für Englisch, bezogen auf das GeR-Niveau B2, soll dies veranschaulichen.

Read the text about heli-skiing. Some words are missing. Use the word in brackets to form the missing word for each gap (1–9). Write your answers in the spaces provided on the answer sheet. The first one (0) has been done for you.

An unforgettable rush

The Kisaq, a comfortable 25-metre ship, navigates the fjords and takes us to the base of a mountain situated in the middle of a vast icy wilderness, where the group loads the racks of (0) equipment (equip) onto a helicopter on the beach. We (1) ___ (excite) explore the possibilities amongst a collection of islands just off the coast. Although the pilots know the area, there is always a (2) ___ (nerve) buzz in the first few minutes. The excitement grows as the loud roar of the engines increases and the helicopter gently lifts off. The ride to the top of our first run is spectacular, with the helicopter rising over the peaks, ridges, glaciers and cirques covered in snow and dotted with rocks protruding above the pristine white landscape. At times we feel the helicopter gently buffeting in the wind turbulence, but that is not unusual in these mountainous regions.

We try to get a good view of the terrain and pick a good line down. Nearing the drop-off point, everyone begins to feel the rush of adrenaline. After we land and (3) ___ (load) the racks, the helicopter again lifts off and flies away, its rotors blowing the snow around us in all directions. That instant when you are suddenly left alone in complete silence is one of the most (4) ___ (impress) moments in heli-skiing, quite different from the slow approach of hiking up to the top. That sudden change to an isolated peak with the most (5) ___ (credible) mountainscape beneath you and the prospect of an exhilarating run down, can be better than the ride (6) ___ (it). After a few minutes of taking in our (7) ___ (surround) we start to look at the best route to begin our descent. Our minds switch from excitement mode to fear mode. We saw from the other side of the valley and during the (8) ___ (fly) up that the slope is over 50 degrees, a realisation that (9) ___ (define) gets the adrenaline pumping and makes us focus on not making any mistakes. In Greenland, a ride down may be as long as 2,000 metres and it is even possible to finish on the beach at sea level.

Quelle: Boyce, A. Heli-skiing with a view in Greenland.
Verfügbar unter http://www.elephantlifestyle.com/heliskiing-with-a-view-in-greenland_86.html [14. Juli 2015].

Abb. 11: Beispiel Wortbildungsaufgabe (Englisch, B2) (https://tinyurl.com/y7mbdm3y [21.09.2017])

Neben Tests zur Wortschatztiefe bedarf es auch Tests zur Feststellung der Wortschatzgröße. Diese beruhen auf Frequenzlisten umfassender Sprachkorpora und überprüfen die rezeptive Kenntnis schriftlicher Wörter auf dekontextualisierte Art und Weise. Umfassende Forschungen hierzu liefern Nation (2004), Nation & Beglar (2007) und Laufer & Nation (1999), die den *Vocabulary Size Test* für Englisch entwickelt haben. Mittlerweile stehen diese Tests zur Überprüfung der Wortschatzgröße online zur Verfügung (z. B. www.lextutor.ca).

Der *Vocabulary Size Test* dient der Überprüfung der Wortschatzgröße.

Lösung:

Item	akzeptiert	nicht akzeptiert
0	*equipment*	
1	exitedly	excited excitingly
2	nervous	nervously
3	unload	loaded (*wrong tense*) loading reload unloaded (*wrong tense*) unloading upload
4	impressive	impressing (*does not collocate*)
5	incredible	credibly credited incredibly
6	itself	
7	surroundings	surrounded surrounding
8	flight	flew flying
9	definitely	defined defines definition

Abb. 12: Lösung Beispiel Wortbildungsaufgabe (https://tinyurl.com/y7mbdm3y [21.09.2017])

Der Test überprüft die Bedeutung von Wörtern schriftlich, indem er zu deren Definition eine Auswahl an vier Antwortmöglichkeiten bereitstellt. Ursprünglich besteht der *Vocabulary Size Test* aus 140 Items und ist in 14 Frequenzniveaus gegliedert. Je zehn Items beziehen sich auf ein tausend Wörter umfassendes Niveau (1K–14K) (Kremmel et al. 2016, 237). Von Kremmel et al. (2016, 237) wird folgendes Beispielitem („stone") für das Häufigkeitsniveau 2K aus Nation & Beglar (2007) angeführt:

STONE: He sat on a stone.

a) hard thing
b) kind of chair
c) soft thing on the floor
d) part of a tree

Eine Weiterentwicklung erfährt der *Vocabulary Size Test* im sog. *Test of Multi-Word Expressions* (TMWE) (Martinez 2011, zit. in Kremmel et al. 2016), der sich zum Ziel setzt, nicht Einzelwortwissen, sondern phraseologisches Wortschatzwissen zu überprüfen (s. v. a. Kremmel et al. 2016, 236 ff.).

Ein von einer Lehrperson erstellter Wortschatztest, der sich das Prinzip der Definition eines Wortes in der Zielsprache anhand einer Kombination von Zuordnungsaufgabe und Auswahlantwort seiner Bedeutung zu Nutze macht, wird in Abb. 13 gezeigt. Beglar & Nation (2014, 9) merken zu den von Lehrpersonen erstellten Wortschatzüberprüfungen an, dass diese meist auf jenen Wortschatz zurückgreifen, der in den Unterrichtsmaterialien bereitgestellt ist.

Mira cada grupo de palabras. Apunta al lado de la definición el número de la palabra más adecuada. Ejemplo:

1. entender	
2. ir	_4_ dar
3. pensar	_1_ comprender
4. regalar	_2_ contrario de venir
5. viajar	
6. volver	

1.	1. camarero 2. campeón 3. ciclista 4. guía 5. pianista 6. profesor	___ persona que gana carreras ___ persona que monta en bicicleta ___ persona que toca un instrumento
2.	1. distinguir 2. encender 3. jugar 4. proteger 5. recordar 6. sonar	___ lo hace el policía ___ lo hacen los niños ___ lo hace el teléfono
3.	1. caracol 2. cordero 3. lengua 4. lenguado 5. marisco 6. piña	___ fruta ___ carne ___ pescado

Abb. 13: Beispiel für einen für den Spanischunterricht erstellten *Vocabulary Size Test*, mit freundlicher Genehmigung von Astrid Daucher

Selbsteinschätzungsskalen stellen schließlich auch eine Möglichkeit zur Angabe der eigenen Wortschatzkenntnisse dar. Sie beziehen sich auf den rezeptiven Wortschatz und die produktiven Verwendungsmöglichkeiten von vorgegebenen Wörtern. Sie fragen zunächst nach Einzelwörtern in isolierter Weise und bieten für die eigene Einschätzung der Kenntnis eines Wortes die in Tab. 4 gezeigten Abstufungen (vgl. Paribakht & Wesche 1996). In der fünften und letzten Kategorie dieser *Vocabulary Knowledge Scale* sind die Lernenden angehalten, einen „grammatikalisch und semantisch korrekten Satz mit dem Wort [zu] bilden" (Hirzinger-Unterrainer 2014b, 51).

	Section I	Section II	Section III	Section IV	Section V
WORD	I don't remember having seen this word before	I have seen this word before, but I don't know what it means	I have seen this word before, and I think it means ______ (synonym or translation)	I know this word. It means ______ (synonym or translation)	I can use this word in a sentence: ____________. (Write a sentence) (If you do this section, please also do Section IV)

Tab. 4: Selbsteinschätzungsskala zur Wortschatzkompetenz (vgl. Paribakhat & Wesche 1996, 180)

8.2 Pragmatische und soziolinguistische Besonderheiten

Pragmatische und soziolinguistische Kompetenzen haben im Gegensatz zu den ‚Sprachverwendung im Kontext'-Aufgaben, die linguistische Kompetenzbereiche wie Lexik, Morphologie und Syntax überprüfen, nicht Eingang in die SRDP in Österreich gefunden. Zudem wird kontextualisierte Sprachverwendung im Rahmen der SRDP nur in den allgemeinbildenden und nicht in den berufsbildenden höheren Schulen Österreichs geprüft. Auch das deutsche Abitur sieht bisher keine Überprüfung soziopragmatischer oder interkultureller Kompetenzen in den Fremdsprachen vor (vgl. z. B. Stadler 2016a, 83). Das ist umso verwunderlicher, als ein handlungsorientierter Fremdsprachenunterricht, der situationsgebundene und authentische Aufgaben zur Leistungsfeststellung einsetzen sollte, ohne soziopragmatische Kompetenz eigentlich nicht auskommen dürfte (vgl. Grotjahn & Kleppin 2015, 103; Stadler 2015b, 364).

Handlungsorientierter Fremdsprachenunterricht ist ohne soziopragmatische Kompetenz nicht denkbar.

Für viele LehrerInnen scheint es einfacher zu sein, Lexik- und Grammatikkenntnisse abzufragen als soziopragmatische Besonderheiten zu überprüfen. Diese Tatsache mag mit der seit langer Zeit andauernden Vernachlässigung der Vermittlung soziopragmatischer Kompetenz per se im Fremdsprachenunterricht zusammenhängen. Zudem ist die Anzahl der im GeR verfügbaren Skalen zur Erläuterung der soziopragmatischen Kompetenz überschaubar (vgl. Europarat 2001, 5.2.2, 5.2.3). Zur soziolinguistischen Kompetenz ist nur eine einzige Skala verfügbar: „Soziolinguistische Angemessenheit". Die Deskriptoren in den Niveaustufen A1 bis B2 dieser Skala betreffen hauptsächlich „alltägliche und gebräuchliche Höflichkeitsformeln" (A1 bis A2), „Sprachfunktionen", „Sitten, Gebräuche, Einstellungen und Werte" (B1) sowie das „Vermeiden krasser Formulierungsfehler" auf B2-Niveau. Die Skalen zur pragmatischen Kompetenz verweisen auf Flexibilität (in Bezug auf die Umstände der Kommunikationssituation), Sprecherwechsel (oder Interaktionsstrategien),

Themenentwicklung, Kohärenz und Kohäsion, Flüssigkeit (mündlicher Sprache) und Genauigkeit (wobei mit letzterer nicht grammatikalische Korrektheit, sondern die Genauigkeit des Ausdrucks, d. h. eine klare Formulierung der Proposition, gemeint ist). In den meisten Fällen bieten diese Skalen Deskriptoren erst ab A2+-Niveau.

GeR-Skalen zu soziolinguistischer Angemessenheit und pragmatischer Kompetenz

Für viele LehrerInnen dürfte es schwierig sein, die soziopragmatische Kompetenz zu überprüfen, auch wenn sie die Notwendigkeit dafür sähen, da die dafür geeigneten Testformate erst entwickelt werden müssten und bisher auch keine Musteraufgaben in entsprechenden Aufgabensammlungen zu finden sind. So bietet beispielsweise die renommierte Aufgabensammlung der Universität Lancaster, „Exams Reform Teacher Support Project" (https://tinyurl.com/yc5e4pjg [21. 09. 2017]), zwar Aufgaben in englischer Sprache für Sprechen, Schreiben, Hören, Lesen und Sprachverwendung im Kontext (*language in use*) an, aber keine Aufgaben zur Überprüfung der soziolinguistischen oder pragmatischen Kompetenz. Gerade für Englisch als erste lebende Fremdsprache wären solche Aufgaben hilfreich, um Schüler, die eine zweite, dritte oder vierte Fremdsprache lernen, zeitgerecht für die „soziale Dimension des Sprachgebrauchs" (Europarat 2001, 5.2.2, 118) und für kulturspezifische Besonderheiten zu sensibilisieren. Schließlich gibt es neben den Phänomenen, die die Lernenden aus der eigenen Sprache kennen, auch solche, die sie nicht oder auf eine andere Art kennen, sodass ihr Verständnis und ihre Empathie für intra- bzw. interkulturellen Sprachgebrauch erst geschaffen werden müssen. Da vor allem inter- und transkulturelle Besonderheiten schwer den einzelnen Niveaustufen zuordenbar (vgl. Grotjahn & Kleppin 2015, 103) und auch nicht wirklich messbar sind, müssen Lehrende andere Formate kennen und nützen lernen, um bei der Bewertung fremdsprachlicher Leistungen soziopragmatische und kulturelle Phänomene nicht außer Acht zu lassen. Eine gute Hilfestellung dabei bieten der „Referenzrahmen für Plurale Ansätze zu Sprachen und Kulturen" (REPA) sowie die kürzlich finalisierten neuen plurikulturellen und mehrsprachigen Deskriptoren (*pluricultural and plurilingual descriptors*) für den GeR (Council of Europe 2017). Vielleicht ist es an dieser Stelle sinnvoll, anzuraten, dass die Bewertung von soziopragmatischen und trans- / interkulturellen Kompetenzen eher dynamisch und weniger statisch sein sollte. So könnten Lehrende das Reflektieren von soziopragmatischer und interkultureller Sprachbewusstheit zielführender in die verschiedenen Sozialformen des Unterrichts aufnehmen, anstatt auf einen norm- oder kriterienorientierten Vergleich von Schülerleistungen bei der Überprüfung dieser Kompetenz in Klassen- / Schularbeiten zu setzen. Was wirklich mess-, überprüf- und bepunktbar wäre, ist soziokulturelles Wissen, z. B. dass bestimmte Gesten in einzelnen Kulturen voneinander abweichen und etwas anderes bedeuten, oder dass man in einzelnen Ländern unterschiedlich auf Komplimente reagiert. Interkulturelle Begegnungen und die damit verbundenen soziopragmatischen Erfordernisse können auch gut in Übungen und Aufgaben zur Sprachmittlung (Mediation) trainiert werden. So lautet z. B. einer der neuen plurikulturellen B1-Deskriptoren der Skala

Dynamische Bewertung von (sozio-)pragmatischen und trans- / interkulturellen Kompetenzen

„Facilitating Pluricultural Space“ für den GeR (Council of Europe 2017, 120): „Can act in a supportive manner in intercultural encounters, recognizing the feelings and different world views of other members of the group“.

8.2.1 Pragmalinguistisches und soziopragmatisches Konstrukt

Der britische Sprachwissenschaftler Leech unterschied bereits in den 1980er Jahren zwischen den Begriffen „Pragmalinguistik“ und „Soziopragmatik“, um die linguistischen Mittel interaktiver Sprachverwendung und ihre sozialen Regeln zu beschreiben. Abb. 14 zeigt deutlich den Bezug zwischen Pragmatik und Grammatik auf der einen Seite sowie die Relation der Pragmatik zu den Sozialwissenschaften auf der anderen Seite.

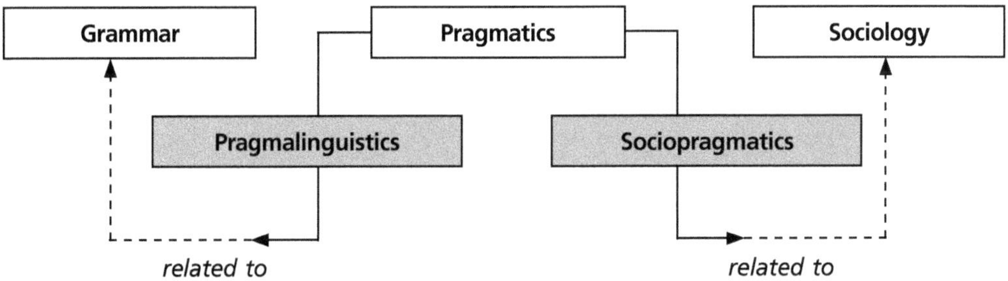

Abb. 14: Leechs Unterscheidung zwischen Pragmalinguistik und Soziopragmatik (übernommen in adapatierter Form aus Laughling, Wain & Schmidgall [2015, 6])

Während der GeR neben der linguistischen Kompetenz von „Soziolinguistik“ und „Pragmatik“ als weiteren Teilbereichen der „Kommunikativen Kompetenz“ spricht, werden im Diagramm nach Leech die Begriffe *pragmalinguistics* und *sociopragmatics* verwendet. Die Verwendung unterschiedlicher Termini mag auf den ersten Blick zweitrangig sein, sie bestimmt aber doch wesentlich das Konstruktverständnis. So wurden für Untersuchungen in der angewandten Linguistik zunächst Tests erstellt, die sich vorrangig Erscheinungen der Pragmatik (nämlich den Sprechakten) und der Soziolinguistik (der Angemessenheit dieser Sprechakte) widmeten, erst später fanden andere pragmalinguistische Besonderheiten wie Implikatur(en), Routineformeln oder kontextualisierte (diskursive) Sprechakte Eingang in diese Tests (vgl. Stadler 2015a). Der GeR basiert auf kommunikativen Kompetenzmodellen, wie z. B. Hymes (1971), Canale & Swain (1980) oder Bachman & Palmer (1996), die Begriffe wie *communicative competence* (Hymes), *sociolinguistic, discourse and strategic competence* (Canale & Swain) bzw. *pragmatic (lexical, functional and sociolinguistic) knowledge* (Bachman & Palmer) geprägt haben. Wichtig für das Konstruktverständnis scheint die Verbindung von sowohl pragmalinguistischen als auch soziopragmatischen (oder soziolinguistischen) Besonderheiten zu sein, die bei der Erstellung von Testaufgaben berücksichtigt werden müssen, ohne dabei das Prinzip der Praktikabilität aus den Augen zu verlieren (vgl. Stadler im Druck).

Das Konstrukt (sozio-)pragmatischer Kompetenz ist breit und wandelbar.

In der Forschung zu L2-Pragmatik zeigt sich mittlerweile ein Trend weg von soziopragmatischen zu pragmalinguistischen Tests (vgl. Itomitsu 2009; Roever 2010). Bedauerlicherweise ist in diesem Zusammenhang festzuhalten, dass zwar ausreichend Forschung im Bereich „Englisch als Zweitsprache", aber viel zu wenig Forschung im Bereich anderer Sprachen betrieben wird, die sich pragmalinguistischer und soziopragmatischer Besonderheiten annehmen würde und somit aufzeigen könnte, welche Bereiche des Konstrukts einer genaueren Betrachtung bzw. Förderung im schulischen (und universitären) Fremdsprachenunterricht unterzogen werden müssten. Schließlich zeigen SchülerInnen (LehrerInnen) oft mehr kritisches Bewusstsein für die sprachliche Richtigkeit einer zu lernenden (vermittelnden) Fremdsprache als für die soziopragmatische Angemessenheit von Äußerungen, vor allem dann, wenn sie nur wenige Fremdsprachen beherrschen oder in der eigenen Sprache (L1) dafür wenig Bewusstsein entwickelt haben.

(Sozio-)pragmatisches Konstrukt des GeR

Für den GeR (Europarat 2001, 5.2.2; 5.2.3) setzt sich das Konstrukt „Soziolinguistik und Pragmatik" aus folgenden Bereichen zusammen, die den BenutzerInnen des Referenzrahmens ausdrücklich zur Verwendung empfohlen werden:

Soziolinguistik	Pragmatik
Begrüßungsformeln, Anredeformen und Füllwörter	Diskursmerkmale
Höflichkeitskonventionen	Produktion von Mikrofunktionen (kurze Äußerungen in Sprechschritten)
Formen der Unhöflichkeit	Bekannte Interaktionsschemata
Sprichwörter, Redensarten, Stereotype	Benötigte Interaktionsschemata
Register	Auswahl von Makro- (längere mündliche Rede oder schriftliche Texte, bestehend aus einer Reihe von Äußerungen oder Sätzen) und Mikrofunktionen
Erkennen von sozialen Gruppen am Sprachgebrauch	Qualitativer pragmatischer Fortschritt

Tab. 5: Konstruktempfehlungen des GeR (Europarat 2001, 5.2.2; 5.2.3)

Der GeR spricht von pragmatischer Kompetenz (Europarat 2001, 5.2.3) und unterteilt diese in Diskurskompetenz, funktionale Kompetenz und Schemakompetenz; die soziolinguistische Kompetenz (Europarat 2001, 5.2.2) umfasst neben Varietäten und unterschiedlichen Sprachregistern auch die sprachliche Kennzeichnung sozialer Beziehungen, Höflichkeitskonventionen und situationstypische Redewendungen. Während für die soziolinguistische Kompetenz nur eine Skala („Soziolinguistische Angemessenheit"[33]; Europarat 2001, 5.2.2.5) zur Verfügung steht[34], werden für die pragmatische diskursive Kompetenz vier Skalen an-

33 S. die erweiterte Version dieser Skala im *Companion Volume* (Council of Europe 2017, 137).

34 Im *Companion Volume* finden sich weitere Skalen mit neuen Deskriptoren, die jene der Skala „Soziolinguistische Angemessenheit" im GeR ergänzen: *Understanding conversation between other speakers; Overall mediation; Meadiating a text; Mediating a conversation; Processing text in speech; Facilitating pluricultural space; Acting as intermediary in informal situations; Building on pluricultural repertoire.*

geboten: „Flexibilität"[35], „Sprecherwechsel", „Themenentwicklung" sowie „Kohärenz und Kohäsion" (Europarat 2001, 5.2.3.1). Zwei weitere Skalen decken die funktionale Kompetenz ab: „Flüssigkeit" und „Genauigkeit" (Europarat 2001, 5.2.3.2). Unter Schemakompetenz wird die Kenntnis sozialer Interaktionsmuster verstanden – ausgehend vom Erwerb simpler paariger Gesprächssequenzen bis hin zu komplexen Skripts, die einzelne Handlungsabfolgen festlegen. Der Inhalt des soziopragmatischen Konstrukts ist in Tab. 6 nach den sechs Kompetenzniveaustufen aufgeschlüsselt:

C1	Idiomatische Redewendungen
B2–C2	Kohärenz und Kohäsion
B2–C1	Differenziertes Register
B1–C2	Genauigkeit
B1–C1	Flexibilität
B1	Sitten, Gebräuche und Werte
A2–C1	Kennzeichnung sozialer Beziehungen
A1–B2	Situationstypische Redewendungen
A1–B1	Höflichkeit vs. Grobheit
	Neutrales Register
	Lineares Verbinden und Verknüpfen von Äußerungen

Tab. 6: Soziopragmatisches Konstrukt nach dem GeR

Wie sich die Progression soziopragmatischer Inhalte gemäß dem GeR über mehrere Stufen hinweg entwickelt, soll im Folgenden anhand der Deskriptoren zu „Sprachliche Kennzeichnung sozialer Beziehungen" erläutert werden: Während sich auf A1 soziolinguistische Angemessenheit darin zeigt, dass ein elementarer sozialer Kontakt z. B. durch einfachste alltägliche Begrüßungsformeln hergestellt werden kann, so können auf A2+ soziale Kontakte durch Routineformeln oder auch expressive Sprechakte in der Konversation hergestellt werden. Auf B2 können Beziehungen zu L1-SprecherInnen aufrechterhalten werden, ohne diese unfreiwillig zu belustigen, zu irritieren oder zu veranlassen, sich anders zu verhalten. Auf C1 muss z. B. bei der Fertigkeit des transaktionalen Hörens eine implizit vermittelte Beziehung zwischen GesprächspartnerInnen erkannt bzw. im mündlichen Gespräch Sprache für soziale Zwecke wirksam und flexibel eingesetzt werden.

Es steht außer Zweifel, dass soziopragmatische Fertigkeiten nicht nur im Arbeits-, sondern auch im Alltagsleben eine wichtige Rolle spielen. Umso ernüchternder sind unter diesem Aspekt die Ergebnisse der DESI-Studie im Bereich „Sprachbewusstheit Soziopragmatik" (vgl. Klieme 2008), welche an SchülerInnen der neunten Jahrgangsstufe aller deutschen Schultypen im Jahr 2003 / 04 in den Sprachen Englisch und Deutsch durchgeführt wurden.

35 S. die erweiterte Version dieser Skala im *Companion Volume* (Council of Europe 2017, 138).

> [K]napp 30 % der Schülerleistungen [verteilen sich] zu Beginn der neunten Jahrgangsstufe auf das Kompetenzniveau A; fast der gleiche Prozentsatz [...] liegt unter diesem Niveau. [...] etwas über 40 % der Schülerleistungen [sind] Niveau B [zuzurechnen], weitere zwei bis 3 % liegen auf Niveau C. (Nold & Rossa 2008, 160)

Das Testkonstrukt „Sprachbewusstheit Soziopragmatik" wird für die Sprache Englisch folgendermaßen beschrieben:

> Im Mittelpunkt stehen einerseits sprachlich-soziale Fähigkeiten und andererseits Aspekte der Diskurskompetenz, insbesondere der Sinnkonstruktion in Texten. So soll erkannt und beurteilt werden, ob sprachliche Äußerungen stilistisch ausreichend bestimmten Situationen angepasst sind. Ferner geht es darum, Höflichkeitsanforderungen zu bewerten. Schließlich kommt es darauf an zu erkennen, welche Intentionen Sprecher in ausgewählten Bereichen ausdrücken und wie Sprecherintentionen sich in den Zusammenhang fortlaufender sprachlicher Rede einordnen. Sprachbewusstheit als Kompetenz ist hier demnach darauf ausgerichtet, Facetten sprachlichen Handelns im Diskurs zu erkennen, einzuordnen und zu bewerten. (Nold & Rossa 2008, 157)

Die erwähnten Facetten sprachlichen Handelns sind in drei Kompetenzniveaus eingeteilt: A, B und C (s. oben) – wobei es in allen drei Stufen darum geht, sprachliches Handeln zu *durchschauen*. Differenziert wird zwischen der Vertrautheit des Handlungsablaufs (A), dem Einsetzen von spezifischem fremdsprachlichen Handlungswissen (B) und dem erschließenden Einsetzen von spezifischem fremdsprachlichen Handlungswissen sowie der Bewältigung von Missverständnissen (C). Die in der Studie verwendeten soziopragmatischen Items wurden eigens für diese entwickelt, sie bauen inhaltlich und situativ auf dem relevanten Kontext „Schüleraustausch" auf, mündliche Rede erscheint in den Testaufgaben verschriftlicht. Argumentiert wird dabei mit dem geringeren Zeitdruck für die SchülerInnen (ebd., 158). Das Testformat, das zum Einsatz kommt, ist ausschließlich *multiple choice*. Wie aus dem o. a. Konstrukt (Nold & Rossa 2008) ersichtlich ist, soll neben den sprachlich-sozialen Fähigkeiten auch Diskurskompetenz überprüft werden. Neben der sprachlichen Angemessenheit steht Genauigkeit auf dem Prüfstand, allerdings nicht grammatikalische Korrektheit im Sinne morphologischer und syntaktischer Korrektheit, sondern Genauigkeit des Ausdrucks im Sinne „propositionaler Richtigkeit" – d. h.: ein / eine TestnehmerIn bzw. SchülerIn kann auf

- A2-Niveau „bei einem einfachen, direkten Austausch begrenzter Informationen über vertraute Routineangelegenheiten mitteilen, was er / sie sagen will" (Europarat 2001, 5.2.3.2, 129);
- B1-Niveau „das Wesentliche von dem, was er / sie sagen möchte, verständlich ausdrücken bzw. die Hauptaspekte eines Gedankens oder eines Problems ausreichend genau erklären" (ebd.) und auf
- B2-Niveau „eine detaillierte Information korrekt weitergeben" (ebd.).

Die DESI-Studie beschränkt sich auf die Niveaustufen A bis B. Niveau C, das – wie gesagt – auch nur 2 bis 3 Prozent der untersuchten SchülerInnen aufweisen, würde im Rahmen der propositionalen Genauigkeit die Fähigkeit erfordern, den Grad von Bedeutungsnuancen deutlich zu machen. Auf C1-Niveau beträfe das den Ausdruck von Sicherheit / Unsicherheit bzw. den Ausdruck von Zweifel / Vermutung in Bezug auf das Gesagte. Auf C2-Niveau müssten noch feinere Bedeutungsschattierungen hervorgehoben oder Missverständnisse ausgeräumt werden können.

Auch wenn das Konstrukt der Pragmalinguistik und Soziopragmatik[36] noch nicht Eingang in das schulische Sprachstandstesten oder in das Testen bei Feststellungs- respektive Qualifikationsprüfungen (wie dem Abitur bzw. der SRDP) gefunden hat, ist zu überlegen, welche Herausforderungen in Betracht zu ziehen wären, würde man diese Kompetenzen einer Überprüfung unterziehen. Aus der Testforschung zeigt sich, dass mündliche Testformate, sei es eine mündliche Diskursergänzungsaufgabe (*discourse completion task; DCT*) oder auch ein einzelner Sprechakt oder mehrere Sprechschritte (*turns*) aus einer Interaktion, schwer zu bewerten sind, da die Redebeiträge a) nicht isoliert voneinander und b) nicht isoliert von denen des / der InterlokutorIn betrachtet werden können (vgl. Roever 2014, 10).

Herausforderung der Konstruktdefinition vor allem hinsichtlich der Teilbereiche soziopragmatischer und pragmalinguistischer Kompetenz

Immer wieder stellt sich bei der Überprüfung von soziopragmatischen und pragmalinguistischen Besonderheiten die Frage nach der Breite des Konstrukts oder der Wichtigkeit der einzelnen Teilbereiche (s. Tab. 5 und 6). Auch wenn o. a. Zusammenstellung aus dem GeR hilfreich ist, so muss dennoch – je nach Zweck des Tests – entschieden werden, wie die einzelnen Bereiche z. B. für ein *classroom-based assessment*, eine Klassen- / Schularbeit, gewichtet werden sollen. Sind für eine mündliche Kommunikationssituation Höflichkeitskonventionen wichtiger als Interaktionsschemata oder sind in schriftlichen Textproduktionen Diskursmarker bedeutender als das sprachliche Register? Eine andere Entscheidungshilfe könnte die Frage sein: Soll produktive oder rezeptive Kompetenz getestet werden? Auch Yamashita (2008, 251) formuliert diese Notwendigkeit, wenn sie von *production-type* und *comprehension-type interlanguage pragmatics testing* spricht. Ihrer Meinung nach umfasst pragmatische Kompetenz einerseits die Fähigkeit des Hörers, pragmalinguistisches Handeln zu entschlüsseln und zu verstehen, und andererseits die Fähigkeit, als Sprecher pragmalinguistisch angemessen agieren / reagieren zu können (2008, 253). Letzten Endes können Überlegungen zum Konstrukt nur in einem Kriterienkatalog von Testspezifikationen (s. Kapitel 5.3) festgelegt werden – eine anspruchsvolle Aufgabe, auf die Fremdsprachenlehrende vorzubereiten sind.

8.2.2 Pragmalinguistische, soziopragmatische und interkulturelle Sprachbewusstheit

Der Erwerb von pragmalinguistischer und soziopragmatischer Kompetenz ist eine conditio sine qua non für erfolgreiches sprachliches Handeln. Dennoch hat eine Umfrage z. B. unter 126 RussischlehrerInnen in Deutschland, Österreich, Südtirol und der Schweiz gezeigt, dass soziopragmatische Kompetenz auf einer Skala von nie (=1) bis oft (=4) nur „selten“ (MW=2,25)

36 Zur Problematik der in Skalen abgebildeten Konstrukte im GeR s. die Überlegungen in Abschnitt 8.1.1 oben.

im Schulhalbjahr überprüft wird (vgl. Drackert & Stadler 2017, 247). Der GeR verfolgt neben seinem handlungsorientierten Ansatz auch einen interkulturellen Zugang:

> In einem interkulturellen Ansatz ist es ein zentrales Ziel fremdsprachlicher Bildung, eine günstige Entwicklung der gesamten Persönlichkeit des Lernenden und seines Identitätsgefühls als Reaktion auf die bereichernde Erfahrung des Andersseins anderer Sprachen und Kulturen zu fördern. (Europarat 2001, 1.1, 14)

Inter- / Plurikulturelle Erfahrungen zu machen wird ein wesentlicher Teil außerschulischen Lernens sein, kann aber auch in Form von Sprachmittlungsaufgaben in der Schule geübt werden. Mithilfe des Europäischen Portfolios für Sprachlehrende in Ausbildung (EPOSA) können Lehrende überprüfen, wie sehr sie in der Lage sind, „Kultur" in ihren Sprachunterricht zu integrieren. So lautet z. B. ein Deskriptor in EPOSA „Ich kann Aktivitäten einschätzen und auswählen (Rollenspiele, simulierte Situationen etc.), anhand derer die SchülerInnen ihre soziokulturelle Kompetenz weiterentwickeln können" (Newby et al. 2007, 30). Mithilfe des Europäischen Sprachenportfolios (ESP) (ÖSZ 2007a, 2007b, 2004) können Lernende ihre (außerschulischen) Lernerfahrungen dokumentieren und es für die Selbsteinschätzung ihrer interkulturellen Kompetenz heranziehen. Auf Basis der kürzlich veröffentlichten Deskriptoren zu Plurikulturalität (*Companion Volume with New Descriptors*, Council of Europe 2017) wird es in der Folge notwendig sein, entsprechende Deskriptoren zusätzlich auch in EPOSA aufzunehmen – vielleicht nach dem folgenden Muster: „Ich kann Aktivitäten auswählen (Rollenspiele, simulierte Situationen etc.), anhand derer ich die soziokulturelle Kompetenz der SchülerInnen einschätzen kann." Eine Messung oder Überprüfung soziokultureller Kompetenz birgt jedoch gewisse Schwierigkeiten, und es dürfte sinnvoll sein, sich zunächst auf die Thematisierung möglicher, interkultureller Missverständnisse einzulassen und sich eher auf das Einschätzen als auf die Überprüfung von soziokulturellem Wissen zu beschränken, da interkulturelle Wahrnehmung „ein heikles Feld" darstellt (Europarat 2001, 2.1.1, 23). In Zusammenhang mit der Einschätzung oder Überprüfung interkultureller Kompetenz ist auch zu bedenken, dass derzeit im GeR „Interkulturelles Bewusstsein" dem soziokulturellen Wissen zu- bzw. dem deklarativen Wissen untergeordnet und als Weltwissen eher über Niveau C2 angesiedelt ist:

Interkulturelle Erfahrungen können durch außerschulisches Lernen gesammelt und durch Sprachmittlungsaufgaben gefördert werden.

> Diese Stufe [Mastery, C2, Anm. des Autors] könnte auch ausgedehnt werden auf die noch weiter entwickelte interkulturelle Kompetenz oberhalb dieses Niveaus, die von vielen erreicht wird, die sich beruflich mit Sprachen befassen. (Europarat 2001, 3.2, 34)

Die starke Wechselwirkung von interkulturellem, pragmalinguistischem und soziopragmatischem Wissen und die gleichzeitige (Un-)Kenntnis darüber ist für Klassen mit zunehmend unterschiedlicheren HerkunftssprecherInnen und deren LehrerInnen eine große Herausforderung. Diese Vernetzung macht auch ein *Benchmarking* von Leistungen in diesem Bereich schwer, denn mit wem sollte die Leistung verglichen, woran sollte die Leistung kalibriert und an wem gemessen werden? In Zeiten transkultureller Hybridität ist der *native speaker* (aus welcher sozialen Schicht?) nicht mehr die alleinige Norm, an der sich der / die einzelne SprachbenutzerIn messen ließe. Roever (2014, 11) thematisiert diese Schwierigkeit auch in Zusammenhang mit der Bewertung von Rollenspielen, die normalerweise in eine bestimmte soziale Kommunikationssituation eingebettet sind, von der die TestkandidatInnen bzw. die SchülerInnen auch wissen, dass diese mitbewertet bzw. mitbeurteilt wird. Allein schon deswegen unterscheidet sich ein Rollenspiel – egal ob es sprachliches oder pragmatisches Wissen überprüft – von einer Kommunikationssituation in der wirklichen Welt (*authentic assessment*). Somit käme die Situation im Klassenzimmer bereits einer konstrukt-irrelevanten Varianz gleich, die sich in das Testverfahren „einschleicht". Betrachtet man rückblickend die Komplexität des Überprüfens von soziopragmatischen Besonderheiten und interkultruellen Aspekten im Unterricht, so ist es bedauerlich, dass die o. a. Umfrage unter RussischlehrerInnen gezeigt hat, dass sich nur 2,6 Prozent der Befragten interkulturelle und soziolinguistische Kompetenzen als Themen im Bereich einer Fortbildung zu Testen und Bewerten im Russischunterricht wünschen (vgl. Drackert & Stadler 2017, 248).

Kann Interkulturalität überhaupt an Normen gebunden und gemessen werden?

8.2.3 Aufgabenformate zur Überprüfung pragmalinguistischer und soziopragmatischer Kompetenz

Für den DaF / DaZ-Unterricht nennen Grotjahn & Kleppin (2015, 104 f.) zwei Typen eines häufig verwendeten Aufgabenformats zur Überprüfung soziokulturellen Wissens: „Diskursergänzung" als Auswahlantwort (*multiple choice*) oder als freie Produktion (*written discourse completion task* = WDCT). Als Beispiel für eine freie Produktion und eine Auswahlantwort sei je ein (W)DCT-(*discourse completion test*)Item von Roever (2013, 2; 2014, 7) angeführt, die beide aus einem Pragmatik-Test für Englisch als Zweitsprache entnommen wurden (s. Abb. 15)[37]:

Diskursergänzungsaufgaben als mögliches Aufgabenformat zur Überprüfung pragmalinguistischer und soziopragmatischer Kompetenz

37 Das Aufgabenformat *written completion task*, das im konkreten Fall das Niederschreiben von mündlichen Äußerungen verlangt, erscheint als *task* wenig authentisch. Es könnte durch ein modifiziertes Format (*WDCT with rejoinder*) ersetzt werden (vgl. Tajeddin & Dabbagh 2015, 133), in dem ein Dialog bereits vorgegeben ist und nur eine Replik (z. B. mündlich) ergänzt werden muss – was positiven *washback* auslöst („the highly useful, communicatively effective nature of pragmatic competence") – wie Tajeddin & Dabbagh (ebd., 152) in einer Untersuchung von pragmatischer Kompetenz in *low stakes tests* herausgefunden haben.

Diskursergänzung *(discourse completion)*: Freie Produktion

You are sharing a house with several people. Today you want to rearrange your room. You need help moving a heavy desk and decide to ask one of your housemates. You go to the living room where your housemate Jack is reading the newspaper.

You say: ______________________________

____

____

____

Diskursergänzung *(discourse completion)*: Auswahlantwort

Tom ordered a meal in a restaurant and the waitress just brought it. She asks him if he wants to order additional items.

a. "Would you like anything extra?"
b. "Is there more for you?"
c. "What can I do for you?"
d. "Can I get you anything else?"

Abb. 15: Beispiele für Aufgaben zur Überprüfung soziokultureller Wissens

Diese Formate, bestehend entweder aus *prompt* (Beschreibung der Situation) – *stimulus question* (Frage, die eine kurze Antwort auslösen soll) und *gap* (Zeilen zum Notieren der Antwort) – oder aus drei bis vier Wahlantworten zum Ankreuzen, haben in der Forschung bereits seit den 1990er Jahren breiten Einsatz beim Testen von Sprechakten gefunden. Die am besten untersuchten Sprechakte sind Bitten, Entschuldigungen und Ablehnungen, gefolgt von Beschwerden, Komplimenten, Ratschlägen und Vorschlägen (vgl. Roever 2014, 2). Mittlerweile werden diese *pen and pencil tests*, die in der Schule durchaus noch zum Einsatz kommen, in der Forschung durch WEB-basierte, digitale Formate ersetzt, vor allem, wenn viele ProbandInnen getestet werden sollen. Dabei können *written prompts* durch *picture prompts* oder *video prompts* ersetzt werden (Yamashita 2008, 266 f.). Die Wahlantworten des geschlossenen Formats bieten den Vorteil einer objektiven und reliablen Auswertung (vor allem dann, wenn nur eine Antwort als die beste bzw. angemessenste in der jeweiligen Kommunikationssituation gilt). Dem Typ der „freien Produktion" kann hingegen – abgesehen von der mangelnden *task authenticity* – vorgeworfen werden, dass KandidatInnen zu lange Zeit hätten, um ihre formulierte Antwort zu überlegen (es sei denn, man begrenzt die Zeit), bzw. eher schreiben, was sie eventuell sagen könnten, aber in den wenigsten Fällen so in mündlicher Form antworten würden. Diese Kritik mag durchaus auf Tests zutreffen, in denen bilinguale SprecherInnen getestet werden; bei SchülerInnen, die eine Sprache als L2, L3 oder Ln-Sprache lernen, scheint dieser Einwand weniger berechtigt, vor allem, wenn Mündlichkeit und Schriftlichkeit noch nicht als klares Unterscheidungsmerkmal reflektiert sind und auch der zeitliche Faktor noch keine Rolle spielen muss. Dennoch ist zu überlegen, wie mit formalen Fehlern bei der Auswertung der Antworten aus freier Produktion umgegangen wird.

Neben schriftlichen Diskursergänzungsaufgaben sind in der Forschung zunehmend auch mündliche Ergänzungsaufgaben in Verwendung sowie Rollenspiele, Videochats, *face-to-face*-Interaktionen und Aufgaben zur pragmatischen Selbsteinschätzung (vgl. auch Tajeddin & Dabbagh 2015, 132). Für ein *classroom-based assessment* ist jedoch die Rolle der Praktikabilität ausschlaggebend und manche dieser Formate dürften im herkömmlichen Unterricht (u. U. auch trotz des Einsatzes von Computern) schwer umsetzbar sein.

Arbeitsaufträge und Diskussionsfragen

Grammatik

1. Beschreiben Sie, welche Art von Grammatiküberprüfungen Sie überwiegend nutzen oder nutzen würden. Begründen Sie Ihre Wahl.
2. Nennen Sie mögliche Vor- und Nachteile der vorgestellten Aufgabenformate zur Überprüfung von Grammatik im sprachlichen Kontext. Bedenken Sie Auswirkungen auf den Unterricht. Beziehen Sie auch die Perspektiven der Lernenden mit ein.

Wortschatz

1. Denken Sie an Ihren Fremdsprachenunterricht als SchülerIn zurück: Welche Aufgabenformate für die Überprüfung von Wortschatz haben Sie kennengelernt? Welche Komponenten von Wortschatz haben diese überprüft?
2. Wie oft vermitteln und wie oft überprüfen Sie Wortschatz oder würden Sie dies als Lehrperson tun? Welche Aufgabenformate nutzen Sie?
3. Kennen Sie Frequenzwörterbücher für die Fremdsprache(n), die Sie studieren / unterrichten? Wenn ja, nutzen Sie diese oder würden Sie diese für die Erstellung von Wortschatztests oder für das Vermitteln von Wortschatz nutzen?

Pragmatische und soziolinguistische Kompetenz

1. Sie haben die Aufgabe, die soziopragmatische Kompetenz Ihrer LernerInnen zu überprüfen. Dafür stehen Ihnen mündliche und schriftliche Aufgabenformate zur Verfügung. Begründen Sie, welche Testformate Ihnen geeignet erscheinen.
2. Sammeln Sie aus soziopragmatischer Sicht angemessene bzw. nicht angemessene Antworten (*appropriate* bzw. *inappropriate responses*) von SchülerInnen. Wie könnten Sie diese Beispiele in der Testsituation verwenden?

Weiterführende Literatur

Grammatik

Alderson, J. Ch. & Cseresznyés, M. (2003): *Into Europe: Prepare for Modern English Exams. Reading and Use of English.* Budapest: Teleki Lazlo Foundation.
Das Buch bietet einen guten Überblick über die Möglichkeiten, Grammatikphänomene kontextua-

lisiert zu überprüfen. Neben einführenden Erklärungen wird auch gut nachvollziehbar beschrieben, wie entsprechende Aufgabenformate zu erstellen sind. Auch zahlreiche Aufgabenbeispiele samt Lösungen werden für Englisch als Fremdsprache gezeigt.

Grotjahn, R. & Kleppin, K. (2015): *Prüfen, Testen, Evaluieren*. München: Klett-Langenscheidt.
Das Buch bietet theoriebasierte Einblicke in den Themenbereich, die durch zahlreiche konkrete Aufgabenbeispiele veranschaulicht werden. Das Buch bezieht sich auf Deutsch als Fremdsprache und spricht Lehrpersonen direkt an, wohl um sie stärker in den Leseprozess einzubinden und die Aussagen entsprechend relevanter für die Zielgruppe zu machen. Den AutorInnen gelingt es als PionierInnen der Sprachtestforschung im deutschsprachigen Raum die Praxisrelevanz der Thematik theoretisch begründet zu veranschaulichen.

Wortschatz

Beglar, D. & Nation, P. (2014): „Assessing Vocabulary". In: Kunnan, A. J. (Hrsg.): *The Companion to Language Assessment* I:2:10. John Wiley & Sons, 172–184.
Der Artikel bietet einen guten Überblick über die Möglichkeiten, Wortschatz zu überprüfen und enthält zahlreiche Verweise auf Fachliteratur und Ergebnisse empirischer Studien.

Read, J. (2012): „Assessing Vocabulary". In: Coombe, Ch., Davidson, P., O'Sullivan, B. & Stoynoff, St. (Hrsg.): *The Cambridge Guide to Second Language Assessment*. Cambridge: Cambridge University Press, 257–263.
Der Beitrag gibt knapp und bündig Einblicke in aktuelle Diskussionen zur Wortschatzüberprüfung und bietet auch Verweise auf Aufgabenformate.

Pragmatische und soziolinguistische Kompetenz

Hu, A. (2008): „Interkulturelle Kompetenz. Ansätze zur Dimensionierung und Evaluation einer Schlüsselkompetenz fremdsprachlichen Lernens". In: Frederking, V. (Hrsg.): *Schwer messbare Kompetenzen: Herausforderungen für die empirische Fachdidaktik*. Baltmannsweiler: Schneider Verlag Hohengehren, 11–35.
Hu gibt einen Überblick über die Herausforderungen der Einbindung interkultureller Kompetenz in das Paradigma der Standardorientierung und präsentiert psychometrische wie pädagogisch-orientierte Evaluationsverfahren, die zwischen interkultureller Fremdsprachendidaktik und Kompetenzorientierung vermitteln sollen.

Laughlin, V. T., Wain, J. & Schmidgall, J. (2015): „Defining and Operationalizing the Construct of Pragmatic Competence: Review and Recommendations". In: *ETS Research Report* (Band RR-15-06). Princeton / New Jersey: Educational Testing Service, 1–43.
Der erste Abschnitt bietet einen detaillierten Überblick über frühere (empirische) Forschung, Theorien und Rahmenbedingungen der kommunikativen Kompetenz, um ein Konstrukt der pragmatischen Kompetenz herauszuarbeiten. Der zweite Teil der Arbeit stellt eine Analyse pragmatischer Besonderheiten in der Domäne „Arbeitsplatz" dar und bietet Vorschläge zur Förderung pragmatisch-funktionalen Bewusstseins.

Roever, C. (2007): „DIF in the Assessment of Second Language Pragmatics Research". In: *The Language Assessment Quarterly* 4 (2), 165–189.
Diese DIF-Studie (differential item functioning) berichtet von einem 36-Item-Test aus der Pragmalinguistik (Englisch als Zweitsprache), in der 254 Lernende hinsichtlich ihrer Kompetenz bezüglich Implikatur, Routineformeln und Sprechakte bewertet wurden.

9. Übersetzen und Interpretieren: Testen und Bewerten im Latein- und Griechischunterricht

Martin M. Bauer

Kann-Beschreibungen

Ich kann

- Besonderheiten des Testens und Bewertens im Latein- und Griechischunterricht erklären.
- das Konstrukt Übersetzen unter Berücksichtigung der Typologie der Übersetzung, der Kontextlänge und der Äquivalenzbeziehungen zwischen Ausgangs- und Zieltext beschreiben.
- Ziele des schulischen Übersetzens erläutern.
- Richtlinien für die Überprüfung der Tätigkeit des Übersetzens hinsichtlich der Textwahl erläutern.
- die Bedeutung des Korrektursystems für die Validität von Übersetzungstests erklären.
- das österreichische Korrekturmodell erklären.
- das Konstrukt Interpretieren beschreiben und Herausforderungen bei dessen Überprüfung erläutern.

Kriterienbezogenes Testen und Bewerten im Latein- und Griechischunterricht befindet sich in der besonderen Lage, dass der GeR als zentrales Kompetenzmodell des modernen Fremdsprachenunterrichts nur partiell auf die antiken Sprachen übertragen werden kann und daher ein europaweit und international anerkanntes Konzept für die Beschreibung von Niveaustufen und deren Beurteilung für diese Sprachen aussteht (vgl. Hille-Coates 2004; Kuhlmann 2009, 147–148). Nicht einmal innerhalb des deutschsprachigen Raumes existiert ein Konsens, über welche sprachlichen Kompetenzen Latein- und Griechischlernende verfügen sollten oder wie diese beschrieben werden könnten, wiewohl insbesondere im Zuge von Abitur- oder Reifeprüfungsverordnungen und -reformen immer wieder entsprechende Versuche unternommen wurden. Während in Deutschland das von der Kultusministerkonferenz 1980 beschlossene und seither regelmäßig überarbeitete Dokument „Einheitliche Prüfungsanforderungen in der Abiturprüfung Latein" gilt (aktuelle Fassung KMK 2005; vgl. Martin 2003, 40), das eine Dreiteilung der Kompetenzen in Sprach-, Text- und Kulturkompetenzen vorsieht, wurden in Österreich erst im Vorfeld der SRDP (erster Jahrgang 2014/15) allgemeingültige Richtlinien erarbeitet.

Als wesentlicher Unterschied zu den modernen Fremdsprachen kann gelten, dass der primäre Zugang zu Latein und Griechisch nicht kommunikativ, sondern sprachreflexiv ist (Wirth, Seidl & Utzinger 2006, 16–22).

Latein- und Griechischunterricht ist sprachreflexiv.

Historisch gesehen, bedingte der Aufstieg der Nationalsprachen seit dem 18. Jahrhundert einen Bedeutungsverlust der lateinischen Sprache und das weitgehende Verdrängen der Fertigkeiten Schreiben und Sprechen aus dem Unterricht (vgl. Stroh 2007, 9–10).

Moderner Latein- und Griechischunterricht verfolgt daher heute neben der Lektüre und Interpretation wesentlicher und einflussreicher Basistexte in der Originalsprache vor allem das Ziel, zu einer umfassenden Sprachbildung die sprachreflexive Ebene beizutragen.

Die linguistischen Kompetenzen, wie sie im GeR (Europarat 2001, 5.2.1) verankert sind, sind damit für die antiken Sprachen größtenteils in gleicher Weise gültig oder stehen vielleicht sogar stärker im Fokus des Unterrichts und der Evaluation. Die vier kommunikativen sprachlichen Fertigkeiten Hören, Lesen, Sprechen und Schreiben hingegen spielen im Latein- und Griechischunterricht kaum noch eine Rolle. Als lateinische bzw. griechische „Kernfertigkeit" wird heutzutage vielmehr das Übersetzen betrachtet (vgl. Keip & Doepner 2011, 81; Kuhlmann 2009, 94), an dessen Seite seit einigen Jahrzehnten auch das Interpretieren als zweite konstitutive Fertigkeit getreten ist (vgl. Doepner 2011, 114; Kipf 2006, 98–102, 341–361). Im Folgenden werden diese beiden Fertigkeiten und Möglichkeiten ihrer Bewertung in Theorie und Praxis dargestellt. Da die neue SRDP aus Latein und Griechisch in Österreich von Anfang an unter Berücksichtigung testtheoretischer Forderungen konzipiert wurde und diesbezüglich eine Vorreiterrolle innehat, wird sie jeweils als anschauliches Beispiel für die Umsetzung in die Praxis herangezogen.

Zentrale Fertigkeiten des Lateinunterrichts sind Übersetzen und Interpretieren.

9.1 Konstrukt Übersetzen

Will man die Übersetzungskompetenz der SchülerInnen überprüfen, so stellt sich zunächst die Frage, was im Kontext des Latein- und Griechischunterrichts überhaupt unter Übersetzen verstanden werden soll. Eine allgemein anerkannte Definition existiert nicht.[38] Gleichzeitig ist es aber notwendig, einem Test explizit ein theoretisches Konstrukt des Übersetzens zugrunde zu legen, um anschließend eine entsprechende Aufgabe zu erstellen und ein adäquates Bewertungsverfahren zu wählen. Je nach gewählter Definition müssen SchülerInnen beim Test ganz unterschiedliche Anforderungen bewältigen. Deshalb muss schon in der Unterrichtsarbeit geklärt werden, welche Erwartungen an eine Übersetzung gestellt werden, d. h. auf welchem Konstrukt Unterricht und Leistungsbeurteilung basieren.

Das nötige Instrumentarium für eine theoretische Beschreibung des Übersetzens können die Translationswissenschaften liefern. Aus der Vielzahl möglicher Ansätze seien im Folgenden nur einige Aspekte herausgegriffen, die für den Latein- und Griechischunterricht besonders fruchtbar scheinen.

Zuallererst muss Übersetzen als komplexer, mehrstufiger Prozess begriffen werden, der gleichermaßen rezeptive und produktive Fertigkeiten erfordert – und das in zwei verschiedenen Sprachen. In ihrem einflussreichen Buch „The Theory and

Übersetzen ist ein komplexer, mehrstufiger Prozess: Dekodierung (rezeptiv) → Transfer → Rekodierung (produktiv).

38 Einen ersten Überblick über die vielen unterschiedlichen übersetzungstheoretischen Modelle gibt Stolze (2011).

Practice of Translation" skizzieren Nida & Taber den Prozess des Übersetzens folgendermaßen (1969, 33):

1. grammatische und semantische Analyse des Ausgangstextes
2. Transfer in die Zielsprache
3. Restrukturierung in der Zielsprache „to make the final message fully acceptable in the receptor language"

Die drei Phasen laufen während der Übersetzung eines Textes üblicherweise nicht linear, sondern zyklisch ab, und der Übersetzer agiert wie folgt: „The translator will constantly swing back and forth between the analytical and the restructuring processes by way of the transfer" (Nida & Taber 1969, 104). Dem Transfer kommt in diesem Modell also die Funktion einer Brücke zwischen rezeptiven und produktiven Teilprozessen zu. Gerade in der Latein- und Griechischdidaktik wurden Nida & Taber intensiv rezipiert. Die drei Phasen werden inzwischen meist als Dekodierung, Transfer und Rekodierung bezeichnet (vgl. z. B. Glücklich 1978, 63f; Herkendell 2003, 4; Keip & Doepner 2011, 81). Eine wichtige Modifikation nimmt Kuhlmann (2009, 96–99; ebenso 2015, 16–19) vor, indem er zusätzlich zwischen Dekodierung (sprachlicher Analyse) und „spontan-intuitivem Sprachverständnis" unterscheidet. So wertvoll der Hinweis auf die Bedeutung unmittelbaren Textverständnisses für die Übersetzung ist, scheint aber doch die Einengung des Begriffes „Dekodierung" ausschließlich auf analytische Texterschließungstechniken ungerechtfertigt. Denn auch jede spontan-intuitive Entschlüsselung der sprachlichen Zeichen eines Ausgangstextes ist eine Form der Dekodierung, so dass man besser von „impliziter" bzw. „expliziter Dekodierung" sprechen sollte[39]. Erstere sollte dabei das Fernziel jedes Spracherwerbs und damit auch des Latein- und Griechischunterrichts darstellen, doch ist die sprachliche Analyse des Ausgangstextes in der schulischen Praxis ein unverzichtbares Hilfsmittel für gelingende Übersetzungen. Im sprachreflexiven Unterricht besitzt die analytische Herangehensweise darüber hinaus auch den eigenständigen Wert, die SchülerInnen für Strukturen und Funktionen von Sprache zu sensibilisieren.

Wenn wir versuchen, die Prozessstruktur des Übersetzens mit den Skalen des GeR zu parallelisieren, lässt sich für die Phase der Dekodierung eine gute Entsprechung im detaillierten Leseverstehen (Europarat 2001, 4.4.2.2) finden. Die Kompetenzniveaus zu „Leseverstehen allgemein" können, ggf. leicht modifiziert, auch für die Beschreibung der Dekodierungsfähigkeiten genutzt werden (Kuhlmann 2009, 147–148). Es ist dabei aber stets zu beachten, dass es sich beim Übersetzen um eine komplexe Fertigkeit handelt und aus der Performanz daher nicht unmittelbar auf die Dekodierungskompetenz oder das Textverständnis der SchülerInnen geschlossen werden kann (Florian 2015, 175–176). Die Phase der Rekodierung hingegen lässt sich in der Terminologie des GeR als Teilbereich der schriftlichen Sprachmittlung (Europarat 2001, 4.4.4.2) verstehen, für die jedoch erst in der kürzlich aktualisierten und erweiterten Version des GeR Skalen und Kompetenzniveaus

> Dekodierung und Rekodierung können als Formen des Leseverstehens bzw. der Sprachmittlung angesehen werden.

39 In Anlehnung an Polanyis (1966) Konzept impliziten Wissens (im englischen Original *„tacit knowing"*).

definiert wurden (Council of Europe 2017). Nur durch das Zusammenwirken von Leseverstehen und Sprachmittlung kann eine Übersetzung gelingen.

An die Betrachtung des Übersetzungsprozesses schließt sich die Frage nach der Typologie der Übersetzung an. Bereits in der Antike kannte man eine grundsätzliche dichotome Einteilung in ausgangssprachenorientierte („wörtliche", *verbum pro verbo*) und zielsprachenorientierte („sinngemäße", *ad sensum*) Übersetzungen (Cicero, De optimo genere oratorum 5, 14–15; Hieronymus, Epistulae 57, 5). Es ist jedoch eher von einem Kontinuum auszugehen, dessen beide Extreme einerseits durch die Interlinearübersetzung ohne Rücksicht auf zielsprachliche Strukturen, andererseits durch die freie Nachdichtung markiert werden. Eine etwas exaktere Klassifizierung von Übersetzungscharakteristika erlaubt der Begriff der „Kontextlänge" (Gasparov 1971, 100–113; vgl. auch Koller 2011, 95–98). Er bezeichnet die kleinste semantisch äquivalente Einheit zwischen Ausgangstext und Zieltext und ermöglicht es, Übersetzungen nach ihrem jeweiligen „Grad der Buchstabentreue" einzuordnen. Die Kontextlänge kann ein Morphem, ein Wort, ein Satzglied, einen Satz, einen Absatz oder sogar ein ganzes Werk (z. B. ein Gedicht) betragen, und entsprechend lässt sich die jeweils untersuchte Übersetzung als „morphematisch", „wörtlich", „phraseologisch", „syntagmatisch" etc. bezeichnen. Je kleiner die Kontextlänge ist, umso stärker orientiert sich der / die ÜbersetzerIn an den lexikalischen, morphologischen und syntaktischen Strukturen des Ausgangstextes und umgekehrt.

Kontextlänge: kleinste semantisch äquivalente Einheit zwischen Ausgangstext und Zieltext

Um überhaupt von einer Übersetzung sprechen zu können (im Gegensatz zu einer Neuschöpfung), ist es zwingend notwendig, dass zumindest eine Art von Äquivalenzbeziehung zwischen Ausgangs- und Zieltext vorliegt. Koller (2011, 218–269) unterscheidet fünf Äquivalenzbegriffe, die bei der Klassifikation von Übersetzungen Anwendung finden können:

1. Denotative Äquivalenz: Ausgangstext und Zieltext stimmen inhaltlich überein.
2. Konnotative Äquivalenz: Ein im Ausgangstext vorhandener Nebensinn wird auch im Zieltext vermittelt.
3. Textnormative Äquivalenz: Textsortenspezifische Merkmale des Ausgangstextes werden durch entsprechende zielsprachliche Elemente wiedergegeben.
4. Pragmatische Äquivalenz: Der Zieltext erfüllt in Bezug auf sein Zielpublikum eine dem Ausgangstext gleichkommende kommunikative Funktion.
5. Formal-ästhetische Äquivalenz: Ästhetische, formale und stilistische Eigenheiten des Ausgangstextes finden eine Entsprechung im Zieltext.

Diese fünf Arten der Äquivalenzbeziehung sind von Koller (2011) als normative Forderungen im Hinblick auf eine grundsätzlich zielsprachen- und publikumsorientierte Übersetzung formuliert, können aber ebenso deskriptiv gebraucht werden. Will man allerdings eine ausgangssprachenorientierte Übersetzung näher beschreiben, ist es hilfreich, die Übersicht um eine „morphosyntaktische Äquivalenz" zu ergänzen, die in ihrer Bindung an die sprachlichen Strukturen des Ausgangstextes über die formal-ästhetische Äquivalenz hinausgeht.

Ausgehend von diesen theoretischen Überlegungen ist es sowohl für die Unterrichtsgestaltung als auch für die Leistungsbeurteilung in den Fächern Latein und Griechisch erforderlich, sich über das gewünschte Ziel des Übersetzens in der Schule klar zu werden. Dabei stellen sich folgende Fragen:

- Welche Kriterien soll eine Schülerübersetzung erfüllen?
- Welche Äquivalenzbeziehungen sollen auf welcher Kontextlänge umgesetzt sein?
- Welche Übersetzungskompetenzen sollen die SchülerInnen erwerben bzw. welche Kompetenzen soll eine Übersetzungsklausur testen?

In der schulischen Realität sind die Antworten auf diese Fragen je nach bildungspolitischen Gegebenheiten entweder von Lehrplänen und Kompetenzkatalogen vorgegeben oder aber größtenteils den individuellen Vorstellungen und der individuellen Verantwortung der Lehrperson überlassen. Gerade in letzterem Fall erscheint es umso dringlicher, dem eigenen Unterricht und der eigenen Leistungsbeurteilung ein reflektiertes, wissenschaftlich fundiertes Konzept von Übersetzung zugrunde zu legen, um zu einer möglichst validen und reliablen Bewertung zu gelangen – idealerweise immer in Abstimmung mit den FachkollegInnen. Wie könnte ein solches Konzept aussehen?

Lange Zeit war das vorherrschende Ideal im Latein- und Griechischunterricht die möglichst wörtliche, ausgangssprachenorientierte, morphosyntaktisch äquivalente Übersetzung. Auch die verwendeten Korrektursysteme waren darauf ausgerichtet, Verstöße gegen die morphosyntaktische Äquivalenz zu ahnden, während sie sich semantischen Verzerrungen gegenüber meist indifferent bis milde zeigten (vgl. Müller 1986; Schwab 1984; Tipp 1979, 149–155). Anhand der Übersetzungsperformanz sollten dabei in erster Linie die Grammatikkenntnisse der SchülerInnen überprüft werden (vgl. Herkendell 2003, 9–10; Martin 2003, 41). Diese Zielsetzung lässt aber die komplexe Natur des Übersetzungsvorgangs außer Acht. Grammatikkenntnisse können ebenso wie die Dekodierungskompetenz der SchülerInnen in einer Übersetzung nur indirekt gemessen werden, worauf sowohl der Erwartungshorizont als auch das Korrektursystem Rücksicht nehmen sollten. Für eine direkte Überprüfung von sprachlichen Mitteln existieren hingegen geeignetere Formate, die man auch für den Latein- und Griechischunterricht heranziehen kann (s. Kapitel 8) (vgl. Keip & Doepner 2011, 88).

Aus diesen Gründen, aber auch, weil die starke Ausgangssprachenorientierung die Entstehung eines abstrusen „Übersetzungsdeutsch" förderte und den SchülerInnen das Textverständnis erschwerte, wurde von der Fachdidaktik schon früh gefordert, in der schulischen Übersetzungsarbeit die Zielsprachenorientierung und die denotative Äquivalenz in den Vordergrund zu rücken (u. a. Herkendell 2003, 9–10; Martin 2003, 41; Thies 2003; von fachwissenschaftlicher Seite z. B. Schröder 2010, 7–9). Diese Forderung hat mittlerweile sowohl in die Einheitlichen Prüfungsanforderungen in der Abiturprüfung Latein (EPA) in Deutschland als auch in die österreichischen Kompetenzkataloge für die SRDP Eingang gefunden (BIFIE 2014a, 1–3 und 6–7; KMK 2005, 12). Das angestrebte Ziel des schulischen Übersetzens ist somit die Produktion eines inhaltlich äquivalenten, kohärenten Textes in der Zielsprache. Damit sind sowohl für das Unterrichtsgeschehen als auch für die Leistungsbeurteilung zahlreiche Vorteile verbunden: Die antiken Texte können von den SchülerInnen tatsächlich als die Kommunikationsmedien begriffen werden, die sie sind, und es gelingt eher, über ihre inhaltliche Dimension zu sprechen. Die Übersetzungsaufgabe erreicht auch einen höheren Grad an Authentizität (s. Abschnitt 4.2.1), da im außerschulischen, lebensweltlichen Kontext bei einer Übersetzung unabhängig von der Ausgangssprache fast immer vorrangig denotative Äquivalenz verlangt wird[40]. Das Übersetzen wird also als eigenständige Fertigkeit ernst genommen und nicht zur Überprüfung grammatikalischer Kenntnisse missbraucht. Nicht nur die Kompetenz im Teilbereich der Dekodierung, sondern auch die Rekodierungsleistungen werden bewusst in die Bewertung miteinbezogen. Wenn sich dieser Kulturwandel durch den *Washback*-Effekt auch im Unterricht durchsetzt, erwerben die Latein- und GriechischschülerInnen wertvolle und praxisrelevante Kompetenzen auf dem Gebiet der schriftlichen Sprachmittlung.

9.2 Umsetzung in der Praxis

Wie lassen sich die obenstehenden theoretischen Überlegungen bei der Erstellung einer Übersetzungsklausur verwirklichen? Im Gegensatz zum Überprüfen einer linguistischen Kompetenz (wie Grammatik oder Lexik) ist die Anzahl unterschiedlicher Testformate und Aufgabenstellungen bei der Tätigkeit des Übersetzens sehr limitiert. Der Arbeitsauftrag wird immer etwa „Übersetzen Sie den folgenden lateinischen Text in die Unterrichtssprache! Achten Sie darauf, dass Ihre Übersetzung den Inhalt des Originals wiedergibt und sprachlich korrekt formuliert ist!“[41] oder ähnlich lauten. Für die Validität und Reliabilität eines Übersetzungstests sind deshalb die drei Variablen Textauswahl, Textpräsentation und Korrektursystem entscheidend.

Um die Überprüfung der Übersetzungskompetenz zu gewährleisten, ist es erforderlich, einen den SchülerInnen unbekannten Text auszuwählen. Anderenfalls würde man nicht das Konstrukt Übersetzen, sondern lediglich die Gedächtnisleistung der KandidatInnen messen. Im Anfangsunterricht muss dabei auf didaktisierte Materialien zurückgegriffen werden oder die Lehrperson muss selbst einen an den Sprachstand der Klasse angepassten Text verfassen (vgl. Kuhlmann 2009, 147; Tipp 1979, 133 ff.). So früh wie möglich sollten aber im Sinne der Authentizität der Aufgabenstellung (ggf. vereinfachte) Originaltexte verwendet werden. Unzusammenhängende Einzelsätze mögen bei der reflektierenden Betrachtung spezifischer sprachlicher Phänomene in der Unterrichtsarbeit ihren Platz haben, bei der Leistungsfeststellung hingegen sind sie als unauthentisch abzulehnen.

Dass der ausgewählte Text einen jeweils angemessenen Schwierigkeitsgrad aufweisen sollte, ist eine triviale Feststellung. Das Problem liegt aber darin, dass bisher keine allgemein anerkannten Kriterien für das sprachliche Niveau eines latei-

Der Schwierigkeitsgrad eines Textes ist u. a. abhängig von Lexik, Grammatik und Vorwissen.

40 Für Übersetzungen aus dem Lateinischen und Griechischen denke man etwa an historische Quellen. Mit morphosyntaktischer Äquivalenz bei gleichzeitiger Vernachlässigung der Semantik wird den RezipientInnen einer solchen Übersetzung nur mäßig gedient sein.

41 So die standardisierte Anweisung der SRDP in Österreich. Darin wird auch deutlich gemacht, dass eine inhaltlich äquivalente Übersetzung gefordert ist.

nischen oder griechischen Textes formuliert worden sind. Die Über- oder Unterrepräsentation seltener und komplexer Grammatikphänomene („syntaktische Dichte“, vgl. Maier 1979, 301 ff.) kann einer von mehreren Anhaltspunkten für die Bestimmung des Schwierigkeitsgrades, aber niemals der einzige sein. Für das Verständnis eines Textes ist die Lexik stets entscheidender als die Grammatik (vgl. Florian 2015). Ein kleiner Selbsttest kann dies deutlich machen: Versuchen Sie, die beiden folgenden frühmittelalterlichen Texte inhaltlich zu erfassen oder zu übersetzen! Welchen davon empfinden Sie als schwieriger?

Fredegar-Chronik 2, 62	Hisperica Famina 133–139
Cum quadam die cum duas germanas de lopanar electas ex genere Amazonas sibi cumcubito meridiae sub quasdam arboris in pomario senior Antonia cum Iustiniano discubuisset, Iustiniano sopore oppraesso, sol declinans capud eius incaluit.	Titaneus olimphium inflamat arotus tabulatum, thalasicum illustrat vapore flustrum, flammivomo secat polum corusco supernum, almi scandit camaram firmamenti. Alboreum febeus suffocat mene<m> proritus, cibonea pliadum non exhomicant fulgora, merseum solifluus eruit nevum t{r}actus.

Tab. 1: Der Schwierigkeitsgrad zweier frühmittelalterlicher Texte im Vergleich

Beide Texte sind für die Schule ungeeignet, insbesondere in ihrer originalen frühmittelalterlichen Orthografie. Ihre Gegenüberstellung illustriert aber gut die Bedeutung der Lexik für den Verständnisprozess. Obwohl der lateinische Text der Fredegar-Chronik sowohl morphologisch als auch syntaktisch schwere Verstöße gegen die lateinische Standardgrammatik aufweist, ist der Verlauf der Erzählung für AbsolventInnen eines Lateinstudiums anhand der Wortbedeutungen problemlos nachvollziehbar und eine denotativ äquivalente Übersetzung leicht zu bewerkstelligen. Im Gegensatz dazu verwenden die *Hisperica Famina* zwar ausschließlich Basisgrammatik der ersten Lernmonate (Präsens, Nominativ, Genitiv, Akkusativ und Ablativ), bedienen sich aber eines Wortschatzes, der hauptsächlich aus seltenen Archaismen und Neologismen sowie griechischen, hebräischen und keltischen Fremdwörtern besteht. Entsprechend schwierig gestaltet sich das Textverständnis und vermutlich werden nicht alle LeserInnen erkannt haben, dass an der hier zitierten Stelle einfach nur ein Sonnenaufgang beschrieben wird. Es ist also notwendig, die lexikalische Dimension in die Ermittlung des sprachlichen Niveaus eines Textes einzubeziehen. Dabei spielt nicht nur eine Rolle, ob eine Vokabel an sich aus dem Unterricht bekannt ist oder nicht, sondern auch, ob die jeweilige konkrete Wortbedeutung gelernt wurde oder leicht zu erschließen ist, ob es sich um eigentlichen oder uneigentlichen Gebrauch handelt, und nicht zuletzt, welche Auskunft oder Hilfestellung das Wörterbuch gibt, sofern dessen Benutzung erlaubt ist[42]. Neben der Grammatik und der Lexik haben aber noch weitere Faktoren Einfluss auf den Schwierigkeitsgrad des Textes, die teils im Text selbst liegen, teils aber auch von der getesteten Gruppe abhängen, wie etwa Narrativität (narrative Texte sind tendenziell einfacher zu verstehen als nicht-narrative), Ironie, Häufung von Stilfiguren, Vorwissen der KandidatInnen über das Thema sowie Erfahrung mit der Textsorte.

42 Um die Vergleichbarkeit der Leistung zu erhöhen, ist stets anzustreben, dass in Testsituationen alle KandidatInnen dasselbe Wörterbuch verwenden.

Nach der Textauswahl kommt auch der Textpräsentation eine wichtige Rolle zu. Dabei hat die Lehrperson die Möglichkeit, Schwierigkeiten auszugleichen, die sich bei der Verwendung authentischen Materials oft ergeben, und die Reliabilität der Testung zu erhöhen. Insbesondere wenn es sich bei der Textgrundlage um einen Ausschnitt aus einem längeren Werk handelt, ist es erforderlich, eine inhaltliche Einleitung in der Unterrichtssprache voranzustellen, um den Kontext zu klären und in den Textausschnitt einzuführen. Ebenso kann die Einleitung dazu dienen, die KandidatInnen auf einen gemeinsamen Kenntnisstand zu bringen, damit sich nicht unterschiedliches Hintergrundwissen auf die Übersetzungsleistung und damit negativ auf die Konstruktvalidität und Vergleichbarkeit der Performanzen auswirkt. Dies mag im Schulalltag von untergeordneter Bedeutung sein, da in den meisten Fällen bereits durch den gemeinsamen Unterricht ein ähnlicher Bestand an Sprach- und Weltwissen gegeben ist. Bei standardisierten Prüfungen ist diese Funktion der Einleitung aber von essentieller Wichtigkeit, um die genannten Testgütekriterien sicher zu stellen.

Gute Textpräsentation zeichnet sich aus durch inhaltliche Einleitung sowie geeignete Wort- und Sachangaben.

Als schwierig eingeschätzte Vokabeln und Wortbedeutungen sollten angegeben werden, ebenso auch für das Verständnis notwendige Sachkommentare, etwa zu Eigennamen, Personen und Orten. Dabei ist im Layout darauf zu achten, dass die SchülerInnen Wort- und Sachangaben nicht verwechseln können, z. B. indem Wortangaben am Rand der jeweiligen Zeile vermerkt, Sachkommentare hingegen am Ende des Textes angeführt werden. Wenn in der Klasse unterschiedliche Wörterbücher verwendet werden, die mitunter in der Auswahl von Wortbedeutungen und Belegstellen erheblich differieren, müssen die Wortangaben dies ausgleichen (vgl. Niedermayr 2010, 60). Zu viele Angaben gefährden aber eine valide Überprüfung der Übersetzungskompetenz. Als Obergrenze wird meist 10 Prozent des Textumfangs angegeben (vgl. Kuhlmann 2009, 146). Die erklärten Wörter müssen jedenfalls im Text gekennzeichnet werden, um den KandidatInnen unnötiges Suchen zu ersparen.

Für die Validität einer Übersetzungsklausur ist jedoch das Korrektursystem der wichtigste Parameter. Wie bei der Fertigkeit Schreiben (s. Abschnitt 7.1) muss sich beim Übersetzen das Konstrukt nicht nur in der Aufgabenstellung, sondern auch in den Bewertungskriterien widerspiegeln. Ein zuvor festgelegtes Bewertungsraster hilft, Subjektivität zu reduzieren und sich so einer validen und reliablen Leistungsfeststellung anzunähern. Grundsätzlich können zwei Arten von Korrektursystemen unterschieden werden: die Negativkorrektur und die Positivkorrektur. Während erstere Fehler kennzeichnet und zählt, werden bei den Modellen der Positivkorrektur für gute Übersetzungsleistungen Punkte vergeben. Das traditionelle Korrektursystem im Latein- und Griechischunterricht ist die Negativkorrektur, die im deutschen Sprachraum nach wie vor weit verbreitet ist und in Deutschland z. T. auch von den Bundesländern vorgegeben wird (vgl. Kuhlmann 2009, 146). Ein häufig verwendetes

Das Korrektursystem ist für die Validität ausschlaggebend.

Negativkorrektur: Fehler kennzeichnen und zählen
Positivkorrektur: Punkte für gute Leistungen vergeben

Schema beschreiben Scholz & Weber (2011, 65; s. Tab. 2), das aufgrund der Berechnung von halben, ganzen, Viertel- und Drittelfehlern jedoch eine geringe Interrater-Reliabilität aufweist. Danach wird für „leichte bzw. geringfügige Verstöße“ ein Viertelfehler, für „mittlere Verstöße bzw. Fehler, die den Sinn des Textes [...] nicht wesentlich beeinträchtigen“ ein halber Fehler und für „schwere Verstöße bzw. Fehler, die den Sinn beeinträchtigen“ ein ganzer Fehler berechnet. Folgefehler und Wiederholungsfehler werden zwar gekennzeichnet, aber nicht geahndet. Für „Fehlernester“ (Passagen, die so geringe Äquivalenz zum Ausgangstext aufweisen, dass einzelne Fehler bzw. Fehlertypen nicht mehr voneinander unterschieden werden können) werden etwa „ein Drittel bis zur Hälfte der Anzahl der lateinischen Wörter als Fehler gewichtet“ (Scholz & Weber 2011, 65).

Gewichtung	Notation	Erklärung
¼ Fehler	Notation	leichte bzw. geringfügige Verstöße; das entsprechende Wort oder die Textpassage wird mit Wellenlinie unterstrichen
½ Fehler	Notation	mittlere Verstöße bzw. Fehler, die den Sinn des Textes oder der Passage noch nicht wesentlich beeinträchtigen; das entsprechende Wort oder die Textpassage wird einfach unterstrichen
1 Fehler	Notation	schwere Verstöße bzw. Fehler, die den Sinn beeinträchtigen oder verfälschen; das entsprechende Wort oder die Textpassage wird doppelt unterstrichen
Lücke	[ ]	ein oder mehrere Wörter wurden nicht übersetzt
„Fehlernest“	( )	die Übersetzung ist so unzureichend, dass keine einzelnen Fehlerarten mehr diagnostiziert werden können; die gesamte deutsche Textpassage wird rund eingeklammert; je nach Sinnverstößen und Folgefehlern werden erfahrungsgemäß 1/3 bis zur Hälfte der Anzahl der Wörter als Fehler gewichtet
Folgefehler	Ff.	ein Fehler resultiert aus einem bereits gemachten Fehler, weswegen er zwar markiert, aber nicht gewichtet wird
Wiederholung	Wh.	wird derselbe Fehler wiederholt, so markiert der Korrektor diesen zwar, wertet ihn aber in aller Regel nicht

Tab. 2: Mögliche Korrekturzeichen und Fehlergewichtung bei Negativkorrekturverfahren (Scholz & Weber 2011, 65)

Andere Verfahren unterscheiden nach Fehlerarten und werten Vokabel-, Tempus- und Numerusfehler als halbe, die „übrigen schwerer wiegenden Grammatikfehler“ als ganze Fehler (Kuhlmann 2009, 146). Für die Benotung ist jeweils der Umfang des Ausgangstextes entscheidend: Meist gilt die Arbeit ab einer Fehlerquote von 10 Prozent der lateinischen Wortanzahl als negativ (Kuhlmann 2009, 146), die übrigen Notengrenzen werden entsprechend festgesetzt. Allen diesen Verfahren ist gemeinsam, dass der morphosyntaktischen Äquivalenz ein großer Stellenwert eingeräumt wird und Verstöße gegen die grammatikalische Struktur des Ausgangstextes auch dort sanktioniert werden, wo Sinn und Aussage des Textes in keiner Weise beeinträchtigt sind. Dies führt in der Praxis zu mehreren Problemen:

1. Wenn man im Anschluss an die deutschen EPA und die österreichischen Kompetenzkataloge das Ziel des schulischen Übersetzens in Übereinstimmung mit der Alltagsbedeutung als vorrangig denotativ äquivalent definiert (s. oben), kann dieses Konstrukt

mit den gängigen Verfahren der Negativkorrektur nicht gemessen werden. Nicht selten kommt es vor, dass eine augenscheinlich adäquate Übersetzung aufgrund des Korrektursystems schlechter bewertet wird als eine augenscheinlich mangelhafte (dokumentiert u. a. bereits bei Schwab 1984, 36). Die Negativkorrektur gibt also keine valide Auskunft über das Textverständnis und die Übersetzungskompetenz der KandidatInnen. Sie ist aber auch nicht in der Lage, die reine Dekodierungsleistung (d. h. die Fähigkeit, die grammatikalischen Strukturen des Ausgangstextes zu erkennen) zu testen, da diese nur indirekt messbar ist und durch Mängel oder Unsicherheiten in der Rekodierung (zu denen die Ausgangssprachenorientierung beiträgt) verschleiert wird. Die Negativkorrektur erfüllt damit das Kriterium der Konstruktvalidität nicht. Es lassen sich mit ihr keine belastbaren Aussagen über das tatsächliche Sprachniveau der KandidatInnen treffen.

2. Die Fehlerdefinitionen sind so schwammig formuliert und ihre Interpretation in solchem Maße von den individuellen Vorlieben der Lehrperson abhängig, dass eine reliable Bewertung nicht möglich ist. Für Österreich hat Oswald (1998) eine Umfrage zur Korrekturpraxis durchgeführt und statistisch aufbereitet. Dabei mussten Fehlerbeispiele in die Kategorien „kein Fehler", „leichter Fehler", schwerer Fehler" und „sehr schwerer Fehler" eingeordnet werden. Die Ergebnisse zeigen so beträchtliche Unterschiede in der Fehlerwahrnehmung österreichischer LateinlehrerInnen, dass von Interrater-Reliabilität nicht einmal ansatzweise die Rede sein kann. Mit einer einzigen Ausnahme betrug die Varianz bei allen Fehlerbeispielen zumindest zwei Fehlerstufen, d. h. ein und dieselbe Abweichung zwischen Ausgangs- und Zieltext wurde von verschiedenen Lehrpersonen innerhalb einer Bandbreite von „kein Fehler" bis „schwerer Fehler" bzw. von „leichter Fehler" bis „sehr schwerer Fehler" beurteilt. Generell wurden syntaktische Umformungen unter Beibehaltung der denotativen Äquivalenz (z. B. lat. Passiv → dt. Aktiv, lat. Nebensatz → dt. Hauptsatz) schlechter bewertet als Verstöße gegen die Semantik bei gleichzeitiger Wahrung der grammatischen Struktur. Besonders bedenklich scheint aber aus heutiger Sicht, dass auch evident korrekte, grammatikalisch einwandfreie Übersetzungen wie z. B. „er / sie / es" für *ille / illa / illud* von 47,1 Prozent der befragten LehrerInnen als leichter Fehler, von 5,8 Prozent sogar als schwerer Fehler geahndet wurden (Oswald 1998, 53)[43].
3. Es ergibt sich ein äußerst ungünstiger *Washback*-Effekt auf den Unterricht und die Übersetzungsstrategien der SchülerInnen, den Nickel (2000, 7) folgendermaßen schildert:

> Anscheinend meiden viele SchülerInnen das Risiko, muttersprachlich glatte Formulierungen zu wählen, weil sie fürchten, dass ihnen auf diese Weise Fehler unterlaufen bzw. ‚angestrichen werden'. Aus Angst vor dem Fehler entscheiden sie sich für die ‚wörtliche' (d. h. die strukturidentische) Übersetzung, die allerdings im Zweifelsfall fehlerhaft und nicht normgerecht ist. Die Erziehung unserer SchülerInnen zu einer betont ausgangssprachlich orientierten Übersetzung verhindert in der Regel die Bereitschaft zur adäquaten, d. h. zielsprachenorientierten, Übersetzung.

43 Das lateinische Demonstrativpronomen *ille* („jener") vertritt in lateinischen Texten regelmäßig das nicht existierende Personalpronomen der 3. Person (vgl. Burkard & Schauer 2005, 106 § 70; Menge 1953, 156 § 219 Anm. 1).

Da die Negativkorrektur hauptsächlich Verstöße gegen die morphosyntaktische Äquivalenz ahndet und umgekehrt „gute" und verständliche Übersetzungen bzw. überhaupt das Textverständnis der KandidatInnen nicht honoriert, ruft sie bei den SchülerInnen unerwünschte Übersetzungsstrategien hervor, die auf eine Vermeidung von „Fehlern" und auf Indifferenz gegenüber dem Inhalt des Textes abzielen (vgl. Oswald 1997, 55). Die dabei entstehende Haltung mag am besten durch die Anekdote einer Nachhilfeschülerin illustriert werden, die nach einer sinnentstellenden Übersetzung voller Überzeugung erklärt: „Es ist Latein, es muss nichts heißen." Eine solche Herangehensweise zu translatorischen Prozessen verhindert die Herausbildung echter und praxistauglicher Sprachkompetenz und degradiert den Latein- und Griechischunterricht von einem Sprachfach zu einer Abfolge sinnfreier Denksportübungen[44]. Wie in den modernen Fremdsprachen ist es auch in Latein und Griechisch wichtig, den Lernenden die „Angst vor dem Fehler" zu nehmen und sie zu einer selbstständigen Sprachverwendung zu ermutigen (zur Rolle des Fehlers im Fremdsprachenunterricht s. Kapitel 3).

Beispiel für Positivkorrektur: das österreichische Korrekturmodell

Da also die herkömmliche Negativkorrektur das gewünschte Konstrukt nicht abbilden kann und auch einige weitere Schwächen aufweist, war es notwendig, alternative Korrektursysteme zu entwickeln. Exemplarisch wird im Folgenden das österreichische Korrekturmodell vorgestellt, das im Vorfeld der SRDP ausgearbeitet und verbindlich festgeschrieben wurde. Es eignet sich besonders gut als anschauliches Beispiel für die Positivkorrektur im Latein- und Griechischunterricht, weil im Entstehungsprozess schon von Anfang an testtheoretische Überlegungen miteinbezogen wurden (vgl. Niedermayr 2010, 56 ff.). Die „Grundsätze des Korrektursystems" sind von Freinbichler, Glatz & Schaffenrath (2015) ausführlich dargestellt. Hier wird nur ein knapper Überblick gegeben.

Das österreichische Korrekturmodell sieht die Bewertung der Übersetzungskompetenz in fünf Teilbereichen oder Beurteilungsdimensionen vor. Insgesamt können pro Übersetzungstext maximal 36 Punkte erreicht werden:

Beurteilungsdimension	maximal erreichbare Punkte
Sinn	12 Punkte (= 1/3)
Lexik	6 Punkte (= 1/6)
Morphologie	6 Punkte (= 1/6)
Syntax	6 Punkte (= 1/6)
Sprachliche Qualität in der Zielsprache	6 Punkte (= 1/6)

Tab. 3: Beurteilungsdimensionen und maximal erreichbare Punkte im österreichischen Korrekturmodell

44 Diese Erkenntnis ist eigentlich nicht neu, blieb aber für die Weiterentwicklung der Korrekturpraxis dennoch lange Zeit ungenutzt: Die „verderbliche Ansicht", dass „der Wert oder Unwert der gelieferten Arbeit […] lediglich von der Zahl der Fehler ab[hänge]", kritisiert bereits Nägelsbach (1846, xviii–xix) in der Vorrede zur ersten Auflage seiner *Lateinischen Stilistik*, also vor mehr als 150 Jahren, damals noch in Hinblick auf das Deutsch-Latein-Übersetzen bzw. auf die lateinische Prosakomposition.

In Übereinstimmung mit dem festgelegten Konstrukt wird der Dimension „Sinn" am meisten Gewicht beigemessen, nämlich ein Drittel der möglichen Gesamtpunktezahl. Für die Korrektur wird der Übersetzungstext anhand von Kola- und Satzgrenzen in zwölf möglichst ausgewogene, in sich geschlossene „Sinneinheiten" unterteilt und der wesentliche Inhalt jeder Sinneinheit mittels Paraphrase definiert. Anschließend werden die Performanzen unter Zuhilfenahme des in der Paraphrase fixierten Erwartungshorizonts auf ihre denotative Äquivalenz mit dem Ausgangstext überprüft. Pro inhaltlich äquivalenter Sinneinheit wird ein Punkt vergeben, maximal also zwölf Punkte. Halbe Punkte oder Bonuspunkte sind unzulässig, da sie die Interrater-Reliabilität potentiell gefährden.

„Sinn" als wichtigste Beurteilungsdimension

Während bei der Beurteilungsdimension „Sinn" die entscheidende Kontextlänge jeweils eine zuvor definierte „Sinneinheit" beträgt und das Globalverständnis im Vordergrund steht, wird in den Dimensionen „Lexik", „Morphologie" und „Syntax" stichprobenartig auch Detailverständnis überprüft. Es wird versucht, aus der Übersetzung indirekt auch Rückschlüsse über die lexikalische, morphologische und syntaktische Kompetenz der KandidatInnen zu gewinnen. Für die drei genannten Kategorien werden daher am Korrekturblatt je sechs sog. „Checkpoints" in Form einzelner Wörter oder Syntagmen aus dem Text festgelegt, anhand derer kontrolliert wird, ob die KandidatInnen in ausreichendem Maße zur lexikalischen Monosemierung, morphologischen Differenzierung und Auflösung syntaktischer Phänomene befähigt sind. Wiederum ist ein Erwartungshorizont zu erstellen. An jedem „Checkpoint" wird ausschließlich die gewählte Dimension bewertet, d. h. lexikalische Fehler spielen beispielsweise für einen „Morphologie-Checkpoint" keine Rolle. Relevante Verstöße gegen die inhaltliche Äquivalenz werden ohnehin durch die 12 Sinneinheiten abgedeckt. Ein gewisses Problem für die Konstruktvalidität kann sich bei den Dimensionen Morphologie und Syntax ergeben, da sie im Gegensatz zu den anderen Beurteilungskriterien (Sinn, Lexik und sprachliche Qualität in der Zielsprache) der alten Forderung nach morphosyntaktischer Äquivalenz nahestehen. Es ist aber kaum möglich, dass die KandidatInnen in derselben Übersetzung sowohl inhaltliche als auch morphosyntaktische Äquivalenz optimal abbilden. Deshalb muss bei der Auswahl der „Checkpoints" darauf geachtet werden, dass ihre Bewältigung anhand einer inhaltlich äquivalenten Übersetzung immer noch eindeutig bestimmt werden kann. So ist es z. B. meist nicht zielführend, einen „Morphologie-Checkpoint" auf ein lateinisches Futur II zu setzen, denn alle für SchülerInnen naheliegenden Verwechslungsmöglichkeiten (Konjunktiv Perfekt, Indikativ Plusquamperfekt und Perfekt) führen zur selben deutschen Übersetzung wie das Futur II, nämlich deutsches Perfekt vorzeitig zu deutschem Futur[45]. Somit könnte in diesem

Stichprobenartige „Checkpoints" für Lexik, Morphologie und Syntax

45 Im Gegensatz zum lateinischen Futur II dient das deutsche Futur II nicht zur Kennzeichnung der Vorzeitigkeit zu einer zukünftigen Haupthandlung (dafür tritt gewöhnlich, je nach Aspekt, Präsens oder Perfekt ein, vgl. Engel 1988, 270 f.), sondern wird nahezu ausschließlich als „modales Futur" in Vermutungen über die Vergangenheit verwendet (vgl. z. B. Engel 1988, 495; bereits Weber [1956, 38] hat in einem Korpus deutscher Originaltexte „kein einziges Beispiel der zeitlichen Verwendung gefunden").

Fall das Grammatikverständnis anhand der Testperformanz nicht nachgewiesen werden und die Validität wäre entsprechend vermindert.

Die letzte Beurteilungsdimension, „Sprachliche Qualität in der Zielsprache", versucht schließlich, den bisher oft vernachlässigten Vorgang der Rekodierung ebenfalls als eigenständige Teilkompetenz in der Bewertung abzubilden. Die Beurteilung erfolgt in diesem Bereich nicht analytisch, sondern holistisch. Für eine leichtere Handhabung und zur Erhöhung der Interrater-Reliabilität wurden drei Niveaustufen festgelegt:

Auch die Rekodierung wird bewertet.

Niveau 3 (6 Punkte)	Bei der Formulierung der Übersetzung werden die Normen der Zielsprache, vor allem in den Bereichen Wortstellung, Textkohärenz und Idiomatik, eingehalten, sodass ein gut verständlicher und grammatikalisch korrekter Text entsteht. Die Übersetzung zeichnet sich durch viele gelungene Formulierungen aus.
Niveau 2 (3 Punkte)	Bei der Formulierung der Übersetzung werden die Normen der Zielsprache, vor allem in den Bereichen Wortstellung, Textkohärenz und Idiomatik, überwiegend eingehalten, sodass ein mit einiger Anstrengung verständlicher und grammatikalisch weitgehend korrekter Text entsteht. Die Übersetzung zeichnet sich durch einige gelungene Formulierungen aus.
Niveau 1 (0 Punkte)	Bei der Formulierung der Übersetzung werden die Normen der Zielsprache, vor allem in den Bereichen Wortstellung, Textkohärenz und Idiomatik, nur ansatzweise eingehalten, sodass ein kaum verständlicher Text entsteht. Die Übersetzung weist kaum gelungene Formulierungen auf.

Tab. 4: Niveaubeschreibungen für die Dimension „Sprachliche Qualität in der Zielsprache" (BIFIE 2012, 2)

Das österreichische Korrekturmodell ist ein Versuch, denotative Äquivalenz in Übersetzungen mit einem möglichst validen und reliablen Positivkorrekturmodell zu überprüfen. Zwei Drittel der Gesamtpunktezahl werden für semantisch orientierte Beurteilungsdimensionen (Sinn, Lexik, sprachliche Qualität in der Zielsprache) aufgewendet, die Teilkompetenz des Rekodierens wird dabei getrennt von der Dekodierung bewertet. Daran knüpft sich in den Augen der Verantwortlichen die Hoffnung, einen positiven *Washback*-Effekt auf den Unterricht zu erzielen und größere Sensibilität für die semantische Ebene des Übersetzens zu wecken (BIFIE 2013, 35). Ob dieses Ziel tatsächlich erfüllt wird, kann aber erst eine Evaluation in einigen Jahren zeigen.

Bei der SRDP in Österreich werden sowohl die Aufgabenstellung als auch das Korrekturraster mit Erwartungshorizont zentral vorgegeben. Sowohl Aufgabenstellung als auch Korrekturraster durchlaufen dabei mehrere Qualitätssicherungsverfahren, um möglichst valide und reliable Überprüfungen zu erhalten (vgl. BIFIE 2013, 33 f., 51, 54). Der Schwierigkeitsgrad der Items (beim Übersetzungstext insbesondere der „Checkpoints") wird von Teams aus LehrerInnen und universitären FachdidaktikerInnen aus allen Bundesländern bei einem *Standard-Setting*-Verfahren überprüft und ggf. angepasst, um ein über die Jahre gleichbleibendes Schwierigkeitsniveau zu gewährleisten.

Die Qualitätssicherung wird durch ein *Standard-Setting*-Verfahren erreicht.

Dabei wird die dichotom modifizierte *Angoff*-Methode verwendet (s. z. B. Cizek & Bunch 2007, 81–96; s. Abschnitt 5.5). Jeder / jede JurorIn entscheidet anhand der vorab festgelegten „Mindeststandards für die schriftliche SRDP aus Griechisch und Latein" (BIFIE 2014b), ob das jeweilige Item von einem / einer SchülerIn, der / die nur die Minimalanforderungen für das positive Bestehen der SRDP erfüllt, bewältigt werden kann oder nicht. Anschließend werden die Einschätzungen der JurorInnen gemittelt und daraus der wahrscheinliche Schwierigkeitsgrad jedes Items abgeleitet.

Damit die SchülerInnen an das Korrektursystem und insbesondere an das zugrunde liegende Konstrukt herangeführt werden, ist in Österreich vorgesehen, auch alle von der Lehrperson selbst erstellten Klassen- / Schularbeiten nach dem Vorbild der SRDP zu gestalten. Hier ist eine gleichermaßen aufwändige Qualitätssicherung natürlich nicht durchführbar, andererseits hat eine informelle Klassen- / Schularbeit aber auch nicht derart weitreichende Auswirkungen wie die SRDP. Eine mögliche Lösung für den Schulalltag kann darin bestehen, die Angabe- und Korrekturblätter jeweils gemeinsam im Fachteam zu begutachten oder, wo dies nicht möglich ist, zumindest einzelne KollegInnen um Feedback zu bitten.

9.3 Konstrukt Interpretieren

Schulische Interpretation ist keine literaturwissenschaftliche Interpretation.

Erst seit einigen Jahrzehnten wird neben der Kernkompetenz des Übersetzens auch der Kompetenz Interpretieren eigenständiger Wert im Latein- und Griechischunterricht zugebilligt (vgl. Doepner 2011, 114). An die Stelle von Sacherläuterungen durch die Lehrperson ist die unabhängige Auseinandersetzung der SchülerInnen mit den von ihnen gelesenen Texten getreten. Interpretation im Schulkontext darf allerdings nicht als literaturwissenschaftliche Interpretation missverstanden werden, sondern ist vielmehr ein Überbegriff für den „analytische[n], reflektierende[n] und produktive[n] Umgang mit den Originaltexten" (Scholz & Weber 2011, 39), schließt also auch Prozesse der Rezeption und Appropriation mit ein. Die SchülerInnen sollen die Kompetenz erwerben, Texte früherer Epochen sowohl in deren jeweiligen kulturellen Kontext zu verstehen als auch deren Botschaften für ihre eigene Gegenwart fruchtbar zu machen. Die subjektive, individuelle und kreative Herangehensweise an lateinische und griechische Texte wird dabei ausdrücklich gefördert und gefordert, da „es keinen von einem Rezipienten unabhängigen, objektiven und unveränderlichen Textsinn gibt und [...] der Text auch ein Sinnpotenzial freigibt, das dem Autor nicht vor Augen stand" (Nickel 2014, 6). Die Bandbreite dessen, was im Latein- und Griechischunterricht unter Interpretieren verstanden wird, reicht von rein rezeptiven Leseverständnisaufgaben (vgl. Europarat 2001, 4.4.2.2) bis zu produktiven Transferleistungen, kritischer Reflexion und persönlicher Stellungnahme. Jedenfalls handelt es sich um vom Übersetzen klar abzugrenzende Möglichkeiten des Umgangs mit Texten, die auch gesondert überprüft werden müssen.

Das Konstrukt Interpretieren ist schwer zu definieren.

Es ist schwierig, eine so vielgestaltige und weite Auffassung der Kompetenz „Interpretieren", wie sie hier skizziert wurde, als kohärentes Konstrukt zu fassen. Pinter & Zuenelli (2013, 91) definieren das Konstrukt Interpretieren daher wohl auch etwas vage als „Texte an der Oberfläche und in der

Tiefe unter Anwendung unterschiedlicher Strategien sprachlich und inhaltlich erschließen und verstehen", wobei jedenfalls noch das – argumentative oder kreative – eigenständige Weiterdenken zu ergänzen wäre. Wie schon das Übersetzen ist auch das Interpretieren keine rein rezeptive oder rein produktive Fertigkeit, sondern eine komplexe Aktivität, die sowohl aus rezeptiven als auch aus produktiven Prozessen besteht. Eher als beim Übersetzen lässt sich bei Interpretationsaufgaben aber das bloße Textverständnis, d. h. die Dekodierungsleistung ohne Interferenz der Rekodierung, messen. Dies kann z. B. SchülerInnen, deren rezeptive Kompetenz in Latein und Griechisch höher ist als ihre produktive Kompetenz in der Unterrichtssprache, dabei helfen, diese Stärken unter Beweis zu stellen.

Ein grundlegendes Problem für die Testgestaltung ist der Umstand, dass sich subjektive Auslegungen literarischer Werke kaum oder gar nicht objektivieren lassen. Um bei einem Test zu vergleichbaren Ergebnissen zu kommen, muss die Interpretation der KandidatInnen geleitet und damit zwangsläufig eingeschränkt werden. Statt einer zusammenhängenden freien Interpretation, deren Bewertung Schwierigkeiten bereiten würde, wird daher im Interpretationsteil der SRDP bzw. des Abiturs sowohl in Österreich als auch in Deutschland die Bearbeitung kürzerer, voneinander unabhängiger Arbeitsaufgaben verlangt, die verschiedene Teilkompetenzen oder Einzelschritte des Interpretierens abbilden (vgl. KMK 2005, 8–16 und Beispiele 20–47; BIFIE 2014a, 1, 4 f., 8 ff.).

Interpretation ist schwer zu objektivieren.

Statt umfassender Interpretationen werden objektivierbare Teilkompetenzen gemessen.

Als Beispiel seien an dieser Stelle wieder die für die Fertigkeit Interpretieren festgelegten Teilkompetenzen der neuen SRDP in Österreich genannt (BIFIE 2014a, 8 ff.), die mit den „Könnensstandards" nach Kuhlmann (2010, 33 ff.) weitgehend übereinstimmen:

1. Sammeln und Auflisten: Der / die KandidatIn ist imstande, sprachliche, formale und inhaltliche Elemente aus der / den vorgelegten Textstelle / n und allfälligen Vergleichstexten (in Übersetzung) gemäß den vorgegebenen Aufgabenstellungen zu finden, zu sammeln und sinnvoll aufzulisten (u. a. Wortbildungselemente, Wortfamilien, Wortfelder, Sachfelder, Konnektoren und Stilmittel).
2. Gliedern und Strukturieren: Der / die KandidatIn ist imstande, die formale und inhaltliche Struktur der vorgelegten Textstelle / n nachvollziehbar herauszuarbeiten.
3. Zusammenfassen und Paraphrasieren: Der / die KandidatIn ist imstande, den Inhalt der vorgelegten Textstelle / n bzw. bestimmter Textstellen daraus zusammenzufassen und mit eigenen Worten wiederzugeben.
4. Gegenüberstellen und Vergleichen: Der / die KandidatIn ist imstande, die vorgelegte / n Textstelle / n in Beziehung zu Vergleichsmaterialien (z. B. weitere Texte, Bilder, Rezeptionsdokumente) zu setzen und nach vorgegebenen Parametern Gemeinsamkeiten, Ähnlichkeiten und Unterschiede sichtbar zu machen.
5. Belegen und Nachweisen: Der / die KandidatIn ist imstande, Argumente für oder gegen das Zutreffen von Sachverhalten und Aussagen durch geeignete Textzitate aus der / den

vorgelegten Textstelle / n bzw. dem vorgegebenen Vergleichsmaterial (Bilder, Texte in Übersetzung etc.) zu stützen.

6. Kommentieren und Stellungnehmen: Der / die KandidatIn ist imstande, auf Basis seiner / ihrer sprachlichen, formalen bzw. inhaltlichen Analyse die vorgelegte / n Textstelle / n anhand von Leitfragen zu kommentieren und ggf. Stellung zu beziehen.
7. Kreatives Auseinandersetzen und Gestalten: Der / die KandidatIn ist imstande, sich kreativ mit der / den vorgelegten Textstelle / n und allfälligen Vergleichstexten (in Übersetzung) auseinanderzusetzen und selbst eine kurze schriftliche Darstellung in der Unterrichtssprache zu gestalten (z. B. Umformen in Sondersprachen, Verfassen von Antwortschreiben, Fortsetzen des Textes, Aktualisieren des Inhalts u. a. m.).

Zusammengenommen sollen diese Einzelaspekte, die mit aufsteigender Komplexität von Leseverständnis und Texterschließung bis zu Interpretation im engeren Sinne und kreativer Appropriation führen, ein differenziertes Bild der Interpretationsfähigkeiten der SchülerInnen ergeben. Von KritikerInnen werden oft der „Sammelsuriumscharakter“ dieser Arbeitsaufgaben, der große Abstand zu universitärer, literaturwissenschaftlicher Interpretation und die zu mechanische Ausrichtung einiger Items (z. B. Auflisten rhetorischer Stilfiguren) bemängelt[46]. Dem lässt sich entgegenhalten, dass eine schriftliche Klausur unter Zeitdruck[47] und mit begrenzten Hilfsmitteln kaum der richtige Ort für die Entwicklung durchdachter literaturwissenschaftlicher Interpretationen sein kann. Hierfür gibt es in vielen Ländern geeignetere Formate wie z. B. in Deutschland die „mündliche Prüfung in neuer Form“ mit eigenständiger Erarbeitung und Präsentation eines frei wählbaren Themas (KMK 2005, 18 f.) oder in Österreich die Vorwissenschaftliche Arbeit als eine Säule der neuen SRDP (vgl. BMBF 2016). Die Arbeitsaufgaben des Interpretationsteils einer schriftlichen Klausur können vielmehr anhand eines kurzen Textausschnitts einzelne objektivierbare Herangehensweisen und Methoden testen, die sich als Grundlage einer Gesamtinterpretation eignen. Niemand wird etwa behaupten, dass das bloße Erkennen von Stilfiguren bereits eine vollständige Interpretation sei. Dennoch kann es beim Interpretieren als wichtige Teil- oder Hilfskompetenz fungieren, was die exemplarische Überprüfung im Interpretationsteil jedenfalls rechtfertigt. Ebenso sind Arbeitsschritte wie Paraphrasieren, Vergleichen und Argumentieren wichtige handwerkliche Voraussetzungen für eine gelungene Interpretation. Dass die Teilbereiche des Interpretierens voneinander getrennt getestet werden, trägt außerdem zur Vermeidung von Folgefehlern bei und erhöht so die Reliabilität des Tests. Keineswegs sollte aber für das Lehren und Lernen im Unterricht der Umkehrschluss gezogen werden, keine zusammenhängenden Interpretationen mehr durchzuführen, sondern nur noch die Testformate zu trainieren. Dies wäre ein Beispiel für einen potentiellen negativen *Washback*-Effekt, den es nach Möglichkeit zu vermeiden gilt (vgl. Hughes 2003).

46 So z. B. in den Diskussionen der Dresdner Fachtagung „Perspektiven für den Lateinunterricht II“ am 19. und 20. November 2015 (vgl. Kuhlmann 2017, 48).

47 Die Interpretation ist im Latein- und Griechischunterricht ja zusätzlich zur Übersetzungsaufgabe, die meist schon den größten Teil der verfügbaren Zeit benötigt, zu leisten.

Die heute im deutschsprachigen Raum üblichen Latein- und Griechischklausuren gehen im Bereich Interpretieren also davon aus, dass das Abschneiden der KandidatInnen bei ausgewählten Teilkompetenzen mit ihrer Gesamtinterpretationsleistung (etwa in einer vorwissenschaftlichen Arbeit) korreliert und die Fertigkeit Interpretieren auf diese Weise gemessen werden kann. Dieses Postulat scheint zwar nach den obigen Ausführungen wahrscheinlich, wurde aber bislang noch nicht empirisch überprüft. Von dieser Korrelation hängt allerdings die Validität der Interpretationstests entscheidend ab. Einschlägige Studien auf breiter Datenbasis müssen als dringendes Desiderat der lateinischen und griechischen fachdidaktischen Forschung angesehen werden.

Für die praktische Gestaltung des Interpretationsteils gilt im Wesentlichen dasselbe wie für den Übersetzungsteil. Die Arbeitsaufgaben beziehen sich auf einen lateinischen oder griechischen Ausgangstext, der mit Einleitung, Sach- und Vokabelangaben versehen ist. Weitere Textteile oder Vergleichstexte, die für einzelne Items relevant sind, können in Übersetzung beigegeben werden, da die gesamte zur Verfügung stehende Bearbeitungszeit begrenzt ist. Der Ausgangstext für den Interpretationsteil soll vom Übersetzungstext derselben Klausur völlig getrennt sein, um eine unabhängige Bewertung der Fertigkeiten Übersetzen und Interpretieren zu ermöglichen. Aus demselben Grund soll im Interpretationsteil keine Übersetzung gefordert oder bewertet werden.

Die Arbeitsaufträge müssen wiederum klar formuliert werden – was mittels standardisierter Operatoren erreicht werden kann – und die Interpretation der SchülerInnen lenken, um die Leistungen möglichst vergleichbar zu machen. Bei den Items ist eine ausgewogene Verteilung der sieben Teilkompetenzen einerseits und die Anwendung unterschiedlicher Aufgabenformate andererseits anzustreben. Geschlossene und halb-offene Formate haben den Vorteil einer höheren Auswertungsobjektivität und damit Reliabilität, argumentative und kreative Aspekte des Interpretierens lassen sich aber nur mit offenen Formaten erfassen (vgl. Pinter & Zuenelli 2013, 93). Dabei wird die Performanz hauptsächlich durch den Ausgangstext begrenzt, als zusätzlicher Lenkungsfaktor können Leitfragen im Arbeitsauftrag hinzutreten. Bei offenen Aufgabenformaten hängen Objektivität, aber auch Praktikabilität ganz besonders vom Festlegen klarer Beurteilungskriterien und dem sorgfältigen Erstellen eines Erwartungshorizontes ab.

Zuletzt sei darauf hingewiesen, dass die Trennung von Übersetzen und Interpretieren auf Testebene, wie sie in der neuen SRDP in Österreich verwirklicht ist, auch neue Strategien der Texterschließung im Latein- und Griechischunterricht nach sich zieht. Bisher war es üblich, Texte zuerst zu übersetzen und erst anschließend in einem zweiten Schritt (explizit) zu interpretieren. Diese Herangehensweise kann aber, wenn sie nicht sehr reflektiert umgesetzt wird, zu problematischen Resultaten führen, da sich Übersetzung und Interpretation immer gegenseitig beeinflussen, wenn nicht sogar bedingen. Die neuen Aufgabenformate zu Leseverständnis und Interpretieren lassen stattdessen auch die Möglichkeit zu, dass die Interpretation der Übersetzung vorausgeht. Sie führen zudem bisher im Latein- und Griechischunterricht unübliche Arten des Lesens wie *skimming* oder *scanning* ein und können so im Idealfall auch die Ausbildung spontan-intuitiven Textverständnisses in den klassischen Sprachen fördern (vgl. Kuhlmann 2009, 96–99; Pinter & Zuenelli 2013, 94–98). Beispielaufgaben der SRDP in Österreich können unter https://tinyurl.com/hfkp69j (21.09.2017) abgerufen werden.

Arbeitsaufträge und Diskussionsfragen

1. Welches übersetzungstheoretische Konzept legen Sie Ihren Leistungsbeurteilungen zugrunde?
2. Wie können Sie die Reliabilität von Übersetzungsklausuren erhöhen?
3. Welche Probleme treten beim Überprüfen der Fertigkeit Interpretieren auf und welche Lösungen sind möglich?

Weiterführende Literatur

Kuhlmann, P. (Hrsg.) (2017): *Perspektiven für den Lateinunterricht II*. Ergebnisse der Dresdner Tagung vom 19./20.11.2015. Bamberg: Buchner.
Die Fachtagung „Perspektiven für den Lateinunterricht II" (Dresden 2015) war ganz dem Thema Kompetenzmessung verpflichtet. Der Tagungsband sammelt die Impulsreferate und Diskussionsergebnisse.

Niedermayr, H. (2010): „Standardisierung und Kompetenzorientierung im österreichischen Lateinunterricht. Erste Erfahrungen und mögliche didaktische Folgerungen". In: *Latein Forum* 72, 56–74.
Der Artikel gibt einen tieferen Einblick in die Entwicklung des neuen österreichischen Beurteilungsmodells für den Latein- und Griechischunterricht und in die dahinterstehenden didaktischen und testtheoretischen Überlegungen.

Scholz, I. & Weber, K.-C. ([2]2011): *Denn sie wissen, was sie können. Kompetenzorientierte und differenzierte Leistungsbeurteilung im Lateinunterricht*. Göttingen: Vandenhoeck & Ruprecht.
Das sehr praxisorientierte Werk stellt weitgehend den Status quo der Kompetenzmessung im Lateinunterricht in Deutschland dar und gibt darüber hinaus Anregungen für kompetenzorientierte und differenzierte Formen der Leistungsbeurteilung. Testtheoretische Grundlagen nehmen hingegen nur einen geringen Raum ein, eine kritische Reflexion der zugrunde gelegten Konstrukte findet kaum statt.

10. *Assessment for, assessment of* und *assessment as learning*

Wolfgang Stadler

Kann-Beschreibungen

Ich kann

- *language assessment literacy* definieren.
- Funktionen der Leistungsfeststellung und -bewertung nennen und erklären.
- *assessment for, assessment of* und *assessment as learning* unterscheiden.
- dynamisches Testen und Bewerten als alternative Form der Beurteilung erläutern und theoretisch begründen.
- die Funktion von *think alouds* erklären.
- Methoden des dynamischen Testens und Bewertens beschreiben.
- Möglichkeiten für den Einsatz dynamischen Testens und Bewertens nennen.

Zunehmend wird von Lehrenden ein immer größeres Verständnis von diagnostischer und formativer Beurteilungs- bzw. Bewertungskompetenz gefordert, mit der sie Leistungen im Klassenzimmer zu erklären und zu argumentieren haben. Der Begriff einer *language assessment literacy* (LAL), geprägt von Stiggins (1999) und Brindley (2001), ist vor allem im deutschsprachigen Raum noch wenig erforscht, auch wenn z. B. empirische Untersuchungen von Vogt (2010, 2011) und Vogt & Tsagari (2014) zur Bewertungskompetenz europäischer und auch deutscher Fremdsprachenlehrpersonen vorliegen. Vogt (2010, 268) versteht unter Bewertungskompetenz „solides Wissen über Mechanismen und Prozesse der Beurteilung; den Anspruch an eigene Professionalität zur Durchführung qualitativ hochwertiger Leistungsmessung und -beurteilung; die Fähigkeit zur kritischen Evaluation von Tests und zur Auswahl und Erstellung angemessener Formen der Leistungsmessung und -beurteilung". Wie Vogt definieren auch andere WissenschaftlerInnen, z. B. Davies (2008) oder Taylor (2009), LAL als eine Kombination von Wissen, Fähigkeiten und Fertigkeiten, ergänzen diese aber mit Ansprüchen hinsichtlich der Prinzipien, die das Testen und Bewerten durch eine Lehrperson aufweisen sollten: Wie und zu welchem Zweck werden Leistungsüberprüfungen für SchülerInnen erstellt? Wie werden diese Leistungsnachweise bewertet und interpretiert? Welchen Anspruch haben Lehrende an ihre Professionalität als jemand, der Leistung nicht nur generiert und fördert, sondern auch überprüft, misst und beurteilt?

Language assessment literacy: Expertise im Bereich der Leistungsbeurteilung und -bewertung

Solch eine „Expertise im Bereich der Beurteilung und Bewertung" (Harsch 2015, 489) als FremdsprachenlehrerIn zu erwerben, bezeichnen DeLuca & Klinger (2010, 434) als eine Notwendigkeit: „Developing assessment literacy is a necessity for teachers entering today's classrooms." Eine kurze und konzise Definition von LAL findet sich z. B. bei Davies (2008), die hier – zitiert nach Malone (2013, 331, Hervorhebung durch den Autor) – angeführt wird (vgl. auch *Mission Statement* von EALTA, https://tinyurl.com/ya6flkng [21.09.2017]):

> *Language assessment literacy* = **skills** (the how-to or basic testing experience), **knowledge** (information about measurement and about language), and **principles** (concepts underlying testing such as validty, reliability, and ethics).

Im Folgenden werden verschiedene Funktionen der Leistungsfeststellung und -beurteilung erläutert, Beurteilungs- und Bewertungstypen angeführt sowie eine alternative Form der Leistungsfeststellung, nämlich *dynamic assessment*, mit ihren unterschiedlichen Methoden vorgestellt. Dadurch soll der Begriff LAL für den schulischen Kontext deutlicher verortet werden.

10.1 Funktionen der Leistungsfeststellung und -beurteilung[48]

Vier Funktionen der Leistungsbewertung: Diagnose, Rückmeldung, Motivation, Berechtigung

Schulische Leistungen werden nicht nur mit unterschiedlichen Intentionen gemessen, sondern sie erfüllen auch verschiedene Funktionen. Als besonders wesentliche sollen im Folgenden die Diagnose- und Rückmeldefunktion sowie die motivationale Funktion und die Berechtigungsfunktion näher erklärt werden (vgl. Nieweler 2006). All diesen Funktionen geht zunächst eine Lernstandsdiagnose voraus, die auf Grundlage einer punktuellen oder einer unterrichtsbegleitenden Leistungsmessung erfolgt, die benotet oder unbenotet, meist aber verbal kommentiert, die Schülerleistung begleitet. Die Diagnose, die in der Regel den aktuellen Lern- und Leistungsstand mit seinen Stärken und Schwächen umfasst, liefert ein Profil der erreichten Ziele und der erforderlichen Bedürfnisse – in anderen Worten: Die Diagnose gibt Auskunft darüber, wie gut SchülerInnen etwas können (vgl. Europarat 2001, 3.8). Diagnostische verbale Beurteilung stellt eine große Herausforderung an die Lehrperson dar, da eine qualitative Lernstandsbeschreibung – wie auch jede Note – gut fundiert und wohl überlegt sein muss. Die Lernstandsbeschreibung sollte den Lernzuwachs dokumentieren, die Art und Weise, wie Aufgaben gelöst werden, beschreiben und die individuellen Fähigkeiten der Lernenden ausweisen. Die Skalen des Referenzrahmens helfen sowohl dem / der BeurteilerIn als auch den SchülerInnen bei der Diagnose, d. h. sie sind nicht nur benutzerInnenorientiert zu verstehen, sondern können auch beurteilerInnenorientiert angewandt werden.

Diagnose: Auskunft über den Lernstand

Die Lernstandsdiagnose dient als Basis für die Rückmeldefunktion (oder Berichtsfunktion). Feedback kann an den / die SchülerIn, die ganze Klasse, an Eltern oder aber auch an die

48 Das österreichische Schulunterrichtsgesetz bzw. die Leistungsbeurteilungsverordnung (LBVO) sieht zwei Begriffe vor, nämlich Leistungsfeststellung und Leistungsbeurteilung. Ersterer meint den Vorgang des Messens, letzterer den Vorgang des Bewertens der gemessenen Leistung. Zugleich ist Leistungsbeurteilung der Oberbegriff, der für den gesamten Prozess des Prüfens und Beurteilens an der Schule verwendet wird (vgl. https://tinyurl.com/yb7jenyk [21.09.2017]).

Lehrperson gerichtet sein. Die Rückmeldung über unterrichtsbezogene Leistungsmessung greift die Lernstärken und -schwächen auf, sie regt dazu an, den eigenen Unterricht sowie die Lerntätigkeit der SchülerInnen zu überprüfen, setzt Signale, die motivierend sein können oder als bedeutsam für Veränderungen im Lehr-/Lernprozess angesehen werden: „Leistungsbeurteilung kann der Motivation, der Lernsteuerung oder aber der Beratung dienlich sein" (Beer 2006, 55).

Feedback gibt Auskunft über Lernstärken und -schwächen.

Leistungsbeurteilung erfüllt darüber hinaus die Funktion des *gate-keeping* bzw. der Selektion, z. B. ob der/die SchülerIn in die nächste Schulstufe aufsteigen, die Leistungsgruppe wechseln, in eine andere Schulform übertreten oder – durch die Reifeprüfung bzw. das Abitur – eine postsekundäre Bildungseinrichtung besuchen kann bzw. darf. Von dieser Selektions- oder Berechtigungsfunktion hängt auch ab, ob diverse Maßnahmen (wie z. B. Förderunterricht) angeboten werden, damit lernschwache SchülerInnen individuell unterstützt werden können. Aber auch außerhalb der Schule können ArbeitgeberInnen gewisse Bedingungen an Zeugnisse oder Abschlussnoten knüpfen – eine Note und Bewertung kann somit zu einem zentralen Instrument der Selektion werden. „Leistungsfeststellungen, mit denen Berechtigungen verbunden sind, müssen sich an einheitlichen Standards orientieren und in objektivierter Form durchgeführt werden", damit Fairness und Chancengleichheit sowohl standortgebunden, regional und im internationalen Vergleich gewährleistet werden (https://tinyurl.com/yb7jenyk [21.09.2017]).

Die Berechtigungsfunktion verlangt nach klar definierten Standards.

Die motivationale Funktion ist dann erfüllt, wenn Noten oder verbale Beurteilungen die Lernenden veranlassen, die eigene Leistung zu steigern. Lehrende können Lernende nach Dörnyei (1994) auf zumindest drei Ebenen motivieren – auf der sprachlichen (*language level*), der LernerInnenebene (*learner level*) und der situativen Ebene (*learning situation level*). Diese drei Ebenen spiegeln auch die soziale, die persönliche und die fremdsprachendidaktisch-pädagogische Dimension des Spracherwerbs wider (ebd., 279). Eine Bestätigung des Lernerfolgs kann neue Lernprozesse anregen bzw. diese aufrechterhalten. Gerade kriterienbezogenes und kompetenzstufenorientiertes Feedback ist so wie formatives Feedback eher dazu in der Lage, die Motivation der Lernenden zu steigern, während holistisches, normorientiertes oder summatives Feedback dies weniger vermag.

Kriterienbezogene Leistungsbeurteilung kann der Motivationssteigerung dienen.

Die Schwierigkeit, mit der sich Lehrende an Schulen konfrontiert sehen, ist ihre Doppelrolle: LehrerInnen gestalten und setzen Unterricht um, sie sorgen für ein förderliches Lernklima und sind gleichzeitig in der Rolle der Prüfenden aktiv, die Tests und Prüfungen entwerfen und Leistungen – und damit indirekt auch ihre eigene Leistung – (mit-)bewerten (vgl. u. a. Arbeitsgruppe Prüfungskultur 2008, 31). Schon aus diesem Grund scheint es ratsam, im Klassenzimmer nicht nur allein auf Fremdbeurteilung (durch die Lehrperson) zu setzen, sondern auch lernerzentriertes *peer assessment* und *self assessment* einzusetzen und als zusätzliche Leistungsbeurteilungs- und -feststellungsmaßnahme zu nutzen. Eine Abwechslung von (formativem) *assessment for* und (diagnostischem) *assessment as learning* könnte somit einem (summativen) *assessment of learning* vorangehen.

10.2 Beurteilungs- und Bewertungstypen

Klausuren oder Klassen- / Schularbeiten haben im Fremdsprachenunterricht meist den Charakter eines Sprachstandstests. Der / die LehrerIn will erheben, ob SchülerInnen die im Unterricht vermittelten und geübten sprachlichen Kompetenzen anwenden können. Während das Lernen im Fremdsprachenunterricht z. B. durch das verwendete Lehrwerk, die Materialauswahl der Lehrperson u. v. m. gelenkt ist, wird die Bearbeitung einer Prüfung von den Lernenden selbst geleitet: Lernende sind während einer Prüfung auf sich allein gestellt, denn es soll ja ihre selbstständig erbrachte Leistung erhoben werden. Dies kann aber auch die Gefahr bergen, dass von den Lernenden wenig Zusammenhang zwischen dem Unterricht einerseits und der Leistungsbewertung andererseits gesehen wird. Gleichzeitig zeigen jedoch Untersuchungen, dass sich das Überprüfen, Lehren und Lernen gegenseitig beeinflussen. So lassen sich anhand des so genannten *Washback*-Effekts von Prüfungen positive bzw. negative Einflüsse auf das Lehren und Lernen feststellen und umgekehrt (s. Abschnitt 4.2.2). Beurteilungs- und Bewertungskompetenz (*assessment literacy*)[49] setzt voraus, dass Lehrpersonen u. a. verschiedene Beurteilungs- oder Bewertungsformen respektive Testtypen und deren Unterschiede kennen, wie z. B. jene zwischen Sprachstandstest und Qualifikationsprüfung[50]. *Assessment for learning* meint eine unterrichts- oder kursbegleitende, kontinuierliche, formative Bewertung, die im Klassenzimmer häufig direkt erfolgt, sich eher an Kompetenzkriterien als an Leistungsnormen der jeweiligen Gruppe orientieren und auf eine Verbesserung der Lernprozesse mittels diagnostischem Feedback abzielen soll. *Assessment of learning* ist punktuell oder summativ, kann norm- oder kriterienorientiert sein und bewertet die aktuelle Sprachkompetenz anhand eines (einzigen) Prüfungsaktes. *Assessment for learning* behält neben dem Inhalt des Unterrichts aus der Binnenperspektive der Lehrperson und deren Unterricht die Motivation der einzelnen SchülerInnen im Blickfeld; *assessment of learning* muss neben der Innensicht bzgl.

> *Assessment for learning*: Die Bewertung durch die Lehrperson dient der Weiterentwicklung des Sprachstands (formatives Feedback).
> *Assessment of learning*: Die Bewertung (durch die Lehrperson) bezieht sich ausschließlich auf eine erbrachte Leistung (summatives Feedback).
> *Assessment as learning*: Die Bewertung durch die Lernenden dient der eigenen kritischen Reflexion des Sprachstands und seiner Weiterentwicklung (diagnostisches *self assessment*).

49 An dieser Stelle sei angemerkt, dass die Forschung im Bereich *assessment literacy* noch „in den Kinderschuhen steckt", wie sich Fulcher ausdrückt („Assessment literacy is in its infancy" [Fulcher 2012, 117]), obwohl immer mehr Tests erstellt werden und die Verantwortung dafür – auch im Klassenzimmer – immer wichtiger wird.

50 Abschnitt 9.3 in Kapitel 9 des GeR (Europarat 2001) bietet eine Übersicht über verschiedene Typen der Beurteilung und Bewertung, die sich einerseits klar voneinander abgrenzen, andererseits in ihrer Bedeutung aber auch überlappen (e. g. subjektive / objektive, holistische / analytische, norm- / kriterienorientierte Beurteilung etc.). Der alternative Typ der dynamischen Beurteilung ist im GeR jedoch ausgespart.

der Lernziele auch eine Außenperspektive eröffnen, die Rückschlüsse darauf ermöglichen soll, wie sich SchülerInnen in Sprachhandlungssituationen außerhalb einer Lern- respektive Schulsituation verhalten könnten. Während effizientes *assessment for learning* ein Interesse daran haben sollte, dass SchülerInnen ihre Leistungen auch selbst einschätzen und bewerten können und somit auf *assessment as learning* setzt, liegt *assessment of learning* meist in den Händen von FremdbeurteilerInnen.

10.3 Dynamisches Testen und Bewerten als alternativer Beurteilungstyp

Formative Bewertung oder *assessment for learning* setzt sich zum Ziel, den Prozess des Überprüfens von Lernleistungen in den Lernprozess zu integrieren – ein Ziel, das sich auch die BefürworterInnen des dynamischen Testens und Bewertens (vgl. Antón 2016; Poehner 2008; Sternberg & Grigorenko 2002) auf ihre Fahnen schreiben. Dynamisches Testen und Bewerten (DTB) basiert auf Erkenntnissen des russischen Psychologen und Psycholinguisten Lev Vygotskij (1896–1934) und seiner Tätigkeitstheorie, vor allem auf dem Begriff der „зона ближайшего развития“ (*zone of proximal development*, Zone der nächsten Entwicklung = ZNE). Vygotskij wurde in den USA in den 1980er Jahren wiederentdeckt, als man nach „neuen“ Ansätzen in der Schul- und Sonderpädagogik suchte. Lev Vygotskij arbeitete selbst als Lehrer, bevor er sich der Forschung im Rahmen der Instrumentellen (oder Kulturellen) Psychologie zuwandte. Vygotskij interessierte sich für die Zusammenhänge zwischen Denken, Erinnern, Lernen und Sprache (vgl. z. B. L. Vygotskij, *Denken und Sprechen*, 1988). In seiner Arbeit mit Kindern versuchte er zu zeigen, wie diese ihre eigenen Tätigkeiten mittels Sprache erleben bzw. wie sie Tätigkeiten von anderen wahrnehmen und nachahmen, wie sie diese erlernen bzw. weiterentwickeln. Lernen, so Vygotskij, ist stets in einem Zusammenhang mit sozial und kulturell relevanten Interaktionen zu sehen, die die ZNE des Kindes ausmachen bzw. mitbestimmen. Mittels Sprache, einem „psychischen Werkzeug“, organisieren wir nach Vygotskij unser Verhalten. So können z. B. die Anleitungen von älteren Kindern oder eine Hilfestellung durch Erwachsene den kleineren und jüngeren Kindern beim Spielen helfen, sich gewisse Tätigkeiten schneller anzueignen, bis sie diese dann selbstständig und ohne Mithilfe ausführen können. Es geht bei DTB also um das Entdecken und die Förderung eines „möglichen Potentials“ sowie um die Frage, was bei Lernleistungen, aber auch in einer Prüfsituation, nicht nur ohne, sondern auch mit Hilfestellung möglich ist. Zu prüfen, was lediglich ohne Hilfestellung möglich ist, würde das Potential, das sich in der ZNE verbirgt, ignorieren. DTB setzt also mittels formativem *assessment* auf mögliche zukünftige Entwicklungsschritte, während herkömmliche Tests und Prüfungen bis zum Prüfzeitpunkt Erlerntes abprüfen. Feedback fließt als Teil des Beurteilungsprozesses in einen Test oder Prüfung als konkrete Hilfestellung ein und wird nicht erst im Anschluss an die Leistungsüberprüfung gegeben.

Dynamisches Testen und Vygotskijs „Zone der nächsten Entwicklung“: Lernerpotentiale entdecken

So wie Vygotskij erlebte auch der Psychologe Feuerstein in seiner Arbeit mit lernschwachen Kindern in Israel deren Chancen für kognitive Veränderungen (vgl. Antón 2016, 107). Für die

Arbeit im Fremdsprachenunterricht ließe sich sagen, dass unter Umständen eine höhere (Kompetenz-)Stufe schneller erreicht werden kann, wenn die lehrerseitige Unterstützung oder die eines *peers* Teil der Beurteilung wird und Prüfungsprozesse positiv beeinflusst werden. DTB versucht, zwischen dem Unterrichten(den) und dem Beurteilen(den) eine Brücke zu bauen, indem seine AnhängerInnen eben genau für diese Integration von Lehren und Lernen in Tests plädieren. DTB-VerfechterInnen kritisieren die „Statik" (oder fehlende Dynamik) von item-basierten Tests, wenn den SchülerInnen lediglich eine Punktezahl als Feedback (*assessment of learning*) übermittelt und kein diagnostisches Feedback gegeben wird (vgl. Poehner 2008, 13). Wird die diagnostische und prognostische Perspektive in die Bewertung schulischer Sprachstandserhebungen einbezogen (*assessment for learning*), kann vermieden werden, SchülerInnen nur darauf aufmerksam zu machen, was sie noch nicht erreicht haben oder nicht können. Eine objektive Beurteilung kann somit nicht das vorrangige Ziel eines DTB sein. Vielmehr wird ihnen aufgezeigt, welche Ziele noch vor ihnen liegen und wie sie diese erreichen (*assessment as learning*).

Brückenbau zwischen Lehren, Lernen und Testen

Um gutes diagnostisches Feedback, zweifellos die Basis für solides formatives *assessment*, geben zu können, ist es notwendig, die Stärken und Schwächen in den Lernleistungen der SchülerInnen zu erkennen. Rückmeldungen funktionieren dann am besten, wenn der / die RezipientIn in der Lage ist,

Feedback wirkt bei: Bemerken – Aufnehmen – Interpretieren – Integrieren

a) etwas zu bemerken, d. h. aufmerksam und motiviert ist und vertraut mit der Form, in der die Information eintrifft,
b) etwas aufzunehmen, d. h. nicht überfordert wird mit Informationen, sondern über eine Strategie verfügt, diese aufzunehmen, einzuordnen und auf sich zu beziehen,
c) zu interpretieren, d. h. genügend Vorkenntnisse und ein entsprechendes Sprachbewusstsein hat, um den springenden Punkt zu verstehen und nicht zu kontraproduktiven Handlungen zu greifen, und
d) die Informationen zu integrieren, d. h. über ausreichend Zeit, Orientierung und auch über die notwendigen Hilfsmittel verfügt, um die neuen Informationen zu reflektieren, sie zu integrieren und sich später an sie zu erinnern. (Europarat 2001, 9.3.6)

Bevor Feedback „bemerkt", „aufgenommen", „interpretiert" und in den Lernprozess „integriert" werden kann, liegt es an der Lehrperson, Schülerleistungen richtig zu deuten, um adäquates Feedback geben zu können. An dieser Stelle wird deutlich, wie eng die diagnostische Funktion der Leistungsfeststellung mit der Rückmeldefunktion verbunden ist. Eine Möglichkeit, die es erlaubt, individuelle Schwächen oder Probleme einzelner Lernender zu erkennen, die Ursachen dafür zu eruieren und Über- oder Unterforderungen einschätzen zu können, sind *think aloud*-Protokolle (vgl. Stadler 2011b). Diese erlauben uns Einblicke in „den Kopf der / des Lernenden", weil Schwierigkeiten beim Lösen einer Aufgabe laut formuliert werden. Eine Definition von Lautem Denken findet sich z. B. bei Heine & Schramm (2007, 173):

Lautes Denken bezeichnet die simultane Verbalisierung einer Person von Gedanken, auf die sie während einer bestimmten Tätigkeit ihre Aufmerksamkeit richtet, ohne dass gezielt metakognitive Gedankeninhalte stimuliert werden.

Der folgende Ausschnitt aus einem solchen Protokoll, das während der Lösung eines Lückentests entstanden ist, soll aufzeigen, welche Gedanken dem Studenten durch den Kopf gegangen sind, als er versuchte, einen *open gap fill*-Test (Lückentest ohne Schüttelkasten) in russischer Sprache zu bearbeiten. Die Basis für den Lückentest bildete ein Text über Einsetzmöglichkeiten des Internets an russischen Schulen:

Also bei mir ist es das Hauptproblem, dass ich halt die Verben nicht weiß … Also, wenn ich mir jetzt überlege, was hineinpassen könnte, dann schaue ich hauptsächlich auf den Kontext, […] ja und auf die Wörter in dem Satz, mit denen sie in Verbindung stehen … Es ist verschieden, bei dem Wort z. B. könnte ich mir schon auf Deutsch vorstellen, dass es … kurz überlegen … also, dass es bei dem z. B. in Verbindung wäre … weil bla-bla-bla der Schulen, das Internet, das Wort weiß ich nicht … Ach so, nein, da ist es eigentlich eh klar, also da, beim 3. würde ich sagen, dass es heißt „für Schulen" ist es irgendwie kostenlos … „Для школ", ja, cool
Think aloud-Protokoll LG1 08.15.464, Z. 28–37. (Stadler 2011a, 13)

„Laut-Denk-Protokolle" oder *think alouds* stellen eine introspektive Erhebungsmethode aus der Psychologie dar, bei der ProbandInnen Schwierigkeiten oder Überlegungen in Form von Selbstaussagen während eines Problemlösungsvorgangs verbalisieren und diese auf Band aufnehmen, ohne sie zu strukturieren oder zu erklären. Die Zeitaufwändigkeit solcher Prozeduren im Schulalltag außer Acht lassend, stellt diese Methode ein großes Potential dar, um eine Fülle an introspektiven Daten in einer bestimmten Denkabfolge zur Analyse zu gewinnen. So zeigt sich in der o. a. Stelle, dass der Student Schwierigkeiten mit den russischen Verben hat bzw. über zu wenig Wortschatz verfügt; er versucht, Teile des vorliegenden Texts ins Deutsche zu übersetzen oder gewisse Kollokationen zu entschlüsseln, bis er schließlich Lücke 3 mit dem entsprechenden Wort füllen kann. Für die Lehrperson sind solche Protokolle eine Hilfe, ihr formatives Feedback an den / die SchülerIn klarer zu formulieren, weil sie deren konkrete Schwierigkeiten – wie z. B. im Bereich der Lexik – besser verstehen (lernen).

Think alouds zur simultanen Verbalisierung von Gedanken (z. B. während einer Testsituation)

Laut-Denk-Protokolle setzen Vertrauen und eine Einschulung oder ein Training der ProbandInnen voraus. Ebenso muss klargemacht werden, wozu diese Daten – selbstverständlich anonymisiert – erhoben und ausgewertet werden. Es ist auch möglich, bei der Aufnahme eines *think aloud* eine / einen erfahrene / n StudentIn dem / der ProbandIn als BeisitzerIn zu geben, damit diese / dieser ggf. ermunternd eingreifen kann, sollte der / die ProbandIn ins Stocken geraten oder für längere Zeit vergessen, sein / ihr Tun zu verbalisieren. Kritik an Laut-Denk-Protokollen wurde früher vor allem hinsichtlich ihrer mangelnden bzw.

wenig validen Abbildung von kognitiven Prozessen geäußert, die darüber hinaus auch durch die Verbalisierung beeinflusst schienen (vgl. Heine 2005). ProbandInnen müssen sich gleichzeitig auf zwei Dinge konzentrieren – die Lösung der Aufgabe und die Verbalisierung ihrer Denkprozesse. Bemängelt wurde gelegentlich auch eine zu geringe Auswertungsobjektivität, da bei Tonaufnahmen z. B. wesentliche nonverbale Besonderheiten der ProbandInnen nicht übermittelt werden (vgl. Heine ebd.). Das Einsetzen von *think alouds* in der Fremdsprachenforschung hat aber seit einigen Jahrzehnten stark zugenommen und Untersuchungen haben gezeigt, dass dieses Instrument reliable und valide Ergebnisse liefern kann, falls die Daten gewissenhaft eruiert und interpretiert werden. Eine gewissenhafte Eruierung und Interpretation setzt allerdings eine klare Definition der Vorgehensweise voraus, nämlich welche Verbalisierungen dem Lauten Denken entsprechen:

Think alouds als Instrument zur Evaluation von Daten im Fremdsprachenunterricht

> Beim Lauten Denken wird versucht, solche Verzerrungen u. a. [Interpretationen der eigenen Vorgehensweise, Anm. des Autors] zu vermeiden, indem Personen lediglich gebeten werden, ihren fortlaufenden Gedankenstrom auszusprechen, ohne Zusammenhänge oder Erklärungen zu liefern: Gelingt es, dass sich die Personen nur auf das Ausführen der Tätigkeit und nicht auf die Mitteilung ihrer Gedanken konzentrieren, so wird davon ausgegangen, dass nur Inhalte des Arbeitsgedächtnisses mitgeteilt werden. (Heine 2006, https://tinyurl.com/jyxra6g [21. 09. 2017])

10.4 Methoden des dynamischen Testens und Bewertens

Vertreter des DTB wie Guthke, Wiedl, Brown oder Feuerstein (vgl. Poehner 2008, 43 ff.) nennen u. a. folgende Wege, um SchülerInnen die „Lücke(n) zwischen Erreichtem und Noch-Zu-Erreichendem" verständlich zu machen (vgl. auch Stadler 2011a). Die ersten beiden, *Testing the Limits* und *Graduated Prompt*, können als Methoden der Intervention bezeichnet werden, während die Mediierte Lernerfahrung (MLE) eine Methode der Interaktion darstellt.

Methoden dynamischen Testens / Bewertens: *Testing the Limits, Graduated Prompt, Mediated Learning Experience*

- *Testing the Limits*
  Ähnlich wie bei *think aloud*-Protokollen werden LernerInnen angeregt, ihre Probleme in der Planungsphase, bevor sie zur Lösung der Aufgabe schreiten, zu formulieren. „Learners verbalize their reasoning", nennt Poehner (2008, 49) diesen Prozess. Nur so kann der / die LehrerIn Einsichten erhalten, was in den Köpfen der LernerInnen vor sich geht, während sie eine Aufgabe lösen. Ziel ist es, schwache Leistungen zu verbessern oder Leistungsreserven zu erschließen. So können standardisierte Hilfen in einen Test integriert werden, die die Schwierigkeit einzelner Items senken, um auf diese Weise kleinere oder größere Lernfortschritte zu ermöglichen. Von der *Testing the Limits*-Methode profitieren vor allem jene Lernenden, die den Lösungsweg noch nicht vollständig

verstanden oder internalisiert haben. Es profitiert aber auch die Lehrperson, da sie konkret auf die Lern- und Lösungsschwierigkeiten einzelner Lernender aufmerksam gemacht wird.

- *Graduated Prompt*
  Diese Methode ist zunächst bei jedem einzelnen Item anzuwenden: Machen sich Schwierigkeiten bemerkbar, gibt die Lehrperson oder ein *peer* wohldosierte Hilfestellung. Das geschieht zunächst implizit, dann explizit. Anschließend wird überprüft, ob und ab wann dem / der SchülerIn selbstständige (Transfer-)Leistungen möglich sind, indem ähnliche Aufgaben mit vergleichbaren Testfragen zum Einsatz kommen. In der nächsten Aufgabe wird der Schwierigkeitsgrad angehoben und dadurch wird dem Lernenden mehr Eigenständigkeit abverlangt. Auf diese Art und Weise wird überprüft, wie viele Hinweise der / die Lernende benötigt und wie erfolgreich er / sie diese umsetzen kann.
- Mediierte Lernerfahrung (*Mediated Learning Experience*)
  Die Mediierte Lernerfahrung stammt aus der Arbeit mit Kindern mit besonderen Bedürfnissen (z. B. mit Intelligenzbeeinträchtigung) oder aus der Arbeit mit MigrantInnen, die aufgrund ihres anderen kulturellen Hintergrunds mit Lernschwierigkeiten zu kämpfen haben. Aufgabe einer weiteren Lehrperson oder eines Mediators / einer Mediatorin ist es, mittels Mediation dieses „Anderssein" in den Hintergrund rücken zu lassen und nach Wegen zu suchen, jene Schwierigkeiten, die bei der Lösung der Aufgabe aufgrund der Behinderung oder des fremden kulturellen Hintergrunds entstehen, zu kompensieren oder diese aus dem Weg zu räumen. Mediation und direktes Lernen gehen Hand in Hand und ermöglichen so Erfolg. Der / die MediatorIn steht im Zentrum des Lernprozesses und trägt wesentlich zu einer Förderung der Fähigkeiten der Lernenden bei. Die Art der Interaktion zählt mehr als die Intervention.

10.5 Dynamisches Testen und Bewerten in der Schulpraxis

Die hier erläuterten Methoden sind zweifellos zeitaufwändig und schon deshalb für Klassen oder Gruppen mit hohen SchülerInnenzahlen nur bedingt geeignet. Dennoch halten sie uns vor Augen, dass es neben Lerninput und -output auch andere Faktoren zu berücksichtigen gilt. Die Note oder die Punktezahl gibt vielleicht eine Rückmeldung über die Norm, die erreicht oder verfehlt wurde, aber nicht über die Kompetenzen oder Fertigkeiten, die vermittelt wurden und wie sie beherrscht werden. Die drittbeste in der Klasse oder der zweitschwächste zu sein, ist wenig hilfreich, wenn Leistung gehalten oder verbessert werden muss. Anders ausgedrückt: Was sagen Rangordnungen über eine Leistung aus? Wie könnten Motivation, kritisches Denken und Lernstrategien gefördert und in die Leistungsmessung bzw. in das Feedback eingebunden werden?

Im Anschluss werden einige Vorschläge gemacht, die als Vorbereitung für den Einsatz von DTB im Fremdsprachenunterricht gedacht sind und relativ leicht umsetzbar erscheinen:

Vorschläge, DTB in der Schule einzusetzen

- Bewertungsraster mit Deskriptoren zu den einzelnen Noten oder erreichten Punkten den SchülerInnen vor der Leistungsbeurteilung transparent machen
- SchülerInnen öfter individuelles und differenziertes Feedback geben
- SchülerInnen mit *self assessment* (z. B. unter Nutzung des Europäischen Sprachenportfolios) vertraut machen
- SchülerInnen mit *peer assessment* konfrontieren
- SchülerInnen verstehen lassen, welche Kriterien bereits erfüllt wurden und was sie tun können, um das geforderte Kompetenzniveau zu erreichen

DTB soll und muss das Gleiche, aber vielleicht auch mehr leisten (können) als item- oder aufgabenbasiertes Testen. Wie in diesem Kapitel aufgezeigt wurde, braucht es im Grunde beide Testformen, um solide Begründungen für die Bewertung von Schülerperformanzen zu ermöglichen. DTB würde darüber hinaus die Möglichkeit bieten, durch adäquates Feedback Schülerleistungen gezielt zu modifizieren und zu verbessern. Dieses „hohe Potential" des DTB wird auch von Grotjahn (2015, 482) dem *dynamic assessment* im Fremdsprachenunterricht zugeschrieben.

Arbeitsaufträge und Diskussionsfragen

1. Denken Sie an Ihre eigene Schulzeit zurück. Welche Funktion(en) erfüllte Leistungsbewertung für Sie persönlich?
2. Wie können Sie *assessment for learning* in Ihrem (zukünftigen) Fremdsprachenunterricht ergänzend zu *assessment of learning* gezielt einsetzen? Welche Methoden des Dynamischen Testens und Bewertens kommen für Sie in Frage? Machen Sie konkrete Vorschläge.
3. Schätzen Sie im Sinne des *self assessment* Ihre eigene *assessment literacy* im „Europäischen Portfolio für Sprachlehrende in Ausbildung" (Kapitel „Assessment") ein (https://tinyurl.com/44d5w7y [21.09.2017]).

Weiterführende Literatur

Fulcher, G. (2012): „Assessment Literacy". In: *Language Assessment Quarterly* 9, 113–132.
Fulcher widmet sich dem zunehmenden Bedarf an SprachtesterInnen und ihrer „Assessmentkompetenz". Der Artikel beschreibt u. a. ein Forschungsprojekt, das die Schulungserfordernisse für SprachlehrerInnen auslotet. Die Untersuchung bietet neue, empirisch abgeleitete Inhalte für ein längst fälliges Bewertungskompetenzkonzept, das gleichzeitig in der LehrerInnenausbildung und der Materialentwicklung verwendet werden könnte. Ebenso zeigt die Studie methodische Unzulänglichkeiten früherer Umfragen auf und bietet Lösungen an.

Heine, L. & Schramm, K. (2007): „Lautes Denken in der Fremdsprachenforschung: Eine Handreichung für die empirische Praxis". In: Vollmer, H. J. (Hrsg.): *Synergieeffekte in der Fremdsprachenforschung. Empirische Zugänge, Probleme, Ergebnisse*. Frankfurt a. M.: Peter Lang, 167–206.
Der Beitrag befasst sich mit der Datenerhebung durch Laut-Denk-Protokolle und wie sich diese Methode von anderen Arten der Introspektion unterscheidet. Der Fokus liegt einerseits auf den Ent-

scheidungen, die bei der Vorbereitung und der eigentlichen Datenerhebung wirksam werden, und andererseits darauf, wie nonverbale Elemente im Transkriptionsverfahren umgesetzt werden können.

Poehner, M. E. (2014): „Dynamic Assessment in the Classroom". In: Kunnan, A. J. (Hrsg.): *The Companion to Language Assessment* II:6:41. John Wiley & Sons, 677–692.
Der Autor stellt frühere und aktuelle Konzepte des Dynamic Assessment sowie laufende Forschungsarbeiten (u. a. interaktive Mediation bei einem Französisch-Leseverständnistest) und die damit einhergehenden Herausforderungen vor.

Sternberg, R. J. & Grigorenko, E. L. (2002): *Dynamic Testing. The Nature and Measurement of Learning Potential.* Cambridge u. a.: Cambridge University Press.
Das Buch ist in seiner umfassenden Darstellung sämtlicher Ansätze des dynamischen Testens einzigartig. Ziel der AutorInnen ist es, das Konzept des dynamischen Testens vorzustellen. Sie argumentieren, dass beim statischen Testen vergangene Lernerfolge in den Mittelpunkt rücken, und präsentieren Alternativen zu vorherrschenden Tests in den USA, um das Lernerpotential zu fokussieren.

11. Leistungsbewertung im schulischen Kontext

Barbara Hinger

Kann-Beschreibungen

Ich kann

- *assessment literacy* von Fremdsprachenlehrpersonen im Vergleich zu jener von TestexpertInnen einordnen.
- formelle, informelle und *teacher made* Tests unterscheiden.
- Kriterien für kompetenzorientierte Klassen-/Schularbeiten nennen und deren Implikationen erklären.

Leistungsbewertung im schulischen Kontext muss sich an den jeweils geltenden gesetzlichen Vorgaben[51] und an den (Kern-/Rahmen-)Lehrplänen als gesetzliche Grundlage des Unterrichts ausrichten. Diese sind länderspezifisch gefasst und variieren entsprechend – in Deutschland etwa von Bundesland zu Bundesland. Detaillierte Erläuterungen erscheinen hier daher wenig zielführend. Da die fremdsprachenunterrichtlichen Curricula jedoch, wie bereits in Kapitel 2 angesprochen, seit geraumer Zeit – und länderunabhängig – kommunikativ und handlungsorientiert konzipiert sind, wird in Folge auf eine kommunikativ ausgerichtete und an fremdsprachlichen Kompetenzen orientierte Leistungsbewertung im schulischen Kontext Bezug genommen.

Gesetzliche Vorgaben und Lehrpläne bilden die Basis für Leistungsbewertung im Schulunterricht.

Als wesentliche Bezugsdisziplin für die schulische Leistungsbewertung ist zunächst die pädagogische Diagnostik zu nennen, wie sie vor allem Ingenkamp & Lissmann (2008) beschreiben. Innerhalb dieser verweisen die Autoren auf die Schulleistungsdiagnostik, die mündliche und schriftliche Prüfungen ebenso umfasst wie alternative Beurteilungsverfahren (etwa Portfolios und Lernberichte). Als einer der Pioniere der deutschen Bildungsforschung hat Weinert das Thema der Leistungsmessungen in Schulen ebenfalls aufgegriffen und ihm vor allem aufgrund der internationalen Vergleichsmessungen (Stichwort PISA) 2001 einen Sammelband gewidmet, der mittlerweile in 3. Auflage vorliegt (Weinert 2014). Auch wenn beide Werke die fremdsprachliche Leistungsbewertung im schulischen Kontext nicht explizit berücksichtigen, sind grundlegende Annahmen und Aussagen der pädagogischen Diagnostik für diese gültig.

Pädagogische Diagnostik und Sprachtestforschung als wesentliche Bezugswissenschaften der schulischen Leistungsbewertung

Für den fremdsprachlichen Schulkontext ist über diese allgemeine Bezugsdisziplin hinaus die internationale Sprachtestforschung von Bedeutung, selbst wenn diese bislang wenig em-

51 Wie z. B. an den diversen Abiturvorgaben, Standardsicherungen oder fachlichen Hinweisen einzelner Ministerien der Länder in Deutschland oder an der LBVO in Österreich.

pirisch Fundiertes für die schulische Leistungsbewertung bereithält. Der Sprachtestforschung gelingt es wohl aufgrund der enormen Kosten, die weltweit für die Entwicklung formeller Sprachtests aufgewendet werden, und der damit einhergehenden Attraktivität gut dotierter Forschungsprojekte nicht, Studien durchzuführen, die das Bewerten fremdsprachlicher Kompetenzen im schulischen Alltag untersuchen und Einblicke in punktuelle Leistungsfeststellungen sowie in kontinuierliche Bewertungsprozesse von Fremdsprachenlehrpersonen gewähren könnten. Dass die Sprachtestforschung dies seit Längerem zwar erkennt und diskutiert, ändert nichts an der Tatsache, dass der schulische Bereich der Leistungsbewertung und die *assessment literacy* von Lehrpersonen in zahlreichen Fachhandbüchern nach wie vor als Desiderat ausgewiesen wird (vgl. u. a. Green 2014). Angeführt und aufgenommen werden hingegen neuere Ansätze des Sprachentestens wie das in Kapitel 10 beschriebene *dynamic assessment*; es zeigt Möglichkeiten auf, wie Lernschritte in die Bewertung einbezogen werden können und verweist damit auf einen graduellen Bewertungsvorgang, der Prozesse des Lernens in die Bewertung integriert. Die Diskussion über *assessment literacy* von Fremdsprachenlehrpersonen ist aber auch für punktuelle Bewertungen sprachlicher Leistungen von Interesse, denn bestimmte Kriterien des kommunikativen Sprachentestens, auf denen formelle Sprachprüfungen basieren, können und sollen auf den schulischen Kontext übertragen werden. Bevor diese näher beschrieben werden, wird auf das international breit rezipierte prototypische Modell von Taylor (2013) verwiesen, das von einem acht Dimensionen umfassenden *assessment literacy*-Profil ausgeht. Von SprachtestexpertInnen müssen diese zur Gänze erfüllt werden, so die Annahme; für Fremdsprachenlehrpersonen ist es hingegen ausreichend, über unterschiedliche Ausmaße dieser Dimensionen zu verfügen (s. Abb. 1).

Desiderat: Untersuchungen zur Leistungsbewertung im schulischen Alltag

Während für die beiden Personengruppen bezogen auf die Dimension der Fremdsprachendidaktik („language pedagogy") von einem gleich hohen Kenntnisstand ausgegangen wird, ist für Fremdsprachenlehrpersonen ein geringerer Bedarf bezüglich „knowledge of theory", „principles and concept" und „scores and decision making" ausgewiesen. Anzumerken ist, dass das *assessment literacy*-Profil auf Hypothesen einer ExpertInnendiskussion fußt (Taylor 2013, 409) und sich auf keinen konkreten lokalen Kontext stützt. In Zeiten eines Paradigmenwechsels in der schulischen Prüfungskultur sollte jedoch, im Gegensatz zur allgemein gehaltenen Annahme von Taylor, den Bereichen „knowledge of theory" und „principles and concept" höheres Gewicht und eine höhere Bedeutung für Fremdsprachenlehrpersonen zugestanden werden. Diese sollten die angestrebten Veränderungen ja nicht nur verstehen und adäquat nachvollziehen können, sondern sie im Klassenzimmer auch entsprechend umsetzen.

Im deutschsprachigen Raum verweist vor allem Grotjahn (2007, 2008, 2009) darauf, dass Kriterien formeller Sprachentests durchaus für den schulischen Kontext nutzbar gemacht werden können. Er nennt dabei die Gütekriterien der Objektivität, Validität, Praktikabilität sowie Aspekte der Rückkoppelung und Bereiche der Reliabilität, Merkmale also, die sich auf Taylors „knowledge of theory" und „principles and concept"

Übertragbarkeit von Charakteristika formeller Sprachentests auf den schulischen Kontext

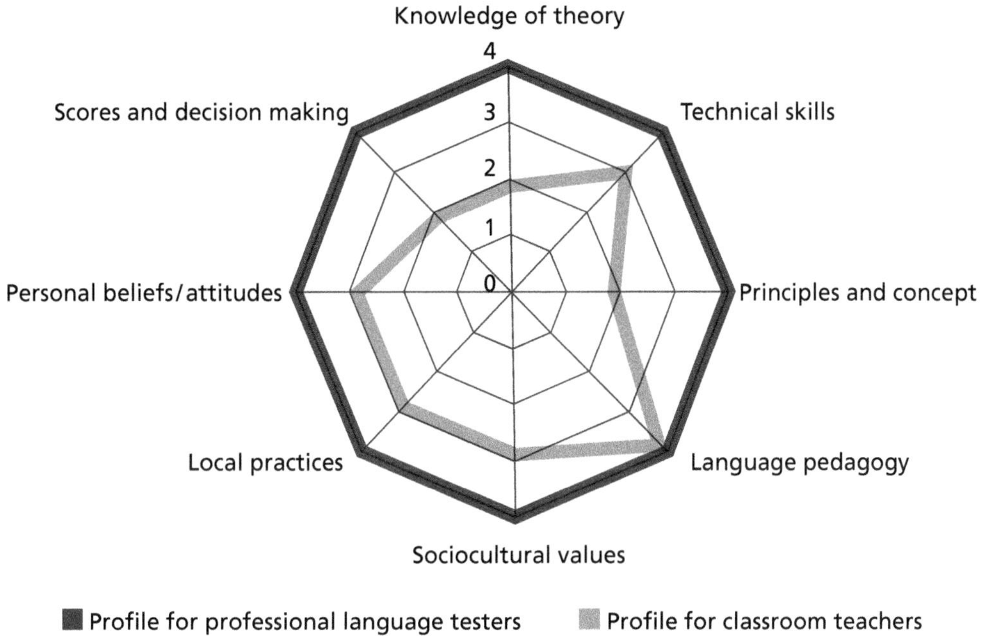

Abb. 1: Unterschiedliche *assessment literacy*-Profile von TestexpertInnen im Vergleich zu Lehrpersonen (vgl. Taylor 2013)

beziehen. Grotjahn begründet dies mit der höheren Transparenz und besseren Nachvollziehbarkeit, die Leistungsbewertung im schulischen Kontext damit erreichen würde (vgl. Abschnitt 4.1). Dazu kann das Übertragen von Merkmalen der Aufgabenkonstruktion und der Aufgabenformate, wie sie in formellen Sprachtests eingesetzt werden, Entscheidendes beitragen.

Bevor diese näher beschrieben werden, seien zunächst Prüfungs- bzw. Testarten unterschieden. Differenziert werden kann zwischen formellen respektive standardisierten Tests, informellen Tests und herkömmlichen Klassen- / Schularbeiten, auch *teacher made tests* genannt: Während letztere als wenig elaboriert gelten und Aufgaben für Klassen- / Schularbeiten von Lehrpersonen meist ad hoc konstruiert werden, zeichnen sich informelle Tests durch das Nutzen von Aufgabenformaten aus, wie sie auch in formellen Tests eingesetzt werden. Formelle Tests durchlaufen wiederum den in Kapitel 5 angeführten Qualitätszirkel und wählen die schließlich eingesetzten Aufgabenformate aufgrund statistischer Berechnungen und standardisierter Verfahren aus. Für informelle Tests trifft dies in bestimmten Fällen ebenfalls zu, ist jedoch keine grundlegende Voraussetzung. Für Klassen- / Schularbeiten kommen aufwändige statistische Berechnungsverfahren aus Gründen der praktischen Durchführung nicht in Frage. Informelle Tests verbindet mit schulischen Prüfungsarbeiten vor allem auch die Tatsache, solche Inhalte zu überprüfen, die sich auf den dem Test voran-

Formelle Tests, informelle Tests und *teacher made tests* unterscheiden sich hinsichtlich ihres Konstruktionsprozesses, ihrer Inhaltsvalidität oder der verwendeten Aufgabenformate.

gegangenen Unterricht beziehen: Damit ist die Inhaltsvalidität von informellen Tests klar definiert und Grotjahn (2008, 164) spricht für den schulischen Kontext folglich von einer curricularen Validität. Er meint dazu:

> Ein Spezialfall der Inhaltsvalidität ist die curriculare Validität, also die Gültigkeit der Aufgaben in Bezug auf einen bestimmten Lehrplan. So wird in Schulleistungstests überprüft, ob die Schülerinnen und Schüler bestimmte Inhalte gelernt und vorgegebene Lernziele erreicht haben.

Diese Form der Validität ist dann gegeben, wenn das jeweils gültige Curriculum mit den durchgeführten Klassen- / Schularbeiten verglichen wird und Übereinstimmung besteht (ebd., vgl. auch Kapitel 4.1). Eine evidenzbasierte Möglichkeit, die curriculare Validität festzustellen, ist die Analyse von Unterrichtsbeobachtungen und der Vergleich ihrer Ergebnisse mit den in einer Lerngruppe oder Klasse verwendeten Klassen- / Schularbeiten, wie es z. B. Hinger (2016b, 176 ff.) im Rahmen einer Fallstudie zeigt.

Während informelle Tests und herkömmliche Klassen- / Schularbeiten also das Kriterium der Inhaltsvalidität respektive der curricularen Validität teilen, nutzen informelle Tests Aufgabenformate, die in formellen Tests eingesetzt werden. Dies ist in herkömmlichen Klassen- / Schularbeiten meist nicht der Fall. Informelle Tests nehmen demnach eine Mittelstellung zwischen formellen Tests und herkömmlichen Klassen- / Schularbeiten ein, die wie folgt dargestellt werden kann (Hinger 2016b, 99):

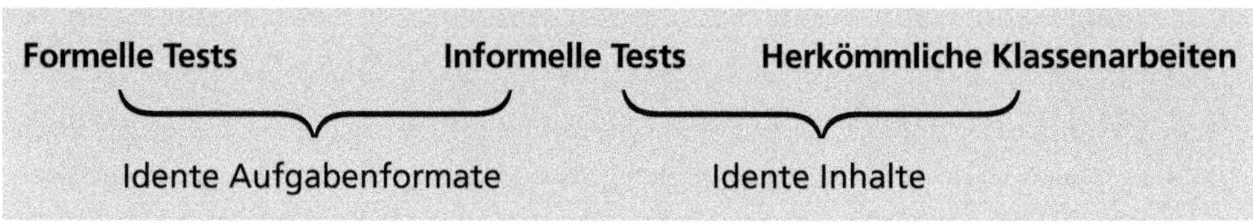

Abb. 2: Übereinstimmungen zwischen formellen/informellen und informellen/herkömmlichen Überprüfungen

Da sich schulische Fremdsprachencurricula mittlerweile am Erreichen kommunikativer Kompetenz orientieren, ist der Fremdsprachenunterricht entsprechend kommunikativ zu gestalten; dies wiederum muss sich in der Feststellung der Zielerreichung, also in der fremdsprachlichen Leistungsüberprüfung, zeigen. In diesem Sinne gehen u. a. Wagner & Werry (2015) von der Notwendigkeit kompetenzorientierter Klassen- / Schularbeiten aus[52], die Aufgabenformate nutzen, wie sie in formellen Sprachtests zur Überprüfung kommunikativer sprachlicher Fertigkeiten eingesetzt werden. In diesem Sinne müssten die in Abb. 2 vorgestellten Überein-

Kommunikativer Unterricht erfordert kommunikatives Überprüfen.

52 Damit ist, den Autoren zufolge, „das immer wieder beklagte Unterrichten zur Testvorbereitung, das sog. *teaching to the test* nicht nur weniger problematisch als häufig angenommen; es ist vielmehr empfehlenswert und notwendig, um die Lerner auf die Bewältigung kommunikativer (Handlungs-)Anforderungen vorzubereiten (vgl. Porsch, Tesch & Köhler 2010)" (Wagner & Werry 2015, 573).

stimmungen zwischen den unterschiedlichen Test- / Prüfungsarten wie folgt modifiziert werden:

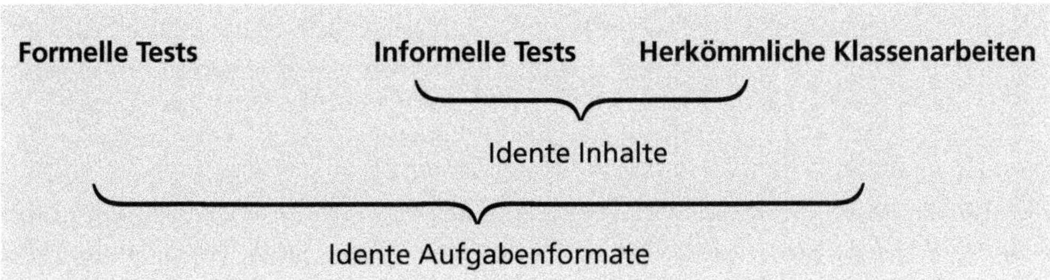

Abb. 3: Übereinstimmungen zwischen formellen, informellen und herkömmlichen Überprüfungen

Kompetenzorientierte Klassen- / Schularbeiten nähern sich also formellen Sprachtests an und erfüllen im Wesentlichen folgende Kriterien (Wagner & Werry 2015, 580 f.):

- Die Aufgaben sind konstrukt- und inhaltsvalide.
- Sie beziehen sich auf realitätsnahe Kontexte.
- Sie lösen sprachliches Handeln aus.
- Sie decken mehrere Fertigkeitsbereiche und deren Subbereiche ab.
- Sie bestehen aus gut konstruierten Items.
- Sie setzen grammatische und lexikalische Kompetenzen voraus, ohne diese explizit messen zu müssen.
- Ihre Bewertung erfolgt objektiv.
- Aufgaben zur Überprüfung der Fertigkeit Schreiben werden kriterien- statt bezugsnormorientiert bewertet.
- Sie orientieren sich an den Bildungsstandards.
- Über den kommunikativen Mehrwert hinaus tragen bestimmte Merkmale solcher Aufgabenformate auch zur Transparenz fremdsprachlicher Leistungsüberprüfungen im schulischen Kontext bei.

In diesem Sinn erscheint es günstig, die in den Kapiteln 6, 7 und 8 beschriebenen Aufgabenformate im Rahmen kompetenzorientierter Klassen- / Schularbeiten zu nutzen[53].

An dieser Stelle soll darüber hinaus die Bedeutung eines konkreten Bereichs, der allen Aufgabenformaten grundgelegt ist, zusammenfassend hervorgehoben werden: Gemeint ist die Anleitung für Prüfungsaufgaben. Neben der „Deutlichkeit und Verstehbarkeit der for-

53 Für Österreich wird 2012 gesetzlich festgelegt, dass als Vorbereitung auf die Reifeprüfung „standardisierte Testformate" (7 Abs. 8a LBVO BGBl. Nr. 371 / 1974 idF BGBl. II Nr. 255 / 2012) eingesetzt werden. „Standardisiert" bezieht sich dabei auf Formate, wie sie in der SRDP genutzt werden, und ist mit dem hier verwendeten Begriff „formell" gleichzusetzen.

mulierten Testaufgaben" (Kieweg 2001, 78) selbst kann auch die Aufgabenanleitung zur Transparenz fremdsprachlicher Leistungsüberprüfungen im schulischen Kontext beitragen[54]. Bestimmte Merkmale der Anleitung einer Prüfungsaufgabe erleichtern es Lernenden, die in Klassen- / Schularbeiten geforderten Aufgabenziele zu erreichen (vgl. u. a. ebd.). Anleihen hierzu können wiederum aus der Sprachtestforschung übernommen werden, in deren Kontext insbesondere Bachman & Palmer (2010) diese als wichtige Charakteristika von modernen Sprachtests bezeichnen. Die Übertragung in den schulischen Kontext kann recht mühelos erfolgen. Grundsätzlich sollen Testanleitungen eine Aufgabe kontextuell einbetten und Lernenden knapp, präzise und einfach erläutern, was von ihnen zur Lösung der Aufgabe erwartet wird; bei geschlossenen und halb-offenen Aufgabenformaten soll darauf hingewiesen werden, in welcher Form die Antworten zu geben sind und ggf. auch, wohin diese – formal gesehen – geschrieben werden sollen. Die Angabe eines adäquaten Beispiels trägt bei geschlossenen und halb-offenen Aufgabenformaten deutlich zur Nachvollziehbarkeit der Anleitung bei (vgl. u. a. Purpura 2004, 115). Offene Aufgabenformate, wie sie zur Überprüfung der Fertigkeiten Sprechen und Schreiben genutzt werden, sollen ebenfalls kontextuell eingebettet sein und sprachhandlungsorientierte Aspekte wie die Nennung der AdressatInnen(gruppen), die Rolle der Lernenden bei der Umsetzung der Aufgabe sowie ggf. zeitliche und örtliche Aspekte angeben. Bei allen Aufgabenformaten ist auf die für die Testanleitung verwendete Sprache zu achten. Diese soll unter dem Sprachniveau liegen, das zu elizitieren beabsichtigt ist. Damit soll gewährleistet werden, dass die Anleitung keine sprachliche Hürde für Lernende darstellt. Die Beachtung des sprachlichen Niveaus gilt auch für die genutzten Items und einen ggf. zur Verfügung gestellten Inputtext, auf den es von Seiten der Lernenden adäquat zu reagieren gilt. Formal gesehen soll sich eine Anleitung von der Aufgabenstellung selbst deutlich abheben, was z. B. durch Fettdruck erreicht werden kann. Als klar und gut nachvollziehbar können nach wie vor die im *Into Europe*[55]-Projekt erarbeiteten Richtlinien für AufgabenerstellerInnen gelten, die für alle sprachlichen Fertigkeiten auch Beispielaufgaben bereitstellen. Die in diesem Buch vorgestellten Aufgabenbeispiele dienen ebenso der Veranschaulichung guter Testanleitungen wie die Aufgabensammlungen zu den Bildungsstandards oder der SRDP (s. Kapitel 6, 7, 8). Insgesamt tragen klar und deutlich formulierte Testanleitungen auch maßgeblich zu einer guten Vergleichbarkeit der geforderten Leistungen bei.

Deutlich und nachvollziehbar formulierte Testanleitungen als Maßnahme für transparentere Leistungsüberprüfungen im schulischen Kontext

Dass Testanleitungen bei herkömmlichen Klassen- / Schularbeiten nicht immer berücksichtigt wurden, zeigen die Ergebnisse einer Fallstudie, in der die schriftlichen Überprüfungen in zwei Spanischklassen im österreichischen Schulkontext im Abstand von zehn Jahren verglichen wurden (Hinger 2015). Die Studie konnte eine deutliche Veränderung bei den verwendeten Aufgabenformaten nachweisen. Während in den schriftlichen Überprüfungen

54 Für den englischsprachigen Raum sei hier exemplarisch auf einen Beitrag von Stiggins (2014) verwiesen, der Nachvollziehbarkeit und Transparenz von Bewertungen aus der Perspektive der Lernenden einfordert.

55 https://tinyurl.com/y7xleh2z (21.09.2017).

aus dem Jahr 1997 typische *teacher made*-Formate wie elementare, wenig gesteuerte Schreibaufträge oder Satzergänzungs- und Lückenaufgaben, die sich nur auf die Satz-, nicht aber auf die Textebene beziehen, genutzt wurden, weisen jene aus dem Jahr 2007 kontextualisierte, gesteuerte Schreibaufträge auf und überprüfen auch grammatisch-lexikalische Sprachbereiche anhand kontextualisierter Formate wie Bemerke-den-Fehler-Aufgaben oder *Cloze*-Formate mit Schüttelkasten. Als Beispiel einer nur rudimentären Anleitung sei auf die folgende in Abb. 4 verwiesen:

2. Subjuntivo, ¿sí o no?

A) Setze ein!

a) Cuando lo ________________(ver, tú), dile que me ______________ (llamar) lo antes posible.

Abb. 4: Satz mit Lücke, Überprüfung des *subjuntivo* in einer Klassenarbeit (Hinger 2015, 216)

Zudem zeigt sich auch bei den überprüften sprachlichen Fertigkeiten eine deutliche Veränderung: Wurden 1997 nur die Fertigkeit Schreiben und die sprachlichen Mittel Grammatik und Wortschatz, jeweils isoliert, überprüft, umfassen die schriftlichen Überprüfungen 2007 auch die rezeptiven Fertigkeiten Hören und Lesen und beziehen Aufgabenformate zur integrierten Überprüfung der sprachlichen Mittel mit ein (ebd., 211). Frötscher (2016, im Druck) kann in umfassenderen Untersuchungen u. a. zeigen, dass Lehrpersonen auf die Einführung der SRDP in Österreich durch die vermehrte Nutzung formeller Testformate reagieren und etwa auch die Überprüfung der rezeptiven Fertigkeiten Hören und Lesen in Schularbeiten einbeziehen, was zuvor nicht der Fall war. Die angeführten Studien verweisen damit darauf, dass das Heranziehen von Aufgabenformaten, wie sie (in-)formelle Sprachtests einsetzen, für den schulischen Kontext auch umgesetzt wird. Zielführend erscheint dies, wie bereits oben angesprochen, insofern, als diese Aufgabenformate den Anforderungen kommunikativen Überprüfens fremdsprachlicher Leistungen deutlich gerechter werden als herkömmliche Formate.

Gezeigt werden konnte zudem, dass im schulischen Kontext genutzte (in-)formelle Aufgabenformate mehr Aspekte adäquater Testanleitungen aufweisen als herkömmliche Aufgabenformate, und zwar auch dann, wenn beide Formattypen von derselben Lehrperson erstellt und eingesetzt werden (Hinger 2016b, 148 ff., Hinger 2016c). Daraus kann u. a. geschlossen werden, dass die Verwendung herkömmlicher Formate Lehrpersonen dazu zu verleiten scheint, einem traditionellen Paradigma schulischer Leistungsüberprüfung verhaftet zu bleiben, in dem wenig(er) Wert auf klare und deutlich formulierte Prüfungsanleitungen gelegt wird, als dies beim Einsatz (in-)formeller Formate der Fall ist. Die von Kieweg (2001, 78) ins Treffen geführte Beobachtung, dass die „scheinbar triviale Forderung [nach adäquaten Anleitungen] nicht immer beachtet" wird, wird damit leider bestätigt (s. dazu auch Frötscher 2016, im Druck).

Wie von Wagner & Werry (2015, s. oben) angeführt, sollen kompetenzorientierte Klassen- / Schularbeiten auch bestimmte Bewertungsanforderungen erfüllen, die z. T. in den österreichischen und deutschen (Rahmen-)Lehrplänen angeführt sind (vgl. Stadler 2016a, 80). Ingenkamp & Lissmann (2008, 172) sprechen in diesem Zusammenhang vom „Maß erreichbarer Objektivität", das in (in-)formellen Sprachtests eher gegeben scheint als in herkömmlichen Klassen- / Schularbeiten. Aber auch hier kann der Einsatz (in-)formeller Aufgabenformate von Nutzen sein und im schulischen Kontext die Bewertungsobjektivität erhöhen oder zur Gänze garantieren. So ist bei geschlossenen Aufgabenformaten, die Antwortoptionen vorgeben, nur eine korrekte Antwort erlauben und damit dichotom bewertet werden, eine objektive Auswertung gegeben, wobei die Verwendung eines parallel zur Aufgabenkonstruktion erstellten Lösungsschlüssels deutlich zur Auswertungsobjektivität beiträgt. Halboffene Aufgabenformate verlangen einen Lösungsschlüssel, der um jene Antworten zu ergänzen ist, die sich bei der Korrektur als weitere akzeptable Lösungen erweisen. Offene Aufgabenformate, wie bei der Überprüfung der produktiven Fertigkeiten Sprechen und Schreiben üblich, lassen hingegen auch subjektive Bewertungen zu. Dem kann und soll durch die Verwendung eines adäquaten Bewertungsrasters entgegengewirkt werden, auch wenn dessen Interpretation notgedrungen subjektiven Faktoren unterliegt (s. dazu Abschnitt 7.3, auch Arras 2009, 174–176; Grotjahn 2008, 163). Dass Lehrpersonen um Intrarater-Reliabilität bemüht sein sollen, um konsistente Bewertungen zu gewährleisten, wurde in Abschnitt 4.1.2 knapp beschrieben. Werden Klassen- / Schularbeiten von Lehrpersonen im Team erstellt (s. Abschnitt 4.1.2 und 9.2), sollte eine gemeinsame Bewertung ins Auge gefasst und dabei auf die Interrater-Reliabilität geachtet werden. Bewertungsraster sind entsprechend kompetenz- und kriterienorientiert auszurichten, was eine Anlehnung an GeR-Deskriptoren nahelegt. Insgesamt sollten Bewertungen nicht normorientiert sein und an der Bezugsgruppe festgemacht werden, sondern kriterienorientiert und an fremdsprachlichen Kompetenzen ausgerichtet sein. Die Festlegung von Test- oder Prüfspezifikationen (s. Abschnitt 5.3), wenn möglich gemeinsam im Fachkollegium durchgeführt, erleichtert das Einbeziehen der verschiedenen sprachlichen Fertigkeiten in die Überprüfungen eines gesamten Schuljahres, fördert ebenfalls die Transparenz der Leistungsfeststellung für Lernende und auch Eltern und wirkt ad hoc und damit meist wenig elaborierten Erstellungen von Klassen- / Schularbeiten entgegen.

Einsatz von Lösungsschlüsseln und Bewertungsrastern zur Erhöhung der Bewertungsobjektivität

Fremdsprachenlehrpersonen sei für die punktuelle Leistungsfeststellung im schulischen Kontext aus all den genannten Gründen die Nutzung (in-)formeller Aufgabenformate für Klassen- / Schularbeiten[56] und Vergleichsarbeiten[57] ans Herz gelegt. Für die kontinuierliche und formative Leistungsbewertung können Fremdsprachenlehrpersonen auf weit verbreitete – und hier daher nicht weiter beschriebene – Instrumente, wie Portfolios im Allgemeinen und das Europäische Sprachenportfolio (ESP) im Besonderen, Lerntagebücher, Selbst- und *peer*-Evaluierungsverfahren, vertrauen. Wie punktuelle und kontinuierliche Bewertungen

56 Ein Leitfaden zur Erstellung von Schularbeiten (BMUKK 2013) gibt hier konkrete Hinweise.

57 Vgl. dazu insbesondere Vergleichsarbeiten – VERA: https://tinyurl.com/zlvg3qx; s. auch DESI: https://tinyurl.com/ydbcrwzu, sowie. https://tinyurl.com/yc575gck (21. 09. 2017).

Möglichkeiten der formativen Bewertung: Portfolios, Lerntagebücher, Selbst- und *peer*-Evaluierungsverfahren etc.

fremdsprachlicher Kompetenzen zusammenspielen und einander ergänzen oder welche Wirksamkeit sie für fremdsprachliche Lern- und Erwerbsprozesse entfalten können, kann aktuell nicht beantwortet werden. Vielmehr muss nach wie vor mit Rea-Dickens (2008, 266) und Fulcher (2012, 117) darauf verwiesen werden, dass die Erforschung des *classroom-based assessment* noch immer in den Kinderschuhen steckt. Um hier Licht in die komplexen schulischen Realitäten zu bringen, scheinen Ansätze der Aktionsforschung und des *design based research* geeignet, da sie in der Lage wären, ForscherInnen und PraktikerInnen zusammenzubringen. Diese Perspektive wird im Moment z. B. von der Fremdsprachenforschung begünstigt, um das nach wie vor bestehende Forschungsdesiderat bezüglich des „real stattfindenden Fremdsprachenunterricht[s]“ (Riemer 2007, 34) zu verringern. Damit könnte auch der u. a. von Harsch (2015, 498) konstatierten „neuen Evaluationskultur“, die sie in „über zehn Jahren empirisch[er fundierter] externer Evaluation“ feststellt, ein empirisch begleitetes Voranschreiten schul- / klassenzimmer- / lerngruppeninterner Evaluation zur Seite gestellt werden, das von der Kooperation zwischen in Forschung und Schulpraxis tätigen Personen getragen wäre. Zu berücksichtigen wären dabei u. a. Faktoren wie *language anxiety* oder Sprachangst, die sich in nicht unwesentlichem Ausmaß auf die Angst vor Sprachprüfungen beziehen, wie u. a. Horwitz et al. (1986) bereits seit Längerem betonen; gezeigt werden könnte eventuell, dass transparent und nachvollziehbar gestaltete Aufgaben und Anleitungen dazu beitragen, Sprachangst zu reduzieren, und dass durch adäquat gestaltete Prüfungen die erst vor Kurzem ins Licht der Aufmerksamkeit gerückte *language enjoyment* (Dewaele & MacIntyre 2014) möglicherweise erhöht werden kann.

Arbeitsaufträge und Diskussionsfragen

1. Welche Aufgabenformate nutzen Sie zur Überprüfung fremdsprachlicher Kompetenzen in Klassen- / Schularbeiten? Entsprechen diese eher herkömmlichen Prüfungsarten oder enthalten Sie Merkmale kommunikativer Sprachentests? Wenn Letzteres zutrifft, um welche Merkmale handelt es sich dabei?
2. Tauschen Sie sich mit KollegInnen über Ihre Expertise und Ihr Fachwissen hinsichtlich *assessment literacy* aus. Orten Sie in einem der im Kollegium angesprochenen Bereiche Nachholbedarf? Wenn ja, welche Fortbildungsmöglichkeiten kennen Sie?
3. Diskutieren Sie mit KollegInnen die Möglichkeit eines Forschungsprojekts zur Weiterentwicklung kompetenzorientierter Leistungsfeststellung an Ihrer Schule. Wie könnte ein solches umgesetzt werden?

Weiterführende Literatur

Wagner, E. & Werry, H. (2015): „Kompetenzorientierter Fremdsprachenunterricht: neue Formen der Leistungsmessung in Klassenarbeiten und ihre Wirkung auf den Unterricht". In: Böcker, J. & Stauch, A. (Hrsg.), 569–592.
Der Beitrag beschreibt den Nutzen kompetenzorientierter schriftlicher Leistungsfeststellungen für den schulischen Kontext und verbindet die in Deutschland geltenden Anforderungen geschickt mit Erkenntnissen der internationalen Sprachtestforschung.

Stiggins, R. J. (2014): „Improve Assessment Literacy Outside of Schools Too". In: *Phi Delta Kappan* 96 (2), 42–48.
Ein knapper, lesenswerter Einblick in US-amerikanische Testentwicklungen im schulischen Kontext, die insbesondere aus der Perspektive von SchülerInnen diskutiert und erläutert werden.

Literaturverzeichnis

Aitchison, J. ([4]2012): *Words in the Mind: An Introduction to the Mental Lexicon*. Chichester: Wiley-Blackwell.

Alderson, J. Ch. (1990a): „Testing Reading Comprehension Skills (Part One)". In: *Reading in a Foreign Language* 6 (2), 425–438.

Alderson, J. Ch. (1990b): „Testing Reading Comprehension Skills (Part Two)". In: *Reading in a Foreign Language* 7 (1), 465–503.

Alderson, J. Ch. (1991): „Bands and Scores". In: Alderson, J. Ch. & North, B. (Hrsg.): *Language Testing in the 1990s*. London: Macmillan, 71–86.

Alderson, J. Ch. ([5]2005a): *Assessing Reading*. Cambridge: Cambridge University Press.

Alderson, J. Ch. (2005b): *Diagnosing Language Proficiency. The Interface between Learning and Assessment*. London, New York: Continuum.

Alderson, J. Ch. (2007): „The CEFR and the Need for More Research". In: *The Modern Language Journal* 91 (5), 659–663.

Alderson, J. Ch. & Bachman, L. F. (2002): „Series Editors' Preface". In: Weigle, S.: *Assessing Writing*. Cambridge: Cambridge University Press, x–xi.

Alderson, J. Ch., Clapham, C. & Wall, D. (1995): „Validation". In: *Language Test Construction and Evaluation*. Cambridge: Cambridge University Press, 170–196.

Alderson, J. Ch. & Cseresznyés, M. (2003): *Into Europe – Prepare for Modern English Exams: Reading and Use of English*. Budapest: Teleki Lazlo Foundation. Online: https://tinyurl.com/ydcn6slo (21.09.2017).

Alderson, J. Ch. & Wall, D. (1993): „Does Washback Exist?" In: *Applied Linguistics* 14 (2), 115–129.

ALTE-Association of Language Testers in Europe (2005): *Handreichungen für Testautoren – Vorwort, Modul 1, Modul 2, Modul 3, Modul 4*. Online: https://tinyurl.com/yagma5u2 (21.09.2017).

Amann Marín, S. et al. (2015): *Perspectivas Austria B1. Lehr- und Arbeitsbuch*. Linz: Veritas.

Antón, M. (2016): „Dynamic Assessment". In: Fulcher, G. & Davidson, F. (Hrsg.), 106–119.

Arbeitsgruppe Prüfungskultur des Projekts IMST (2008): *Prüfungskultur. Leistung und Bewertung (in) der Schule*. Spittal a. d. Drau, Villach: Kreine.

Arras, U. (2007): *Wie beurteilen wir Leistungen in der Fremdsprache? Strategien und Prozesse bei der Beurteilung schriftlicher Leistungen in der Fremdsprache am Beispiel der Prüfung Test Deutsch als Fremdsprache (TestDaF)*. Tübingen: Narr.

Arras, U. (2009): „Subjektive Theorien als Faktor bei der Beurteilung fremdsprachlicher Kompetenzen". In: Berndt, A. & Kleppin, K. (Hrsg.): *Sprachlehrforschung: Theorie und Empirie. Festschrift für Rüdiger Grotjahn*. Frankfurt a. M.: Peter Lang, 169–179.

Bachman, L. F. (1990). *Fundamental Considerations in Language Testing*. Oxford: Oxford University Press.

Bachman, L. F. & Palmer, A. S. (1996): *Language Testing in Practice: Designing and Developing Useful Language Tests*. Oxford: Oxford University Press.

Bachman, L. F. & Palmer, A. S. (2010): *Language Assessment in Practice*. Oxford: Oxford University Press.

Bailey, K. M. (1996): „Working for Washback: A Review of the Washback Concept in Language Testing". In: *Language Testing* 13, 257–279.

Barker, F. (2016): „The English Profile Programm 10 years on“. In: *Cambridge English: Research Notes* 63, 33–35.

Barriga Rubio, A. (2006): „Vida Sana“. In: *Tecla. Revista de la consejería en educación del Reino Unido e Irlanda* 2 (2006), 1.

Bartning, I. & Schlyter, S. (2004): „Itinéraires acquisitionnels et stades de développement en français L2“. In: *French Language Studies* 14, 281–299.

Bauer, F. & Kolesnik-Eigentler, M. (2013): *Auf dem Weg zur neuen Reifeprüfung Russisch. Aufgaben und Übungsbeispiele zur Vorbereitung auf die neue Matura.* Eisenstadt: Weber.

Baur, R. & Mashkovskaya, A. (2015): „C-Test Kritik *reviewed*“. In: Böcker, J. & Stauch, A. (Hrsg.), 435–448.

Bausch, K.-R. & Kleppin, K. (2016): „Prozesse schriftlicher Fehlerkorrektur“. In: Burwitz-Melzer, E., Mehlhorn, G., Riemer, C., Bausch, K.-R. & Krumm, H.-J. (Hrsg.), 407–411.

Bausch, K.-R., Christ, H., Königs, F. G. & Krumm, H.-J. (2003): *Der Gemeinsame europäische Referenzrahmen für Sprachen in der Diskussion. Arbeitspapiere der 22. Frühjahrskonferenz zur Erforschung des Fremdsprachenunterrichts.* Tübingen: Narr.

Beck, B. & Klieme, E. (Hrsg.) (2007): *Sprachliche Kompetenzen. Konzepte und Messung. DESI-Studie (Deutsch Englisch Schülerleistungen International).* Weinheim, Basel: Beltz.

Beer, R. (2006): „Standards und Leistungsbeurteilung. Bedeutung und grundlegende Funktionen“. In: *ide* 4, 52–63. Online: https://tinyurl.com/y9scpvac (21.09.2017).

Beglar, D. & Nation, P. (2014): „Assessing Vocabulary“. In: Kunnan, A. J. (Hrsg.): *The Companion to Language Assessment* I:2:13. John Wiley & Sons, 172–184 (Online: 1–13).

BIFIE-Bundesinstitut für Bildungsforschung, Innovation und Entwicklung (2011): *Praxishandbuch. Bildungsstandards für Fremdsprachen (Englisch) 8. Schulstufe.* Online: https://tinyurl.com/y93wx5bj (21.09.2017).

BIFIE-Bundesinstitut für Bildungsforschung, Innovation und Entwicklung (2012): *Beurteilungsdimension „Qualität in der Zielsprache“.* Online: https://tinyurl.com/zrfshrb (21.09.2017).

BIFIE-Bundesinstitut für Bildungsforschung, Innovation und Entwicklung (2013): *Standardisierte kompetenzorientierte Reifeprüfung. Reife- und Diplomprüfung. Grundlagen – Entwicklung – Implementierung.* Online: https://tinyurl.com/za8pzkc (21.09.2017).

BIFIE-Bundesinstitut für Bildungsforschung, Innovation und Entwicklung (2014a): *Kompetenzmodell für die Standardisierte Kompetenzorientierte Reifeprüfung (schriftlich) aus Latein (vier- und sechsjährig).* Online: https://tinyurl.com/zzosls6 (21.09.2017).

BIFIE-Bundesinstitut für Bildungsforschung, Innovation und Entwicklung (2014b): *Mindeststandards für die schriftliche Reifeprüfung aus Griechisch und Latein.* Online: https://tinyurl.com/h70ba46 (21.09.2017).

BIFIE-Bundesinstitut für Bildungsforschung, Innovation und Entwicklung & UIBK (2014): *Beurteilungsraster B1 und Begleittext.* Online: https://tinyurl.com/zcd8qes (21.09.2017).

BMB-Bundesministerium für Bildung (2017): *Lehrplan Höhere Lehranstalt für wirtschaftliche Berufe.* Online: https://tinyurl.com/yb5u92mw (21.09.2017).

BMBF-Bundesministerium für Bildung und Frauen (2013): *Die kompetenzorientierte Reifeprüfung: Lebende Fremdsprachen: Richtlinien und Beispiele für Themenpool und Prüfungsaufgaben.* Online: https://tinyurl.com/jp3yjtf (21.09.2017).

BMBF-Bundesministerium für Bildung und Frauen (2016): *Die kompetenzorientierte Reifeprüfung. Vorwissenschaftliche Arbeit. Unverbindliche Handreichung für das Prüfungsgebiet „vorwissenschaftliche Arbeit“ (VWA).* Online: https://tinyurl.com/hzmw5uj (21.09.2017).

BMBWK-Bundesministerium für Bildung, Wissenschaft und Kunst (2004): *Österreichischer Lehrplan AHS Oberstufe Lebende Fremdsprachen.* Online: https://tinyurl.com/y9cnpdwt (21.09.2017).
BMBWK-Bundesministerium für Bildung, Wissenschaft und Kunst (2006): *Österreichischer Lehrplan AHS Unterstufe Lebende Fremdsprachen.* Online: https://tinyurl.com/ydafmxmt (21.09.2017).
BMUKK-Bundesministerium für Unterricht, Kunst und Kultur (Hrsg.) (2013): *Der Weg zur kompetenzorientierten Reifeprüfung. Leitfaden zur Erstellung von Schularbeiten in der Sekundarstufe 2 – AHS. Lebende Fremdsprachen Englisch, Französisch, Italienisch, Spanisch, Russisch.* Wien.
BMUKK-Bundesministerium für Unterricht, Kunst und Kultur & BMWF-Bundesministerium für Wissenschaft und Forschung (2008): *Länderbericht. Sprach- und Sprachunterrichtspolitik in Österreich: Ist-Stand und Schwerpunkte.* Online: https://tinyurl.com/y7zaox9b (21.09.2017).
Böcker, J. & Stauch, A. (Hrsg.) (2015): *Konzepte aus der Sprachlehrforschung – Impulse für die Praxis. Festschrift für Karin Kleppin.* Frankfurt a. M.: Peter Lang.
Brindley, G. (2001): „Language Assessment and Professional Development". In: Elder, C. et al. (Hrsg.): *Experimenting with Uncertainty. Essays in Honour of Alan Davies.* Cambridge: Cambridge University Press, 126–136.
Brown, A. (2003): „Interviewer Variation and the Co-Construction of Speaking Proficiency". In: *Language Testing* 20 (1), 1–25.
Brown, J. D. & Hudson, T. (2002): *Criterion Referenced Language Testing.* Cambridge: Cambridge University Press.
Buck, G. (⁹2010): *Assessing Listening.* Cambridge: Cambridge University Press.
Burkard, T. & Schauer, M. (²2005): *Lehrbuch der lateinischen Syntax und Semantik.* Darmstadt: Wissenschaftliche Buchgesellschaft.
Burwitz-Melzer, E., Mehlhorn, G., Riemer, C., Bausch, K.-R. & Krumm, H.-J. (Hrsg.) (2016): *Handbuch Fremdsprachenunterricht.* 6. völlig überarbeitete und erweiterte Auflage. Tübingen: A. Francke Verlag.
Bygate, M. (1987): *Speaking.* Oxford: Oxford University Press.
Canale, M. (1983): „From Communicative Competence to Communicative Language Pedagogy". In: Richards, J. C. & Schmidt, R. W. (Hrsg.): *Language and Communication.* London, New York: Longman, 2–28.
Canale, M. & Swain, M. (1980): „Theoretical Basis of Communicative Approaches to Second Language Teaching and Testing". In: *Applied Linguistics* 1, 1–47.
Capel, A. (2015): „The English Vocabulary Profile". In: Harrison, J. & Barker, F. (Hrsg.): *English Profile in Practice.* Cambridge: Cambridge University Press, 9–27.
Carey, M. D., Mannell, R. H. & Dunn, P. K. (2011): „Does a Rater's Familiarity with a Candidate's Pronunciation Affect the Rating in Oral Proficiency Interviews?" In: *Language Testing* 28 (2), 201–219.
Carr, N. T. (2011): „Validation". In: Carr, N. T.: *Designing and Analyzing Language.* Oxford Handbooks for Language Teachers. Oxford: Oxford University Press, 151–163.
Carter, R. & McCarthy, M. (2006): *Cambridge Grammar of English. A Comprehensive Guide: Spoken and Written English Grammar and Usage.* Cambridge: Cambridge University Press.
Chapelle, C. A. (2016): „Conceptions of Validity". In: Fulcher, G. & Davidson, F. (Hrsg.), 21–33.
Charge, N. & Taylor, L. (1997): „Recent Developments in IELTS". In: *ELT Journal* 51, 374–380.
Charney, D. (1984): „The Validity of Using Holistic Scoring to Evaluate Writing: A Critical Overview". In: *Research in the Teaching of English* 18, 65–81.
Cheng, L. (2005): *Changing Language Teaching through Language Testing: A Washback Study.* Cambridge: Cambridge University Press.

Cheng, L. (²2008): „Washback, Impact and Consequences“. In: Hornberger, N. & Shohamy, E. (Hrsg.), 349–364.
Cheng, L., Watanabe, Y. & Curtis, A. (Hrsg.) (2004): *Washback in Language Testing: Research Contexts and Methods*. Mahwah, NJ: Lawrence Erlbaum Associates.
Cizek, G. J. (2012): „Defining and Distinguishing Validity: Interpretations of Score Meaning and Justification of Test Use“. In: *Psychological Methods* 17 (1), 31–43.
Cizek, G. J. & Bunch, M. (2007): *Standard Setting: A Guide to Establishing and Evaluating Performance Standards on Tests*. London: Sage Publications.
Corder, S. P. (1967): „The Significance of Learner's Errors“. In: *International Review of Applied Linguistics* V (4), 161–170.
Council of Europe (2009): *Relating Language Examinations to the Common European Framework of Reference for Languages: Learning, Teaching, Assessment (CEFR): A Manual*. Strasbourg: Council of Europe Language Policy Division.
Council of Europe (2017): *Common European Framework of Reference for Languages: Learning, Teaching, Assessment. Companion Volume with New Descriptors*. Provisional Edition. Online: https://tinyurl.com/y9roxgnc (21.09.2017).
Council of Europe & ALTE (2011): *Manual for Language Test Development and Examining: For Use with the CEFR*. Strasbourg: Council of Europe.
Csépes, I. & Együd, G. (2005): *Into Europe – Prepare for Modern English Exams: The Speaking Handbook*. Budapest: Teleki Lazlo Foundation. Online: https://tinyurl.com/y8egyoyv (21.09.2017).
Cumming, A. (2014): „Assessing Integrated Skills“. In: Kunnan, A. J. (Hrsg.): *The Companion to Language Assessment* I:2:13. John Wiley & Sons, 216–229 (Online: 1–14).
Davidson, F. & Lynch, B. K. (2002): *Testcraft: A Teacher's Guide to Writing and Using Language Test Specifications*. New Haven: Yale University Press.
Davies, A. (2008): „Textbook Trends in Teaching Language Testing“. In: *Language Testing* 25 (3), 327–347.
Davies, A. (2014): „Fifty Years of Language Assessment“. In: Kunnan, A. J. (Hrsg.): *The Companion to Language Assessment* I:1:1. John Wiley & Sons, 1–19.
Davies, M. (2006): *A Frequency Dictionary of Spanish: Core Vocabulary for Learners*. London, New York: Routledge.
DeLuca, C. & Klinger, D. A. (2010): „Assessment Literacy Development: Identifying Gaps in Teacher Candidates' Learning“. In: *Assessment in Education: Principles, Policy & Practice* 17 (4), 419–438.
Dewaele, J.-M. & MacIntyre, P. D. (2014): „The Two Faces of Janus? Anxiety and Enjoyment in the Foreign Language Classroom“. In: *Studies in Second Language Learning and Teaching* 4, 237–274.
Diehl, E., Pistorius, H. & Fayolle Dietl, A. (2002): „Grammatikerwerb im Fremdsprachenunterricht – ein Widerspruch in sich?“ In: Börner, W. & Vogel, K. (Hrsg.): *Grammatik und Fremdsprachenerwerb. Kognitive, psycholinguistische und erwerbstheoretische Perspektiven*. Tübingen: Narr, 143–163.
Diehl, E., Studer, Th., Christen, H., Leuenberger, S. & Pevat, I. (2000): *Grammatikunterricht – Alles für der Katz? Untersuchungen zum Zweitsprachenerwerb Deutsch*. Tübingen: Niemeyer.
Dietz, G. (2013): „Inhalts- und Formfokussierung beim fremdsprachlichen Hörverstehen“. In: *gfl-journal* 2, 21–43.
Dlaska, A. & Krekeler, Ch. (2009): *Sprachtests. Leistungsbeurteilungen im Fremdsprachenunterricht evaluieren und verbessern*. Baltmannsweiler: Schneider.
Doepner, T. (²2011): „Interpretation“. In: Keip, M. & Doepner, T. (Hrsg.): *Interaktive Fachdidaktik Latein*. Göttingen: Vandenhoeck & Ruprecht, 113–145.

Dörnyei, Zoltan (1994): „Motivation and Motivating in the Foreign Language Classroom". In: *The Modern Language Journal* 78 (3), 273–284.
Douglas, D. (2010): *Understanding Language Testing*. London: Hodder Education.
Downing, S. M. (2006): „Twelve Steps for Effective Test Development". In: Downing, S. M. & Haladyna, T. M. (Hrsg.): *Handbook of Test Development*. New Jersey: Lawrence Erlbaum Associates, 3–26.
Drackert, A. (2015): *Validating Language Proficiency Assessments in Second Language Acquisition Research*. Frankfurt a. M.: Peter Lang.
Drackert, A. & Stadler, W. (2017): „Die Leistungsbeurteilungskompetenz von Russischlehrkräften in den DACHS-Ländern: Zwischen Status Quo und aktuellen Bedürfnissen". In: *Zeitschrift für Fremdsprachenforschung* (ZFF) 28 (2), 233–258.
Du Bois, J. W. (2003): „Discourse and Grammar". In: Tomasello. M. (Hrsg.): *The New Psychology of Language: Cognitive and Functional Approaches to Language Structure*. Vol. 2. London: Erlbaum, 47–87.
Eberharter, K., Zehentner, M. & Spöttl, C. (2017): „Die Entwicklung illustrativer mündlicher und schriftlicher Performanzen für die SR(D)P Englisch". In: Dalton-Puffer, Ch., Boeckmann, K.-B. & Hinger, B. (Hrsg.): *Symposium Sprachlehr / lernforschung in Österreich – 10 Jahre ÖGSD*. ÖGSD Tagungsberichte Vol. 2.1., 108–111.
Eckes, Th. (²2015a): *Introduction to Many-facet Rasch Measurement: Analyzing and Evaluating Rater-mediated Assessments*. Frankfurt a. M. u. a.: Peter Lang.
Eckes, Th. (2015b): „Validität: Flexionen eines polymorphen Konzepts". In: Böcker, J. & Stauch, A. (Hrsg.), 449–468.
Ellis, R. (1989): „Are Classroom and Naturalistic Acquisition the Same? A Study of the Classroom Acquisition of German Word Order Rules". In: *Studies in Second Language Acquisition* 11, 305–328.
Engel, U. (1988): *Deutsche Grammatik*. Heidelberg: Julius Groos.
Enright, M. K. & Quinlan, T. (2010): „Complementing Human Judgment of Essays Written by English Language Learners with E-rater® Scoring". In: *Language Testing* 27 (3), 317–334.
ETS-Educational Testing Services (2004): *iBT / Next Generation TOEFL Test. Integrated Writing Rubrics (Scoring Standards)*. Online: https://tinyurl.com/pbvoxkb (21. 09. 2017).
ETS-Educational Testing Service (2010): *TOEFL iBT TM Research. Test Framework and Test Development*. Online: https://tinyurl.com/yasv5wrq (21. 09. 2017).
Europarat (2001): *Gemeinsamer europäischer Referenzrahmen für Sprachen: Lernen, lehren, beurteilen*. Berlin u. a.: Langenscheidt.
Field, J. (2009): *Listening in the Language Classroom*. Cambridge: Cambridge University Press.
Field, J. (2011): „Cognitive Validity". In: Taylor, L. (Hrsg.), 65–111.
Florian, L. (2015): *Heimliche Strategien. Wie übersetzen Schülerinnen und Schüler?* Göttingen: Vandenhoeck & Ruprecht.
Fox, J. (2004): „Biasing for the Best in Language Testing and Learning: An Interview With Merrill Swain". In: *Language Assessment Quarterly* 1 (4), 235–251.
Freinbichler, W., Glatz, P. & Schaffenrath, F. (2015): *Grundsätze des Korrektursystems zur schriftlichen Reifeprüfung in Griechisch und Latein*. Online: https://tinyurl.com/z44objv (21. 09. 2017).
Frötscher, D. (2016): „A New National Exam: A Case of Washback". In: Tsagari, D. & Banerjee, J. (Hrsg.), 61–81.
Frötscher, D. (im Druck): „Matura Washback on The Classroom Testing of Reading". In: Sigott, G. (Hrsg.): *Language Testing in Austria*. Frankfurt a. M.: Peter Lang.
Fulcher, G. (2003): *Testing Second Language Speaking*. London: Pearson.

Fulcher, G. (2004a): „Are Europe's Tests Being Built on an 'Unsafe' Framework?" In: *Guardian* (18.03.2004).
Fulcher, G. (2004b): „Deluded by Artifices? The Common European Framework and Harmonization". In: *Language Assessment Quarterly* 1 (4), 253–266.
Fulcher, G. (2010): „Introducing Reliability". In: Fulcher, G.: *Practical Language Testing*. London: Hodder Education, 46–59.
Fulcher, G. (2012): „Assessment Literacy". In: *Language Assessment Quarterly* 9, 113–132.
Fulcher, G. (2014): „Language Testing and Philosophy". In: Kunnan, A. J. (Hrsg.): *The Companion to Language Testing* III:12:85. John Wiley & Sons, 1431–1451 (Online: 1–19).
Fulcher, G. (2016): „Standards and Frameworks". In: Tsagari, D. & Banerjee, J. (Hrsg.), 29–44.
Fulcher, G. & Davidson, F. (2007): „The Common European Framework of Reference (CEFR) and the Design of Language Tests: A Matter of Effect". In: *Language Teaching* 40, 231–241.
Fulcher, G. & Davidson, F. (2009): „Test Architecture, Test Retrofit". In: *Language Testing* 26 (1), 123–144.
Fulcher, G. & Davidson, F. (Hrsg.) (2016): *The Routledge Handbook of Language Testing*. London, New York: Routledge.
Funk, H. & König, M. (2011): *Lextra – Deutsch als Fremdsprache – Verblexikon: A1–B2 – Deutsche Verben: Konjugationswörterbuch*. Berlin: Cornelsen.
Galaczi, E. (2008): „Peer-Peer Interaction in a Speaking Test: The Case of the First Certificate in English Examination". In: *Language Assesment Quarterly* 5 (2), 89–119.
Galaczi, E. & ffrench, A. (2011): „Context Validity". In: Taylor, L. (Hrsg.), 112–170.
Gasparov, M. L. (1971): „Brjusov i bukvalizm (Po neizdannym materialam k perevodu „Ėneidy")". In: *Masterstvo perevoda* 8, 88–128.
Glücklich, H.-J. (1978): *Lateinunterricht. Didaktik und Methodik*. Göttingen: Vandenhoeck & Ruprecht.
Goo, J., Granena, G., Yilmaz, Y. & Novella, M. (2015): „Implicit and Explicit Instruction in L2 Learning: Norris & Ortega (2000) Revisited and Updated". In: Rebuschat, P. (Hrsg.): *Implicit and Explicit Learning of Languages*. Amsterdam: John Benjamins, 443–482.
Grabe, W. (1991): „Current Developments in Second Language Reading Research". In: *TESOL Quarterly* 25 (3), 375–406.
Grabe, W. (2009a): *Reading in a Second Language. Moving from Theory to Practice*. Cambridge: Cambridge University Press.
Grabe, W. (2009b): „Teaching and Testing Reading". In: Long, M. H. & Doughty, Ch. J. (Hrsg.): *The Handbook of Language Teaching*. Chichester: John Wiley & Sons Ltd., 441–456.
Grabe, W. & Jiang, X. (2014): „Assessing Reading". In: Kunnan, A. J. (Hrsg.): *The Companion to Language Assessment* I:2:11. John Wiley & Sons, 185–200 (Online: 1–16).
Grabe, W. & Kaplan, R. B. (1996): *Theory and Practice of Writing: An Applied Linguistic Perspective*. London: Longman.
Granfeldt, J. (2005): „Direkt Profil et deux études sur la morphologie verbales et les stades de development". In: Granfeldt, J. & Schlyter, S. (Hrsg.): *Acquisition et production de la morphologie flexionnelle. Actes du ‚Festival de la Morphologie' mars 2005*. Lund: Petites Études de l'Institut d'études romanes de Lund, 65–81.
Granfeldt, J. & Ågren, M. (2014): „SLA Developmental Stages and Teachers' Assessment of Written French: Exploring Direkt Profil as a Diagnostic Assessment Tool". In: *Language Testing* 31 (3), 285–305.

Green, A. (2014): *Exploring Language Assessment and Testing. Language in Action*. London, New York: Routledge.
Green, R. (2013): *Statistical Analyses for Language Testers*. Basingstoke: Palgrave Macmillan.
Grotjahn, R. (2006): „Prüfen – Testen – Bewerten". In: Jung, U. O. H. (Hrsg.), 221–230.
Grotjahn, R. (2007): „Tests im schulischen Fremdsprachenunterricht: Qualitätsentwickung und Qualitätssicherung. Plenarvortrag". In: *Praxisorientierte Zeitschrift des Kroatischen DeutschlehrerInnen*, Jubiläumsband Testen und Bewerten – Selbstevaluation im lernerorientierten Deutschunterricht, XV. Internationale Tagung des Kroatischen Deutschlehrerverbandes. 12.–14. Oktober, Sibenik, 16, 30 / 31, 7–16.
Grotjahn, R. (2008): „Tests und Testaufgaben: Merkmale und Gütekriterien". In: Tesch, B., Leupold, E. & Köller, O. (Hrsg.): *Bildungsstandards Französisch: konkret*. Berlin: Cornelsen, 149–186.
Grotjahn, R. (2009): „Testen im Fremdsprachenunterricht: Aspekte der Qualitätsentwicklung". In: *PRAXIS Fremdsprachenunterricht* 1, 4–8.
Grotjahn, R. (2015): „Dynamisches Assessment: Grundlagen, Probleme, Potential". In: Böcker, J. & Stauch, A. (Hrsg.), 469–488.
Grotjahn, R. & Kleppin, K. (2015): *Prüfen, Testen, Evaluieren*. München: Klett-Langenscheidt.
Grünewald, A. & Roviró, B. (2009): „Alternative Formen der Wortschatzüberprüfung". In: *Der Fremdsprachliche Unterricht Spanisch* 27, 28–30.
Halm, W. & Moll Marqués, J. (1965): *Modernes Spanisch. Ein Lehr-, Übungs- und Nachschlagebuch für Anfänger*. Ismaning: Max Hueber Verlag.
Halm, W. & Ortiz-Blasco, C. (1993): *Paso a paso: Ein systematischer Einstieg in die spanische Sprache. Actividades*. Ismaning: Hueber.
Hamp-Lyons, L. (Hrsg.) (1991): *Assessing Second Language Writing in Academic Contexts*. Norwood, NJ: Ablex.
Harding, L., Alderson Ch. & Brunfaut, T. (2015): „Diagnostic Assessment of Reading and Listening in a Second or Foreign Language: Elaborating on Diagnostic Principles". In: *Language Testing* 32 (3), 317–336.
Harding, L. & Kremmel, B. (2016): „Teacher Assessment Literacy and Professional Development". In: Tsagari, D. & Jayanti, B. (Hrsg.), 413–428.
Harrison, J. (2015): „The English Grammar Profile". In: Harrison, J. & Barker, F. (Hrsg.): *English Profile in Practice*. Cambridge: Cambridge University Press, 28–48.
Harrison, J. & Barker, F. (Hrsg.) (2015): *English Profile in Practice*. Cambridge: Cambridge University Press.
Harsch, C. (2005): *Der Gemeinsame europäische Referenzrahmen für Sprachen: Leistung und Grenzen*. Die Bedeutung des Referenzrahmens im Kontext der Beurteilung von Sprachvermögen am Beispiel des semikreativen Schreibens im DESI-Projekt. Dissertation. Augsburg: Universität Augsburg.
Harsch, C. (2015): „Assessment Literacy – Trend oder Notwendigkeit?" In: Böcker, J. & Stauch A. (Hrsg.): *Konzepte aus der Sprachlehrforschung – Impulse für die Praxis. Festschrift für Karin Kleppin*. Frankfurt a. M.: Peter Lang, 489–509.
Harsch, C. & Hartig, J. (2015): „What are we Aligning Tests to When we Report Test Alignment to the CEFR?" In: *Language Assessment Quarterly* 12 (4), 333–362.
Harsch, C., Neumann, A., Lehmann, R. & Schröder, K. (2007): „Schreibfähigkeit". In: Beck, B. & Klieme, E. (Hrsg.), 42–62.
Haß, F. (Hrsg.) (2016): *Fachdidaktik Englisch. Tradition, Innovation, Praxis*. Stuttgart: Klett.

Hayes, J. R. (1996): „A New Framework for Understanding Cognition and Affect in Writing". In: Levy, C. M. & Ransdell, S. E. (Hrsg.): *The Science of Writing*. Mahwah, NJ: Lawrence Erlbaum Associates, 1–28.

Heine, L. (2005): „Lautes Denken als Forschungsinstrument in der Fremdsprachenforschung". In: *Zeitschrift für Fremdsprachenforschung* 16 (2), 163–185.

Heine, L. (2006): „Lernstrategien und Lautdenkprotokolle: Wie Fremdsprachenlernende bei der Bearbeitung von fremdsprachlichen Texterschließungsaufgaben vorgehen. Rezensionsaufsatz: Nicola Würffel (2006). Strategiengebrauch bei Aufgabenbearbeitungen in internetgestütztem Selbstlernmaterial [48 Absätze]". In: *Forum Qualitative Sozialforschung/Forum: Qualitative Social Research* 7 (4), Art. 30. Online: https://tinyurl.com/jyxra6g (21.09.2017).

Heine, L. & Schramm, K. (2007): „Lautes Denken in der Fremdsprachenforschung: Eine Handreichung für die empirische Praxis". In: Vollmer, H. J. (Hrsg.): *Synergieeffekte in der Fremdsprachenforschung. Empirische Zugänge, Probleme, Ergebnisse*. Frankfurt a. M.: Peter Lang, 167–206.

Helbig, G. (1981): *Sprachwissenschaft, Konfrontation, Fremdsprachenunterricht*. Leipzig: Verlag Enzyklopädie.

Herkendell, H. E. (2003): „Textverständnis und Übersetzung". In: *Der altsprachliche Unterricht* 3/2003, 4–13.

Hille-Coates, G. (2004): „Der ‚Gemeinsame Europäische Referenzrahmen für Sprachen' und mündliche Leistungsmessung im Lateinunterricht". In: *Der altsprachliche Unterricht* 6/2004, 16–26.

Hinger, B (2009a): „Das Innsbrucker Modell der Fremdsprachendidaktik". In: *Erziehung und Unterricht. Österreichische Pädagogische Zeitschrift* 5 (6), 498–504.

Hinger, B. (2009b): „Diagnostik, Evaluation und Leistungsbewertung". In: Grünewald, A. & Küster, L. (Hrsg.): *Fachdidaktik Spanisch. Tradition, Innovation, Praxis*. Stuttgart, Seelze: Klett Kallmeyer, 269–310.

Hinger, B. (2015): „Paradigmenwechsel in schriftlichen Klassenarbeiten am Beispiel des Spanischen". In: Grünewald, A., Roviró, B. & Bermejo Muñoz, S. (Hrsg.): *Spanischunterricht weiterentwickeln, Perspektiven eröffnen. E/LE hacia el futuro – Desarrollando perspectivas*. Trier: Wissenschaftlicher Verlag Trier, 207–224.

Hinger, B. (2016a): „Welche Heterogenitätsaspekte kann eine sprachenübergreifende Didaktikausbildung für künftige Fremdsprachenlehrkräfte aufgreifen und nutzen? Einblicke in das Innsbrucker Modell der Fremdsprachendidaktik". In: Doff, S. (Hrsg.): *Heterogenität im Fremdsprachenunterricht*, 1, Tübingen: Narr, 155–168.

Hinger, B. (2016b): *Sprache lehren – Sprache überprüfen – Sprache erwerben. Empirie- und theoriebasierte Einsichten in den schulischen Spanischunterricht: eine Fallstudie*. Trier: Wissenschaftlicher Verlag Trier.

Hinger, B. (2016c): „Assessing Spanish in a Communicative School Context: The Case of Teacher-Made Tests in Austria". In: Tsagari, D. (Hrsg.): *Classroom-based Assessement in L2 Contexts*. Newcastle upon Tyne: Cambridge Scholars Publishing, 330–355.

Hinger, B. (im Druck): „Diagnostik, Evaluation und Leistungsbewertung". In: Grünewald, A. & Küster, L. (Hrsg.): *Fachdidaktik Spanisch. Das Handbuch für Theorie und Praxis*. Stuttgart, Seelze: Klett Kallmeyer.

Hinger, B. & Schmiderer, K. (im Druck): „Sprachliche Diversität in einem sprachenübergreifenden Ausbildungsmodell: Ausgewählte Einblicke in das ‚Innsbrucker Modell der Fremdsprachendidaktik' (IMoF)". In: Dannerer, M. & Mauser, P. (Hrsg.): *Formen der Mehrsprachigkeit*. Stauffenburg Verlag: Tübingen.

Hirzinger-Unterrainer, E. M. (2013): *Eine sprachenübergreifende Ausbildung in der Fremdsprachendidaktik aus studentischer Perspektive – Das „Innsbrucker Modell der Fremdsprachendidaktik"(IMoF).* Frankfurt a. M.: Peter Lang.

Hirzinger-Unterrainer, E. M. (2014a): „Bildung von Team-Bewusstsein als Strategie am Beispiel der universitären Ausbildung in der Fremdsprachendidaktik". In: *Zeitschrift für Fremdsprachenforschung* 25 (2), 143–174.

Hirzinger-Unterrainer, E. M. (2014b): „Erwerb von lexikalischer Kompetenz. Wortschatz im Fremdsprachenunterricht". In: Kapelari, S. (Hrsg.): *Tagung der Fachdidaktik 2013*. Innsbruck: innsbruck university press: 45–57.

Hirzinger-Unterrainer, E. M. (2016): „Medienunterstützter Wortschatzerwerb am Beispiel des Italienischen". In: Hinger, B. (Hrsg.): *Zweite „Tagung der Fachdidaktik" 2015. Sprachsensibler Sach-Fach-Unterricht – Sprachen im Sprachunterricht.* Innsbruck: innsbruck university press: 293–321.

Horak, A., Moser, W., Nezbeda, M. & Schober, M. (2010): *Der Gemeinsame europäische Referenzrahmen für Sprachen in der Unterrichtspraxis.* ÖSZ Praxisreihe 12. Graz: ÖSZ.

Horak, A., Nezbeda, M., Schober, M. & Weitensfelder, D. (2012): *Aufbau von Schreibkompetenzen in der Sekundarstufe 1.* ÖSZ Praxisreihe 17. Wien u. a.: BIFIE / ÖSZ.

Horwitz, E. K., Horwitz, M. B. & Cope, J. (1986): „Foreign Language Classroom Anxiety". In: *Modern Language Journal* 70 (2), 125–132.

Hu, A. (2008): „Interkulturelle Kompetenz. Ansätze zur Dimensionierung und Evaluation einer Schlüsselkompetenz fremdsprachlichen Lernens". In: Frederking, V. (Hrsg.): *Schwer messbare Kompetenzen: Herausforderungen für die empirische Fachdidaktik.* Baltmannsweiler: Schneider Verlag Hohengehren, 11–35.

Hughes, A. (²2003): *Testing for Language Teachers.* Cambridge: Cambridge University Press.

Hulstijn, J. H. (2007): „The Shaky Ground Beneath the CEFR: Quantitative and Qualitative Dimensions of Language Proficiency". In: *Modern Language Journal* 91 (4), 663–667.

Hulstijn, J. H. (2011): „Language Proficiency in Native and Nonnative Speakers: An Agenda for Research and Suggestions for Second-Language Assessment". In: *Language Assessment Quarterly* 8 (3), 229–249.

Hulstijn, J. H. (2014): „The Common European Framework of Reference for Languages. A Challenge For Applied Linguistics". In: *International Journal of Applied Linguistics* 165 (1), 3–18.

Hyland, K. (2002): *Teaching and Researching Writing.* London: Longman.

Hyland, K. (2003): *Second Language Writing.* Cambridge: Cambridge University Press.

Hymes, D. (1971): „On Communicative Competence". In: Brumfit, C. J. & Johnson, K. (Hrsg.) (1981): *The Communicative Approach to Language Teaching.* Oxford: Oxford University Press, 5–26.

Ingenkamp, K. & Lissmann, U. (2008): *Lehrbuch der Pädagogischen Diagnostik.* Weinheim, Basel: Beltz.

Isaacs, T. (2016): „Assessing Speaking". In: Tsagari, D. & Banerjee J. (Hrsg.), 131–146.

Itomitsu, M. (2009): *Developing a Test of Pragmatics of Japanese as a Foreign Language.* Dissertation. Ohio State University.

Jude, N. & Klieme, E. (2007): „Sprachliche Kompetenz aus Sicht der pädagogisch-psychologischen Diagnostik". In: Beck, B. & Klieme, E. (Hrsg.), 9–22.

Jung, U. O. H. (Hrsg.) (2006): *Praktische Handreichung für Fremdsprachenlehrer.* Frankfurt a. M. u. a.: Peter Lang.

Kaftandjieva, F. (2010): *Methods for Setting Cut Scores in Criterion-referenced Achievement Tests.* Arnhem: Cito.

Kane, M. (2012): „Validating Score Interpretations and Uses: Messick Lecture, Language Testing Research Colloquium, Cambridge, April 2010". In: *Language Testing* 29 (1), 3–17.

Kecker, G. (2016): „Der GeR als Referenzsystem für kompetenzorientiertes Testen: Was bedeutet der Bezug zum GeR für eine Sprachprüfung?" In: *Zeitschrift für Fremdsprachenforschung* 27 (1), 5–37.

Keip, M. & Doepner, T. ([2]2011): „Übersetzung und Texterschließung". In: Keip, M. & Doepner T. (Hrsg.): *Interaktive Fachdidaktik Latein*. Göttingen: Vandenhoeck & Ruprecht, 81–111.

Keßler, J.-U. (2006): *Englischerwerb im Anfangsunterricht diagnostizieren. Linguistische Profilanalysen und der Übergang von der Primar- in die Sekundarstufe I.* Giessener Beiträge zur Fremdsprachendidaktik. Tübingen: Narr.

Keßler, J.-U., Lenzing, A. & Liebner, M. (Hrsg.) (2016): *Developing, Modelling and Assessing Second Languages*. Amsterdam: John Benjamins.

Khalifa, H. & Weir, C. (2009): *Examining Reading: Research and Practice in Assessing Second Language Learning*. Cambridge: Cambridge University Press.

Kieweg, W. (2001): „Evaluation fremdsprachlicher Leistungen im schulischen Kontext". In: *Fremdsprachen Lehren und Lernen* 30, 65–86.

Kieweg, W. (2006): „Systematische Wortschatzarbeit – aber richtig!". In: *Lernchancen* 53, 2–6.

Kipf, S. (2006): *Altsprachlicher Unterricht in der Bundesrepublik Deutschland. Historische Entwicklung, didaktische Konzepte und methodische Grundfragen von der Nachkriegszeit bis zum Ende des 20. Jahrhunderts*. Bamberg: Buchner.

Klauer, K. J. (2001): „Wie misst man Schulleistungen?" In: Weinert, F. (Hrsg.): Leistungsmessungen in Schulen. Weinheim, Basel: Beltz Verlag, 103–115.

Kleppin, K. (2006): „Zum Umgang mit Fehlern im Fremdsprachenunterricht". In: Jung, U. O. H. (Hrsg.), 64–70.

Kleppin, K. (2016): „Prozesse mündlicher Fehlerkorrektur". In: Burwitz-Melzer, E., Mehlhorn, G., Riemer, C., Bausch, K.-R. & Krumm, H.-J. (Hrsg.), 412–416.

Klieme, E. (Hrsg.) (2008): *Unterricht und Kompetenzerwerb in Deutsch und Englisch. Ergebnisse der DESI-Studie*. Weinheim, Basel: Beltz.

Koller, W. ([8]2011): *Einführung in die Übersetzungswissenschaft*. Tübingen: Narr.

Kranert, M. (2013): *Korrigieren, Prüfen und Testen im Fach Deutsch als Fremdsprache. Ein kurzer Leitfaden*. Online: https://tinyurl.com/yak62rb3 (21.09.2017).

Kremmel, B., Frick, A., Parhammer, S. & Lutz, St. (2016): „Erforschen testen – Testen erforschen". In: Hinger, B. (Hrsg.) (2016): *Zweite „Tagung der Fachdidaktik" 2015. Sprachsensibler Sach-Fach-Unterricht – Sprachen im Sprachunterricht*. Innsbruck: innsbruck university press, 233–256.

Krumm, H.-J. (2016): „Förderung des Lernens und Lehrens von Sprachen durch Europarat und Europäische Union". In: Burwitz-Melzer, E., Mehlhorn, G., Riemer, C., Bausch, K.-R. & Krumm, H.-J. (Hrsg.), 633–637.

Krumm, H.-J. & Reich, H. H. (2013): „Das Curriculum Mehrsprachigkeit in der Schulentwicklung und der Aus- und Fortbildung von Lehrerinnen und Lehrern". In: Vetter, E. (Hrsg.): *Professionalisierung für sprachliche Vielfalt. Perspektiven für eine neue LehrerInnenbildung*. Baltmannsweiler: Schneider Verlag Hohengehren, 21–41.

Kuhlmann, P. (2009): *Fachdidaktik Latein kompakt*. Göttingen: Vandenhoeck & Ruprecht.

Kuhlmann, P. (2010): *Literaturdidaktik*. Bamberg: Buchner.

Kuhlmann, P. (Hrsg.) (2017): *Perspektiven für den Lateinunterricht II*. Ergebnisse der Dresdner Tagung vom 19./20.11.2015. Bamberg: Buchner.

KMK-Kultusministerkonferenz (2005): *Einheitliche Prüfungsanforderungen in der Abiturprüfung Latein*. Online: https://tinyurl.com/hc956yt (21.09.2017).

Kunnan, A. J. ([2]2008): „Large Scale Language Assessments“. In: Shohamy, E. & Hornberger, N. H. (Hrsg.), 135–155.
Kunnan, A. J. (Hrsg.) (2014): *The Companion to Language Assessment* I–IV. John Wiley & Sons.
Larsen-Freeman, D. (2009). „Teaching and Testing Grammar“. In: Long, M. & Doughty, C. (Hrsg.): *The Handbook of Language Teaching*. Malden, Mass.: Wiley-Blackwell, 518–542.
Laughlin, V. T., Wain, J. & Schmidgall, J. (2015): „Defining and Operationalizing the Construct of Pragmatic Competence: Review and Recommendations“. In: *ETS Research Report* (Band RR-15–06). Princeton, New Jersey: Educational Testing Service, 1–43.
Laufer, B. & Nation, P. (1999): „A Vocabulary-Size Test of Controlled Productive Ability“. In: *Language Testing* 16 (1), 33–51.
Leech, G. (1983): *Principles of Pragmatics*. London: Longman.
Levelt, W. J. M. (1989): *Speaking: From Intention to Articulation*. Boston: MIT Press.
Lewis, M. (2008): *The Lexical Approach. The State of ELT and a Way Forward*. London u. a.: Heinle.
Lewkowicz, J. (2000): „Authenticity in Language Testing: Some Outstanding Questions“. In: *Language Testing* 17 (1), 43–64.
Little, D. (2005): „The Common European Framework and the European Language Portfolio: Involving Learners and their Judgements in the Assessment Process“. In: *Language Testing* 22, 321–336.
Little, D. (2011): „The Common European Framework of Reference for Languages: A Research Agenda“. In: *Language Teaching* 44 (3), 381–393.
Ljaševskaja, O. N. & Šarov, S. A. = Ляшевская, О. Н. & Шаров, С. А. (2009): Частотный словарь современного русского языка (на материалах Национального корпуса русского языка). Москва: Азбуковник.
Lonsdale, D. & Le Bras, Y. (2009): *A Frequency Dictionary of French. Core Vocabulary for Learners*. London, New York: Routledge.
López Rama, J. & Luque Argulló, G. (2012): „The Role of Grammar Teaching: From Communicative Approaches to the Common European Framework of Reference for Languages“. In: *Revista de Lingüística y Lenguas Aplicadas* 7, 179–191.
Luoma, S. (2004): *Assessing Speaking*. Cambridge: Cambridge University Press.
Mackey, A. (1995): *Stepping up the Pace. An Empirical Study of Questions in ESL*. Disseration. Sydney: University of Sydney.
Maier, F. (1979): *Lateinunterricht zwischen Tradition und Fortschritt 1. Zur Theorie und Praxis des lateinischen Sprachunterrichts*. Bamberg: Buchner.
Malone, M. (2013): „The Essentials of Assessment Literacy: Contrasts Between Testers and Users“. In: *Language Testing* 30 (3), 329–344.
Martin, T. (2003): „‚Si iustitia est obtemperatio scriptis legibus…‘ Zur Bewertung von Übersetzungsleistungen“. In: *Der altsprachliche Unterricht* 3 / 2003, 40–44.
McNamara, T. (1996): *Measuring Second Language Performance*. New York: Longman.
McNamara, T. (1997). „‚Interaction‘ in Second Language Performance Assessment: Whose Performance?“ In: *Applied Linguistics* 18 (4), 446–465.
McNamara, T. (2000): *Language Testing*. Oxford: Oxford University Press.
McNamara, T. & Roever, C. (2006): *Language Testing: The Social Dimension*. London: Wiley-Blackwell.
McPhun, H. (2010): *Integrated Assessments – Engaging Ways to Enhance Learner Outcomes*. Online: https://tinyurl.com/y8hwjatc (21. 09. 2017).

Menge, H. ([11]1953): *Repetitorium der lateinischen Syntax und Stilistik.* Bearbeitet von Thierfelder, A. Wolfenbüttel: Kallmeyer (Reprografischer Nachdruck Darmstadt: Wissenschaftliche Buchgesellschaft, 1995).
Messick, S. (1989): „Validity". In: Linn, R. L. (Hrsg.): *Educational Measurement.* New York: Macmillan, 13–104.
Meyer, H. (2012): „Kompetenzorientierung allein macht noch keinen guten Unterricht! Die ganze Aufgabe muss bewältigt werden!". In: *Lernende Schule* 58, 7–12.
Morrow, K. (1979). „Communicative Language Testing: Revolution of Evolution?" In: Brumfit, C. K. & Johnson, K. (Hrsg.): *The Communicative Approach to Language Teaching.* Oxford: Oxford University Press, 143–159.
Morrow, K. (1991): „Evaluating Communicative Tests". In: Anivan, S. (Hrsg.): *Current Developments in Language Testing.* Singapore: SEAMEO Regional Language Centre, 111–118.
Müller, W. (1986): „Der ‚schwere' Fehler – Gedanken zur valorisierenden Korrektur schriftlicher Arbeiten". In: *Informationen zum altsprachlichen Unterricht* 8, 38–41.
Nägelsbach, K. F. von (1846): *Lateinische Stilistik für Deutsche. Ein sprachvergleichender Versuch.* Nürnberg: Johann Adam Stein.
Nation, P. I. S. (2011): „Research into Practice: Vocabulary". In: *Language Teaching* 44 (4), 529–539.
Nation, P. I. S. & Beglar, D. (2007): „A vocabulary size test". In: *The Language Teacher* 31 (7), 9–13.
Neveling, Ch. (2004): *Wörterlernen mit Wörternetzen. Eine Untersuchung zu Wörternetzen als Lernstrategie und als Forschungsverfahren. Giessener Beiträge zur Fremdsprachendidaktik.* Tübingen: Narr.
Neveling, Ch. (2016): „Verfügen über Sprachliche Mittel: Wortschatz". In: Burwitz-Melzer, E., Mehlhorn, G., Riemer, C., Bausch, K.-R. & Krumm, H.-J. (Hrsg.), 116–121.
Newby, D., Allan, R., Fenner, A.-B., Jones, B., Komorowska, H. & Soghikyan, K. (2007): *Europäisches Portfolio für Sprachenlehrende in Ausbildung. Ein Instrument zur Selbstreflexion.* Graz: European Centre for Modern Languages.
Nickel, R. (2000): „Aus Fehlern lernen". In: *Der altsprachliche Unterricht* 6 / 2000, 2–17.
Nickel, R. (2014): „Interpretieren heißt Verknüpfen". In: *Der altsprachliche Unterricht* 5 / 2014, 2–7.
Nida, E. A. & Taber, C. R. (1969): *The Theory and Practice of Translation.* Leiden: Brill.
Niedermayr, H. (2010): „Standardisierung und Kompetenzorientierung im österreichischen Lateinunterricht. Erste Erfahrungen und mögliche didaktische Folgerungen". In: *Latein Forum* 72, 56–74.
Nieweler, A. (2006): „Funktionen der Leistungsbeurteilung". In: Nieweler, A. (Hrsg.): *Fachdidaktik Französisch. Tradition, Innovation, Praxis.* Stuttgart: Klett, 258–260.
Nitta, R. & Nakatsuhara, F. (2014): „A multifaceted approach to investigating pre-task planning effects on paired oral test performances". In: *Language Testing* 31 (2), 147–175.
Nold, G. & Rossa, H. (2008): „(Language Awareness) Sprachbewusstheit Englisch". In: DESI- Konsortium (Hrsg.): *Unterricht und Kompetenzerwerb in Deutsch und Englisch.* Weinheim, Basel: Beltz, 157–169.
Nold, G. & Willenberg, H. (2007): „Lesefähigkeit". In: Beck, B. & Klieme, E. (Hrsg.), 23–41.
Norris, J. & Ortega, L. (2000): „Effectiveness of L2 Instruction: A Research Synthesis and Quantitative Meta-Analysis". In: *Language Learning* 50 (3), 417–528.
North, B. (2000): *The Development of a Common Framework Scale of Language Proficiency.* New York: Peter Lang.
North, B. (2004): „Relating Assessments, Examinations, and Courses to the CEF". In: Morrow, K. (Hrsg.): *Insights from the Common European Framework.* Oxford: Oxford University Press, 77–90.

North, B. (2014): „Putting the Common European Framework of Reference to Good Use". In: *Language Teaching* 47 (2), 228–249.
North, B. & Docherty, C. (2016): „Validating a Set of CEFR Illustrative Descriptors for Mediation". In: *Research Notes* 63, 24–30.
North, B. & Panthier, J. (2016): „Updating the CEFR Descriptors: The Context". In: *Research Notes* 63, 16–23.
North, B. & Piccardo, E. (2016): *Developing Illustrative Descriptors of Aspects of Mediation for the Common European Framework of Reference (CEFR).* Online: https://tinyurl.com/y9305b92 (21. 09. 2017).
North, B. & Schneider, G. (1998): „Scaling Descriptors for Language Proficiency Scales". In: *Language Testing* 15 (2), 217–263.
O'Sullivan, B. (2000): *Towards a Model of Performance in Oral Language Testing.* Dissertation. University of Reading.
O'Sullivan, B. (2002): „Learner Acquaintanceship and Oral Proficiency Test Pair-Task Performance". In: *Language Testing* 19 (3), 277–295.
O'Sullivan, B. (2011): „Test Taker Characteristics". In: Taylor, L. (Hrsg.), 36–64.
O'Sullivan, B. (2012): „A Brief History of Language Testing". In: Coombe, Ch., Davidson, P., O'Sullivan, B., Stoynoff, St. (Hrsg.): *The Cambridge Guide to Second Language Assessment.* Cambridge: Cambridge University Press, 9–19.
O'Sullivan, B. & Green, A. (2011): „Test Taker Characteristics". In: Taylor, L. (Hrsg.): *Examining Speaking. Research and Practice in Assessing Second Language Speaking.* Cambridge: Cambridge University Press, 36–64.
Ortega, L. (2012): „Language Acquisition Research for Language Teaching. Choosing between Application and Relevance". In: Hinger, B., Unterrainer E. M. & Newby, D. (Hrsg.): *Sprachen lernen: Kompetenzen entwickeln – Performanzen (über)prüfen.* Wien: praesens, 24–38.
Oswald, R. (1997): „Ausdruck und Textverständnis – eine Nebensache? Korrigieren unter Berücksichtigung von Inhalt und Ausdruck". In: *IANUS. Informationen zum altsprachlichen Unterricht* 18, 55–58.
Oswald, R. (1998): „Umfrage und Statistik zur Korrekturpraxis". In: *IANUS. Informationen zum altsprachlichen Unterricht* 19, 53–58.
ÖSZ-Österreichisches Sprachen-Kompetenz-Zentrum (2004): *Europäisches Sprachenportfolio. Mittelstufe (10–15 Jahre).* Wien: BMBWK.
ÖSZ-Österreichisches Sprachen-Kompetenz-Zentrum (2007a): *Europäisches Sprachenportfolio. Grundstufe (6–10 Jahre).* Wien: BMUKK.
ÖSZ-Österreichisches Sprachen-Kompetenz-Zentrum (2007b): *Europäisches Sprachenportfolio 15+. Für junge Erwachsene.* Wien: BMUKK.
Ott, J. H. (1995): „Hören – Verstehen – Begreifen: eine interkulturelle Analyse einer HV-Sequenz". In: *Die Neueren Sprachen* (DNS) 94 (5), 514–532.
Palmer, H. & Hornby, A. (1937): *Thousand-Word English: What It Is and What Can Be Done with It.* London: G. G. Harrap & Company, Ltd.
Papageorgiou, S. (2016): „Aligning Language Assessments to Standards and Frameworks". In: Tsagari, D. & Banerjee, J. (Hrsg.), 327–340.
Paribakht, T. S. & Wesche, M. (1996): „Assessing Second Language Vocabulary Knowledge: Depth versus Breadth". In: *The Canadian Modern Language Review* 53, 13–40.
Pienemann, M. (1984): „Psychological Constraints on the Teachability of Languages". In: *Studies in Second Language Acquisition* 6 (2), 186–214.

Pienemann, M. (1989): „Is Language Teachable? Psycholinguistic Experiments and Hypotheses". In: *Applied Linguistics* 1, 52–79.

Pienemann, M. (1998): *Language Processing and Second Language Development. Processability Theory*. Amsterdam, Philadelphia: John Benjamins.

Pienemann, M. (2006): „Was der Fremdsprachenunterricht von der Spracherwerbsforschung erwarten darf". In: Jung, U. O. H. (Hrsg.), 541–548.

Pienemann, M. (Hrsg.) (2005): *Cross-Linguistic Aspects of Processability Theory*. Amsterdam, Philadelphia: John Benjamins.

Pienemann, M., Johnson, M. & Brindley, G. (1988): „Constructing an Acquisition Based Procedure for Second Language Assessment". In: *Studies in Second Language Acquisition* 10, 217–243.

Piepho, H.-E. (1974): *Kommunikative Kompetenz als übergeordnetes Lernziel im Englischunterricht*. Dornburg-Frickhofen: Frankonius Verlag.

Pinter, A. & Zuenelli, S. M. (2013): „Überprüfung des Textverständnisses in Latein und Englisch. Fächerübergreifende Testverfahren und ihre Auswirkung auf die Texterschließungsmethodik des Lateinunterrichts". In: Doff, S. & Kipf, S. (Hrsg.): *English meets Latin*. Bamberg: Buchner, 87–98.

Plakans, L. (2016): „Writing Integrated Items". In: Fulcher, G. & Davidson, F., 249–261.

Poehner, M. E. (2008): *Dynamic Assessment. A Vygotskian Approach to Understanding and Promoting L2 Development*. The Pennsylvania State University, University Park, PA: Springer.

Poehner, M. E. (2014): „Dynamic Assessment in the Classroom". In: Kunnan, A. J. (Hrsg.): *The Companion to Language Assessment* II:6:41. John Wiley & Sons, 677–692 (Online: 1–16).

Poehner, M. E. & Lantolf, J. P. (2005): „Dynamic Assessment in the Classroom". In: *Language Teaching Research* 9 (3), 233–265. Online: https://tinyurl.com/zlj9h30 (21. 09. 2017).

Polanyi, M. (1966): *The Tacit Dimension*. Garden City: Doubleday & Co. [Dt. Üs.: Implizites Wissen. Frankfurt a. M.: Suhrkamp 1985.]

Porsch, R., Tesch, B. & Köller, O. (Hrsg.) (2010): *Standardbasierte Testenwicklung und Leistungsmessung*. Münster: Waxmann.

Purpura, J. E. (2004): *Assessing Grammar*. Cambridge: Cambridge University Press.

Purpura, J. E. (2016): „Second and Foreign Language Assessment". In: *Modern Language Journal* 100 (Supplement 2016), 190–208.

Quetz, J. (2008): „Zwei Welten: Testen und Prüfen in Deutschland". In: *PRAXIS Fremdsprachenunterricht* 1, 4–8.

Raatz, U. & Klein-Braley, Ch. (1981): „The C-Test – A Modification of the Cloze Procedure". In: Culhane, T., Klein-Braley, Ch. & Stevenson, D. K. (Hrsg.): *Practice and Problems in Language Testing IV*. Colchester: University of Essex, Dept. of Language and Linguistics, 113–138.

Raatz, U., Voss, B. & Klein-Braley, Ch. (1991): „Diagnose der Fremdsprachenleistung in der Schule". In: Ingenkamp, K. & Jäger, R. S. (Hrsg.): *Tests und Trends*. Jahrbuch der Pädagogischen Diagnostik 9. Weinheim, Basel: Beltz Verlag, 43–79.

Rea-Dickens, P. (2004): „Understanding Teachers as Agents of Assessment". In: *Language Testing* 21 (3), 249–258.

Rea-Dickens, P. (2006): „Currents and Eddies in the Discourse of Assessment: A Learning-Focused Interpretation". In: *International Journal of Applied Linguistics* 16 (2), 163–188.

Rea-Dickens, P. (²2008): „Classroom-based Language Assessment". In: Shohamy, E. & Hornberger, N. H. (Hrsg.), 257–271.

Read, J. (2004): *Assessing Vocabulary*. Cambridge: Cambridge University Press.

Read, J. (2012): „Assessing Vocabulary". In: Coombe, Ch., Davidson, P., O'Sullivan, B. & Stoynoff, St. (Hrsg.): *The Cambridge Guide to Second Language Assessment*. Cambridge: Cambridge University Press, 257–263.

Read, J. & Chapelle, C. A. (2001): „A framework for second language vocabulary assessment". In: *Language Testing* 18 (1), 1–32.

Riemer, C. (2007): „Entwicklungen in der qualitativen Fremdsprachenforschung". In: Vollmer, H. J. (Hrsg.): *Synergieeffekte in der Fremdsprachenforschung. Empirische Zugänge, Probleme, Ergebnisse*. Frankfurt a. M.: Peter Lang, 31–42.

Robinson, P. & Ross, St. (1996): „The Development of Task-Based Assessment in English for Academic Purposes Programs". In: *Applied Linguistics* 17 (4), 455–476.

Roever, C. (2007): „DIF in the Assessment of Second Language Pragmatics Research". In: *The Language Assessment Quarterly* 4 (2), 165–189.

Roever, C. (2010): „Effects of Native Language in a Test of ESL Pragmatics. A DIF Approach". In: Kasper, G., Nguyen, H., Yoshimi, D. R. & Yoshioka, J. (Hrsg.): *Pragmatics and Language Learning*. Vol. 12. Honolulu: NFLRC, 187–212.

Roever, C. (2013): „Assessment of Pragmatics". In: Chapelle, C. A. (Hrsg.): *The Encyclopedia of Applied Linguistics*. Chichester: Wiley-Blackwell, 1–8.

Roever, C. (2014): „Assessing Pragmatics". In: Kunnan, A. J. (Hrsg.): *The Companion to Language Assessment* I:2:7. John Wiley & Sons, 125–139 (Online: 1–15).

Rossa, H. (2016): „Wie verändern Bildungsstandards und zentrale Prüfungen den Fremdsprachenunterricht? Skizze eines Forschungsdesiderats zu intendierten und beobachteten Effekten der Standard- und Kompetenzorientierung". In: *Zeitschrift für Fremdsprachenforschung* 27 (1), 99–122.

Rupp, A. A., Vock, M., Harsch, C. & Köller, O. (Hrsg.) (2008): *Developing Standards-based Assessment Tasks for English as a First Foreign Language. Context, Processes, and Outcomes in Germany*. Münster u. a.: Waxmann.

Salaberry, R. & Cohen, A. D. (2006): „Testing Spanish". In: Salaberry, R. & Lafford, B. A. (Hrsg.): *The Art of Teaching Spanish*. Washington D. C.: Georgetown University Press, 149–172.

Salkind, N. J. (2006): *Tests & Measurement for People Who (Think They) Hate Tests & Measurement*. Thousand Oaks, London, New Delhi: Sage Publications.

Schelten, A. (1997): *Testbeurteilung und Testerstellung*. Stuttgart: Franz Steiner Verlag.

Schlak, T. (2002). „Die ‚teachability'-Hypothese. Ein kritischer Überblick und neue Entwicklungen". In: *Babylonia* 4 (2), 40–44.

Schlak, T. (2003): „Die Auswahl grammatischer Lernziele: Linguistische, psycho-linguistische und didaktische Perspektiven". In: *Zeitschrift für Interkulturellen Fremdsprachenunterricht* 8 (1). Online: https://tinyurl.com/y9u8t23e (21. 09. 2017).

Schlak, T. (2004): „Zur Rolle expliziter Grammatikvermittlung im universitären DaF-Unterricht: Eine qualitativ-ethnographische Fallstudie". In: *German as a Foreign Language* 2, 40–80.

Schlyter, S. (2003): *Stades de développement en Français L2. Exemples d'apprenants suédophones, guidés et non-guidés, du „Corpus Lund"*. Online: https://tinyurl.com/zzrtylt (21. 09. 2017).

Scholz, I. & Weber, K.-C. (²2011): *Denn sie wissen, was sie können. Kompetenzorientierte und differenzierte Leistungsbeurteilung im Lateinunterricht*. Göttingen: Vandenhoeck & Ruprecht.

Schröder, B.-J. (2010): *Einführung in das Studium der lateinischen Literatur. Ein Arbeitsbuch*. Tübingen: Narr.

Schwab, H. (1984): „Der fatale Doppelstrich". In: *Informationen zum altsprachlichen Unterricht* 6, 36–38.

Selinker, L. (1972): „Interlanguage". In: *International Review of Applied Linguistics* 10.3, 209–231.

Senatsverwaltung für Bildung, Jugend und Familie Berlin (Hrsg.) (2017): *Rahmenlehrplan für die gymnasiale Oberstufe. Russisch.* Online: https://tinyurl.com/yd8zu8mc (21.09.2017).
Sharoff, S., Umanskaya, E. & Wilson, J. (2013): *A Frequency Dictionary of Russian: Core Vocabulary For Learners.* London: Routledge.
Shaw, S.D. & Weir, C.J. (2007): *Examining Writing: Research and Practice in Assessing Second Language Writing.* Cambridge: Cambridge University Press.
Shohamy, E. (1996): „Competence and Performance in Language Testing". In: Brown, G., Malmkjaer, K. & Williams, J. (Hrsg.): *Performance and Competence in Second Language Acquisition.* Cambridge: Cambridge University Press, 138–151.
Shohamy, E. (1998): „How Can Language Testing and SLA Benefit from Each Other? The Case of Discourse". In: Bachman, L.F. & Cohen A. (Hrsg.): *Interfaces between Second Language Acquisition and Language Testing Research.* Cambridge: Cambridge University Press, 156–176.
Shohamy, E. & Hornberger, N.H. (Hrsg.) ([2]2008): *Encyclopedia of Language and Education.* Volume 7: Language Testing and Assessment. New York: Springer.
Silva, T. (2003): „Toward an Understanding of the Distinct Nature of L2 Writing: The ESL Research and Its Implications". In: *TESOL Quarterly* 27 (4), 657–677.
Spada, N. & Tomita, Y. (2010): „Interactions between Type of Instruction and Language Feature: A Meta-Analysis". In: *Language Learning* 60 (2), 263–308.
Spöttl, C., Kremmel, B., Holzknecht, F. & Alderson, Ch. J. (2016): „Evaluating the Achievements and Challenges in Reforming a National Language Exam: The Reform Team's Perspective". In: *Papers in Language Testing and Assessment* 5 (1), 1–22.
Spolsky, B. (1976). „Language Testing: Art or Science". In: Nickel, G. (Hrsg.): *Proceedings of the Fourth International Congress of Applied Linguistics.* Vol. 3. Freiburg: AILA and Hochschulverlag Rombach+Co, 9–28.
Spolsky, B. (1985): „The Limits of Authenticity in Language Testing". In: *Language Testing* 2, 31–40.
Spolsky, B. (1995): *Measured Words.* Oxford: Oxford University Press.
Spolsky, B. ([2]2008): „Language Assessment in Historical and Future Perspectives". In: Shohamy, E. & Hornberger, N.H. (Hrsg.), 445–454.
Spolsky, B. ([3]2017): „History of Language Testing". In: Shohamy, E., Or, I.G. & May, St. (Hrsg.): *Encyclopedia of Language and Education: Language Testing and Assessment.* New York: Springer, 375–384.
Stadler, W. (2011a): „Unterrichtspraxis: Dynamisches Testen und Bewerten". In: *PRAXIS Fremdsprachenunterricht* 5, 13–14.
Stadler, W. (2011b): „Использование *think-alouds* („мыслей вслух") при проведении теста-пилотирование на чтение по русскому языку". In: Вербицкая, Л.А., Лю Л. & Юркова, Е.Е. (Hrsg.): *XII Конгресс международной ассоциации преподавателей русского языка и литературы. Русский язык и литература во времени и пространстве.* Shanghai: Foreign Language Education Press, 729–735.
Stadler, W. (2014): „Evaluation im Russischunterricht". In: Bergmann, A. (Hrsg.): *Fachdidaktik Russisch. Eine Einführung.* Tübingen: Narr, 279–312.
Stadler, W. (2015a): „Teaching and Testing Sociopragmatics in the Russian Language Classroom". In: *Athens Journal of Philology* 2 (3), 149–162. Online: https://tinyurl.com/ycc8pmfy (21.09.2017).
Stadler, W. (2015b): „Преподавание и тестирование социопрагматической компетенции РКИ". In: Вербицкая, Л.А., Рогова, К.А., Попова, Т.И. и др. (Hrsg.): Русский язык и литература в пространстве мировой культуры. Материалы XIII Конгресса МАПРЯЛ (Гранада, 13–20 сентября 2015 года). Sankt-Peterburg, MAPRJaL, 363–369.

Stadler, W. (2016a): „Kompetenzorientiertes Testen ist handlungsorientiert, aufgabenorientiert, integrativ". In: Bergmann, A. (Hrsg.): *Kompetenzorientierung und Schüleraktivierung im Russischunterricht*. Frankfurt a. M.: Peter Lang, 71–89.
Stadler, W. (2016b): „Деятельностный подход к тестированию русского языка – ein Plädoyer für handlungsorientiertes Testen im Russischunterricht". In: Bergmann, A. (Hrsg.): *Kompetenzorientierung und Schüleraktivierung im Russischunterricht*. Frankfurt a. M.: Peter Lang, 201–219.
Stadler, W. (im Druck): „«Что вы скажете в этой ситуации?» – Die soziopragmatische Komponente kommunikativer Kompetenz im Russischunterricht – wie entwickeln, wie bewerten?" In: Bergmann, A., Caspers, O. & Stadler, W. (Hrsg.): *Didaktik der slawischen Sprachen. Beiträge zum 1. Arbeitskreis in Berlin (12.–14. 9. 2016)*. Innsbruck: innsbruck university press.
Stiggins, R. J. (1999a): „Assessment, Student Confidence, and School Success". In: *Phi Delta Kappan* 81 (3), 191–198.
Stiggins, R. J. (1999b): „Evaluating Classroom Assessment Training in Teacher Education Programs". In: *Educational Measurement: Issues and Practice* 18 (1), 23–27.
Stiggins, R. J. (2014): „Improve Assessment Literacy Outside of Schools Too". In: *Phi Delta Kappan* 96 (2), 42–48.
Sternberg, R. J. & Grigorenko, E. L. (2002): *Dynamic Testing. The Nature and Measurement of Learning Potential*. Cambridge u. a.: Cambridge University Press.
Stolze, R. ([6]2011): *Übersetzungstheorien*. Eine Einführung. Tübingen: Narr.
Stroh, W. (2001): „Lebendiges Latein". In: *Der Neue Pauly. Rezeptions- und Wissenschaftsgeschichte* 15 (1), 92–99.
Stroh, W. (2007): *Latein in der späten Neuzeit*. Online: https://tinyurl.com/y775vl2m (21. 09. 2017).
Studer, Th. (2016): „Nützliche(re) Sprachtests. Beispiele für die formative Beurteilungs-Praxis vor dem Hintergrund einer neuen Perspektive auf Test-Gütekriterien". In: *Babylonia* 2, 36–43.
Summer, Th. (2016): „Verfügen über sprachliche Mittel: Grammatik". In: Burwith-Melzer, E., Mehlhorn, G., Riemer, C., Bausch, K.-R. & Krumm, H.-J.(Hrsg.), 126–131.
Tajeddin, Z. & Dabbagh, A. (2015): „Interlanguage Pragmatic Test Tasks: Does a Low-Stakes Test Have Washback to L2 Teachers and Learners?" In: *The Journal of Asia TEFL* 12 (4), 129–158.
Tankó, G. (2005): *Into Europe: The Writing Handbook*. Budapest: Teleki Lazlo Foundation. Online: https://tinyurl.com/jdvcvfm (21. 09. 2017).
Taylor, L. (2000): „Investigating the Paired Speaking Test Format". In: *Cambridge ESOL Research Notes* 2, 14–15.
Taylor, L. (2009): „Developing Assessment Literacy". In: *Annual Review of Applied Linguistics* 29, 21–36.
Taylor, L. (Hrsg.) (2011): *Examining Speaking: Research and Practice in Assessing Second Language Speaking*. Cambridge: Cambridge University Press.
Taylor, L. (2013): „Communicating the Theory, Practice and Principles of Language Testing to Test Stakeholders: Some Reflections". In: *Language Testing* 30 (3), 403–412.
Tedick, D. J. & Mathison, M. A. (1995): „Holistic Scoring in ESL Writing Assessment: What Does an Analysis of Rhetorical Features Reveal?" In: Belcher, D. & Braine, G. (Hrsg.): *Academic Writing in a Second Language: Essays on Research and Pedagogy*. Norwood, NJ: Ablex, 205–230.
telc (2012): *Handbuch zur Entwicklung und Durchführung von Sprachtests. Zur Verwendung mit dem GER*. Online: https://tinyurl.com/yd23pa6k (21. 09. 2017).
Tesch, B. (2012): „Standards, Bildung, Abitur: Die fortgebührte Fremdsprache vor neuen Herausforderungen". In: *Die Neueren Sprachen* 3, 11–26.

Thaler, E. (2008): „Klassenarbeiten – eine Prozessperspektive". In: *PRAXIS Fremdsprachenunterricht* 4, 6–10.

Thies, S. (2003): „‚Frei' und ‚Wörtlich': zwei Begriffe stiften Un-Sinn". In: *Der altsprachliche Unterricht* 3/2003, 54–58.

Tipp, U. (1979): „Leistungserhebung und Leistungsbewertung". In: Gruber, G. & Maier, F. (Hrsg.): *Fachdidaktisches Studium in der Lehrerbildung. Alte Sprachen 1.* München: Oldenbourg, 122–162.

Tsagari, D. (2011): „Investigating the 'Assesment Literacy' of EFL State School Teachers in Greece". In: Tsagari, D. & Csépes, I. (Hrsg.): *Classroom-Based Language Assessment.* Frankfurt a. M. u. a.: Peter Lang.

Tsagari, D. & Banerjee, J. (Hrsg.) (2016): *Handbook of Second Language Assessment.* Berlin: DeGruyter Mouton.

Tschirner, E. (2001): „Die Evaluation fremdsprachlicher mündlicher Handlungskompetenz: Ein Problemaufriss". *Fremdsprachen Lehren und Lernen* 30, 87–115.

Underhill, N. (1987): *Testing Spoken Language: A Handbook of Oral Testing Techniques.* Cambridge: Cambridge University Press.

Urquhart, A. & Weir, C. (1998): *Reading in a Second Language: Process, Product and Practice.* London: Longman.

Van Moere, A. (2012): „A Psycholinguistic Approach to Oral Language Assessment". In: *Language Testing* 29 (3), 325–344.

Vogt, K. (2010): „*Assessment Literacy* bei Fremdsprachenlehrkräften – Bedarf und Bedürfnisse in Aus- und Weiterbildung". In: Altmayer, C., Mehlhorn G., Neveling, C., Schlüter, N. & Schramm K. (Hrsg.): *Grenzen überschreiten: sprachlich – fachlich – kulturell. Dokumentation zum 23. Kongress für Fremdsprachendidaktik der Deutschen Gesellschaft für Fremdsprachenforschung (DGFF).* Leipzig, 30. September – 3. Oktober 2009. Baltmannsweiler: Schneider Verlag Hohengehren, 267–277.

Vogt, K. (2011): „Leistungsmessung und -beurteilung – Kompetenzen europäischer Fremdsprachenlehrkräfte". In: *Deutsch als Fremdsprache* 48 (4), 205–211.

Vogt, K. & Tsagari, D. (2014): „Assessment Literacy of Foreign Language Teachers: Findings of a European Survey". In: *Language Assessment Quarterly* 11 (4), 374–402.

Vygotskij, L. (=Wygotski, L.) (1988): *Denken und Sprechen.* Aus dem Russ. übers. von Gerhard Sewekow. Frankfurt a. M.: Fischer Taschenbuch Verlag.

Wagner, E. (2014): „Assessing Listening". In: Kunnan, A. J. (Hrsg.): *The Companion to Language Assessment* I:2:3. John Wiley & Sons, 47–63 (Online: 1–17).

Wagner, E. & Werry, H. (2015): „Kompetenzorientierter Fremdsprachenunterricht: neue Formen der Leistungsmessung in Klassenarbeiten und ihre Wirkung auf den Unterricht". In: Böcker, J. & Stauch, A. (Hrsg.), 569–592.

Wall, D. (1997): „Impact and Washback in Language Testing". In: Clapham, C. & Corson, D. (Hrsg.): *Encyclopedia of Language and Education.* Boston: Kluwer Academic, 291–302.

Wall, D. & Alderson, J. Ch. (1993): „Examining Washback: The Sri Lankan Impact Study". In: *Language Testing* 10, 41–69.

Wall, D. & Horák, T. (2008): *The Impact of Changes in the TOEFL Examination on Teaching and Learning in Central and Eastern Europe: Phase 2, Coping With Change.* Online: https://tinyurl.com/y8ewctr5 (21. 09. 2017).

Webb, N. L. (2006): „Identifying Content for Student Achievement Tests". In: Downing, S. M. & Haladyna, T. M. (Hrsg.): *Handbook of Test Development.* New Jersey: Lawrence Erlbaum Associates, 155–180.

Webb, S. & Sasao, Y. (2013): „New Directions in Vocabulary Testing". In: *RELC Journal* 44 (3), 263–277.
Weber, H. (1956): „Die indirekten Tempora des Deutschen und des Französischen". In: *Vox Romanica* 15, 1–38.
Weigle, S. C. (2002): *Assessing Writing*. Cambridge: Cambridge University Press.
Weinert, F. E. ([3]2014): *Leistungsmessungen in Schulen*. Weinheim, Basel: Beltz.
Weir, C. J. (2005a): *Language Testing and Validation: An Evidence-Based Approach*. Basingstoke: Palgrave Macmillan.
Weir, C. J. (2005b): „Limitations of the Common European Framework for Developing Comparable Examinations and Tests". In: *Language Testing* 22 (3), 281–300.
Weiskopf-Prantner, V. (2007): „Integration der Checklisten in den Unterricht". In: Keiper, A. & Nezbeda, M. (Hrsg.): *Das Europäische Sprachenportfolio in der Schulpraxis: Anregungen und Unterrichtsbeispiele zum Einsatz des ESP*. Graz: Österreichisches Sprachen-Kompetenz-Zentrum (ÖSZ), 61–64.
West, M. (1953): *A General Service List of English Words*. London: Longman, Green & Co.
Widdowson, H. (1978): *Teaching Language as Communication*. Oxford: Oxford University Press.
Wilkins, D. A. (1976): *Notional Syllabuses*. Oxford: Oxford University Press.
Wirth, T., Seidl, C. & Utzinger, C. (2006): *Sprache und Allgemeinbildung. Neue und alte Wege für den alt- und modernsprachlichen Unterricht am Gymnasium*. Zürich: Lehrmittelverlag des Kantons Zürich.
Wolfe, E. W. & McVay, A. (2012): „Application of Latent Trait Models to Identifying Substantively Interesting Raters". In: *Educational Measurement: Issues and Practice* 31 (3), 31–37.
Wood, R. (1993): *Assessment and Testing*. Cambridge: Cambridge University Press.
Wray, A. (2002): *Formulaic Language and the Lexicon*. Cambridge: Cambridge University Press.
Xi, X. (2010): „Automated Scoring and Feedback Systems: Where Are We and Where Are We Heading?" In: *Language Testing* 27 (3), 291–300.
Yamashita, S. (2008): „Investigating Interlanguage Pragmatic Ability: What are we Testing?" In: Soler, E. A. & Martínez-Flor, A. (Hrsg.): *Investigating Pragmatics in Foreign Language Learning, Teaching and Testing*. Bristol: St. Nicholas House, 251–278.
Yu, G. (2014): „Performance Assessment in the Classroom". In: Kunnan, A. J. (Hrsg.): *The Companion to Language Assessment*. II:6:37. John Wiley & Sons, 615–630 (Online: 1–14).
Zhang, Y. & Elder, C. (2011): „Judgements of Oral Proficiency by Non-Native and Native English Speaking Teacher Raters: Competing or Complementary Constructs". In: *Language Testing* 28 (1), 31–50.

Sachregister

achievement test 58
analytische Bewertungsskala 98, 111 ff.
Angoff-Methode 66, 165
assessment as learning 173, 175 f.
assessment for learning 173–176
assessment literacy 20, 44, 171 f., 174, 184
assessment of learning 173 f., 176
Augenscheinvalidität 46 f., 49
Auswertungsobjektivität 41 f., 79, 123 f., 126, 128 f., 131, 169, 177, 189 f.
Authentizität 49, 53, 92, 102, 106, 158

Backwash 51
banked cloze 125
Bemerke den Fehler-Aufgabe 122, 129, 189
Benchmarking 30, 66, 148
Berechtigungsfunktion 172 f.
BewerterInnentraining 66, 97
Bewertungsraster 87, 93, 97, 104, 110, 114, 160, 179, 190
Bildimpuls 105
Bookmark-Methode 66

Checkpoint 164 f.
classroom-based assessment 39, 44, 47, 146, 150, 190
Cloze-Format 122, 124, 189
C-Test 122, 127, 136
curriculare Validität 186
cut-off-point 65 f., 110

Deskriptor 26, 28, 30 f., 60, 66, 74, 93, 101, 110 ff., 140 f., 147, 179, 190
detailliertes Hörverstehen 74
detailliertes Leseverstehen 74
Diagnosefunktion 172
diagnostic test 59, 133
dialogisches Aufgabenformat 106 f.
dichotome Bewertung 37, 79, 110, 123 f., 126, 128 f., 131, 190
Durchführungsobjektivität 41
Dynamisches Testen und Bewerten 175, 178 f.

Editing-Aufgabe 128
Einfachwahlaufgabe 18, 42, 79, 136
Einstufungstest 58
elementarer Schreibauftrag 94
English Profile 28, 36, 121
Ergänzungsaufgabe 79, 150
Erwartungshorizont 97, 157, 164, 169
Europäisches Sprachenportfolio 25

Feedback 37, 44, 81, 172, 174, 179
Feldtestung 47, 57, 64
formative Bewertung 190
formeller Test 98, 184–187, 189

gap filling-Aufgabe 123, 136
geschlossenes Aufgabenformat 18, 37, 41, 78, 169, 188 f.
globales Hörverstehen 74
globales Leseverstehen 74
Graduated Prompt 178

halb-offenes Aufgabenformat 18, 78, 169, 188
Handlungsorientierung 24, 26
high stakes test 42, 44, 80, 122
holistische Bewertungsskala 81, 98, 111 ff., 165
Hör- / Sehverstehen 69
Hörverständnis 69, 79

informeller Test 166, 185 f., 189
Inhaltsvalidität 44 ff., 96, 186
integriertes Aufgabenformat 19, 37, 78, 80 f., 83 f.
Interaktionsauthentizität 50, 60
interaktives Aufgabenformat 106, 109
interlanguage 19, 35
interlanguage sensitive testing 36
InterlokutorInnenverhalten 106, 108 f., 146
Interpretieren 154, 166–169
Interrater-Reliabilität 19, 41, 111 f., 161 f., 190
Intrarater-Reliabilität 19, 41, 190
item-writer 31

Kann-Beschreibung 25, 30, 33
kommunikative Sprachkompetenzen 27

kommunikativ-handlungsorientiertes Sprachentesten 19, 89
Kompetenzfehler 35, 37
kompetenzorientierte Klassen- / Schularbeit 186 f., 189
Kompetenzorientierung 29, 47, 119, 190
konkurrente Validität 46
Konstrukt 18, 43 f., 47, 57, 59, 61, 75, 80 f., 143, 146
konstrukt-irrelevante Varianz 45, 77, 148
Konstruktunterrepräsentation 43, 45, 106
Konstruktvalidität 44–47, 83, 97, 114, 160
kontextualisierter Schreibauftrag 94, 188
Kontextvalidität 49
kriterienorientierte Bewertung 15, 20, 40, 45, 52, 81, 187, 190
Kriteriumsvalidität 46
kursorisches Lesen 74
Kurzantwort 18, 78, 80

large-scale test 16, 44, 84
Leseverständnis 69, 79, 168 f.
limited production-Aufgabe 123 f., 135
limited response-Aufgabe 129
linguistische Kompetenzen 91, 117
Lückenaufgabe 188
Lückentest 122

Mediierte Lernerfahrung 178 f.
message before accuracy 34
monologisches Aufgabenformat 105 f.
multiple choice-Aufgabe 18, 42, 79 f., 136
mündliche Interaktion 101
mündliche Produktion 101

Negativkorrektur 160, 162 f.
normorientierte Bewertung 15, 52, 173

Objektivität 40 ff., 47, 169, 184
offenes Aufgabenformat 94, 97, 188, 190
Operator 82, 94, 105, 108, 169

parallel test method 42
peer assessment 173, 180
performance testing 87
Performanzfehler 35
Pilotierung 47, 52, 57, 63 f.
placement test 59
Positivkorrektur 33, 93, 160, 163
prädiktive Validität 46
pragmatische Kompetenzen 91, 140 f., 143
Praktikabilität 49, 52, 96, 143, 150, 169, 184
proficiency test 58
psycholinguistisch-soziolinguistisches Sprachentesten 17
psychometrisch-strukturalistisches Sprachentesten 17, 89

Qualifikationsprüfung 40, 52, 58, 92, 174

real-world tasks 83
Reliabilität 41, 47, 53, 78, 89, 96 f., 113, 158, 168, 184
Reliabilitätskoeffizient 43
Rückmeldefunktion 172, 176

scanning 74, 80, 169
scorer objectivity 41
selected response-Aufgabe 126, 129
Selektionsfunktion 173
selektives Hörverstehen 74
selektives Leseverstehen 74
self assessment 25, 173, 180
Situationsauthentizität 50
skimming 74, 80, 169
soziolinguistische Kompetenzen 101, 140 f., 148
soziopragmatische Kompetenz 140 f., 146 f.
Spot the Error-Aufgabe 128
sprachliche Mittel 92, 117, 120, 132
Sprachstandstest 39, 58, 92, 174
Standard-Setting 30, 65 f., 165

teacher made test 185, 188
teaching-to-the-test 51
Testanleitung 47, 187 ff.
Testentwicklungszyklus 57 f., 65 ff.
Testgütekriterien 39 f., 160
Testing the Limits 178
test-retest method 42
Testspezifikationen 42, 47, 57, 60–63, 66, 96, 146, 190
Testzweck 57 f., 60 f., 66
Textauthentizität 49

textbasierter Schreibauftrag 94 f.
think aloud-Protokolle 176 f.

Übersetzen 154 f., 158

Validität 18, 44, 47, 49, 53, 78, 89, 112 f., 158, 160, 169, 184
vorwissenschaftliches Sprachentesten 17 f.

Washback 16, 20, 49 ff., 53, 81, 158, 165, 168, 174

zone of proximal development 37, 175
Zuordnungsaufgabe 42, 79, 136